U0637620

推进“两聚一高”新实践
建设“强富美高”新江苏

江苏省社科联决策咨询成果选编

2017

主　编　刘德海

中国社会科学出版社

图书在版编目(CIP)数据

推进"两聚一高"新实践 建设"强富美高"新江苏：江苏省社科联决策咨询成果选编：2017／刘德海主编．—北京：中国社会科学出版社，2018.7
ISBN 978－7－5203－2759－6

Ⅰ.①推… Ⅱ.①刘… Ⅲ.①社会科学—研究成果—汇编—江苏—2017 Ⅳ.①C125.3

中国版本图书馆CIP数据核字（2018）第143916号

出 版 人 赵剑英
责任编辑 孙 萍
责任校对 石春梅
责任印制 王 超

出　　版 中国社会科学出版社
社　　址 北京鼓楼西大街甲158号
邮　　编 100720
网　　址 http://www.csspw.cn
发 行 部 010－84083685
门 市 部 010－84029450
经　　销 新华书店及其他书店

印　　刷 北京明恒达印务有限公司
装　　订 廊坊市广阳区广增装订厂
版　　次 2018年7月第1版
印　　次 2018年7月第1次印刷

开　　本 710×1000 1/16
印　　张 22.5
字　　数 324千字
定　　价 96.00元

目　录

擦亮苏商金字招牌的路径研究

卜 海

[内容提要] 苏商是推动江苏乃至中国经济和社会发展的重要力量，但近年来，苏商金字招牌似乎蒙上了一些尘埃。主要因为：当前严峻复杂的环境导致部分苏商发展信心缺失、凝心聚力沟通融情的高端平台缺乏、苏商企业在传承发展过程中出现分化、其他经济区域的商帮发展迅速等。要擦亮苏商金字招牌，就要高度重视和做好苏商发展信心提振工作；切实从细微之处尊重和弘扬苏商的主体地位；努力打造有利于加快苏商发展的高端国际平台；稳步做好苏商传承发展的人才培养和接续工作；积极倡导和推进苏商企业的营销创新；进一步创造有利于苏商公平竞争发展的社会环境。

苏商作为曾经的中国五大商帮之一，崇尚“厚德、崇文、实业、创新”，是推动江苏乃至中国经济和社会发展的一支重要力量。但近年来，苏商美誉度有所下降，苏商金字招牌似乎也蒙上了一层尘埃，迫切需要擦亮，进一步发挥苏商对江苏经济行稳致远的支撑和引领作用。

一 苏商金字招牌灵光暗淡的表现

一是能够聚焦和凸显苏商优势的标志工程不多。在改革开放发展过程中，苏商创立了一些具有典型意义的样板工程，但是能够聚焦和凸显苏商优势的标志工程偏少。特别是很多新技术领域的开发、新市场业态的培育，虽有苏商身影，但起步和规模滞后，且不是主角。在“互联网 +”的发展过程中，浙江成为当之无愧的全国冠军。苏宁电器虽实现了较好的可持续发展，但依然有广东国美、上海永乐等与之抗衡。在吸引和培育高端创新要素载体方面，江苏引进和设立了200多家跨国公司的地区总部和功能性机构，在全国居于前列，但相对上海市引进和设立了576家跨国公司的地区总部、410家跨国研发中心的情况，又相形失色。

二是在中国民企500强调研中的情况不容乐观。从2012年到2016年中国民企500强榜单看，苏商一般有3家企业入围前十，与粤商持平，略高于浙商。前100位的企业中，2012年和2013年苏商分别以28家和24家高居榜首，但从2014年开始被浙商反超。从上榜的企业数量看，浙江稳定在133家到140家之间，连续5年稳坐榜首的位置；粤商上榜企业增势迅猛，从2012年的23家提高为2016年的50家，而苏商则大体稳定在90家左右。

三是“双子星”“双黄蛋”现象时有发生。近年来，不少能够发挥引领作用，凸显苏商风采的项目或工程，在全国其他区域同样能够打造和出彩，以致出现了较多的“双子星”“双黄蛋”现象。例如连云港市作为欧亚大陆桥的东方桥头堡，是实施“一带一路”战略的重要节点城市，但随着山东日照石臼所港的快速发展，连云港的优势受到挑战。再如江苏盐城市2014年成为中韩产业园建设首批合作城市，但山东烟台市也是中韩产业园建设首批合作城市，并且某些方面的进展快于和优于盐城。

四是问题企业时有出现并产生较大负面影响。在市场经济发展过程中，绝大部分苏商守法和诚信经营，积极履行社会责任，实现了健康成长和可持续发展。特别是民间集资中发生的一些异动情况，引起媒体和舆论的高度关注，严重颠覆了社会各界对于苏商既有形象的认识。

五是在国家重点推进的工作中发力发声不足。以筹建民营银行为例，截至2016年年底，全国一共批准了14家民营银行进行筹建，而以苏商为主体的民营银行2016年才获准成立，严重落后于2014年就已获批成立民营银行的广东和浙江。而在推进和实施“一带一路”倡议的过程中，苏商的业绩纵向看有发展，但与浙江、广东等省份横向比，差距明显。从出口总额看，江苏省2014年和2015年向“一带一路”沿线国家的出口额分别为748.38亿美元和745.26亿美元；而广东省的数据则分别为1256.04亿美元和1396.26亿美元。从民营企业出口在其全省对“一带一路”沿线国家出口额中占比看，浙江为69.9%，而江苏仅为42%。

二 苏商金字招牌灵光暗淡的基本原因分析

一是当前严峻复杂的环境导致部分苏商发展信心缺失。近年来，由于世界经济复苏缓慢，贸易保护主义盛行，江苏外贸出口遭遇严重障碍，2012年以来，全省外贸进出口连续3年同比增速低于2%，2015年更是出现进出口“双降”。2016年的情况虽有好转，但外贸总值增长仍下降了1.3个百分点，同时遭遇了较多的贸易壁垒，大部分“走出去”的苏商企业对能否进一步有效拓展国际市场信心不强。国内实体民营企业发展面临困境，特别是钢铁、造船、纺织等更是步履维艰，导致以这些行业为品牌支撑的苏商难以为继，个别的民营造船企业如东方重工、明德重工等已进入破产清算状态。已经进入市政公用事业领域对民间资本开放项目建设的苏商企业家，未能真正发挥决策作用，对继续参与混合经济发展感到信心不足。过去以经济建设为中心，地方政府官员主动作为的成分大，但现在更多是“门好进，脸好看，话好说，事难办”，使政府部门和民营企业间的玻璃门有增无减，严重挫伤了苏商企业加快发展的信心。

二是凝心聚力沟通融情的高端平台缺乏。从国际视角看，浙商、闽商等著名商帮都相继发起了世界性的商帮大会。苏商虽做了不少工作，但没有举办过世界苏商大会等高层次活动，缺乏沟通融情的高端国际性平台。从省内实际状况看，江苏已经打造了一些高端平台，如民营经济工作会议、促进民营经济健康发展的省际联席会议、苏商大会等，但行政色彩较浓。很多企业家参加苏商大会，更多的是为了结识新的贸易伙伴，寻找拓展业务的新空间。承办具有国际视野的知名专业性大会，可以提高商帮及其区域的知名度。如国际型移动电商大会由义乌市承办，西安、河源等地竞相承办世界客属恳亲大会等。江苏在这方面发力不够，也在一定程度上限制了苏商金字招牌的影响及扩散。

三是苏商企业在传承发展过程中出现分化。苏商企业在传承发展过程中，分化明显，出现“三三制”。三分之一的苏商企业能够及早谋划并顺利实现传承发展，如红豆集团、沙钢集团等，二代人能够在前人创业基础上开拓前进，使得企业继续发展壮大。三分之一的苏商企业在完成传承后，二代人虽认同父辈的创业精神和管理才略，但无法接受其具体的经营管理方式，难以找到两代人的契合点，始终处于磨合和维持经营状态，难以再现往日风采。还有约三分之一的苏商企业，二代人无意接班，企业没有建立现代经理人制度，后备管理团队缺失，导致传承难以顺利进行，企业经营出现下滑，更是直接影响苏商金字招牌。

四是其他经济区域的商帮发展迅速。中国商业发展的历史过程中，形成了众多的商帮，特别是粤商和浙商等抓住机遇，实现跳跃式发展，使苏商金字招牌相对暗淡了一些。特殊的文化底蕴和体制环境形成了苏商低调、讲求中庸之道等基本特征，决定了江苏企业重商务实，往往在认准和吃定的基础上，才会作出相应的决策，在市场竞争中缺乏敢为人先、勇立潮头的勇气，影响其积极主动创新。而粤商处事灵活，善于变通，利用深圳、珠海等特区的窗口作用，吸收迸发出巨大能量，涌现出华为、TCL 等大批著名企业，推动广东省经济领跑全国，走出国门，展示着积极进取和主动创新的形象。而且苏商普遍有较强的本土意识，以兴办“产业实体”为最重要的发展途径，“走出去”在省外发展的仅 100 多万人。但浙商几乎没有本土观念，更愿意长期出门在外，捕捉商业机会，如省外投资与创业的浙商达 600 万之众。

三 擦亮苏商金字招牌的政策措施建议

根据以上分析的苏商金字招牌灵光不再的表现及其原因，提出以下六个方面建议，以进一步擦亮苏商金字招牌，培育和打造政治上有方向、发展上有本事、责任上有担当、文化上有内涵的新一代苏商。

第一，高度重视和做好苏商发展信心提振工作。一是举办高层次的宏观形势报告会，邀请外事部门、经济决策部门的领导和专家等，就国内外经济与政治发展状况及其可能的趋势进行分析，帮助苏商企业家获取全景式的信息，避免误读误判所面临的发展环境。二是对涉及民营经济发展的重大政策要进行深度解读，制定明确的实施细则，对政策实施的条件要求、时间节点、提交的业绩文档等广而告之，帮助民营企业全面正确地了解和运用政策。组织交流考察，从在新常态下实现迅速发展的苏商企业发展中拓展眼界，寻求打破困局的办法，增强发展的信心。三是避免政府各部门竞相出台帮扶和促进苏商发展的政策，导致政出多门着力不一的状况，引导苏商企业了解和适应政府支持政策的调整。

第二，切实从细微之处尊重和弘扬苏商的主体地位。一是相关政府部门召集座谈会听取苏商意见，根据涉及问题的重要性及与会者关注的程度，灵活掌控时间，而不是机械地规定发言时间。二是企业高管进行培训方面，要打破目前国有企业高管培训由组织部、国资委主管抓办，而民营企业由统战部、工商联负责的情况，各部门在交叉参与的基础上共同合作，对不同类型的企业高管进行培训，体现国企和民企都是社会主义建设者的主体地位。三是涉及某些苏商问题企业的调查处置层面，要严格依法执行，摈弃先行实施资产查封、扣压、冻结，甚至对企业经营者随便采用限制人身自由等手段。考虑设立专门机构受理民营经济发展问题的申诉，杜绝因人执法、自由裁量权过大的现象，避免执行层面的法律失准。

第三，努力打造有利于加快苏商发展的高端国际平台。一是要树立和实现从“江苏人经济”向“江苏经济”理念的转变。江苏经济，不仅仅是江苏人，应吸引国内外更多其他区域的人参与江苏经济发展。二是要牢固树立“大经济”的理念，不能局限于“文化搭台，经济唱戏”，而应把搭建和打造的高端国际平台变成促进苏商实现可持续发展的综合性平台。三是要以欢迎回归的姿态打造有利于苏商发展的高端国际平台。“走出去”造就了一大批知名苏商，目前全国各地共60多万家苏商企业，注册资本金超1万亿元。这些“走出去”的苏商企业积累发展到一定程度后，必然会叶落归根出现回流。因此，通过搭建和打造世界江苏人大会、世界苏商大会、江苏全球发展高峰论坛、全球苏商恳亲大会等不同形式的高端国际平台，培育和优化有利于苏商回归的氛围，并在有条件的地方筹建苏商回归产业示范区，以发展总部经济为核心，吸引海内外苏商逐步将总部回归，形成“走出去”企业总部扎根江苏，生产销售花开海内外的发展格局。

第四，稳步做好苏商传承发展的人才培养和接续工作。一是不断强化苏商的身份认同。鼓励新生代企业家认同自己的苏商传人身份，挖掘和宣传一批新生代苏商的代表人物予以表彰，尤其是那些能够诚信经营、社会责任感较强的新生代苏商，要在人大代表、政协委员等遴选中，以及各级工商联和商会等人事安排中有所倾斜。二是倡导董事局制约下的跨家族师徒结对制。董事局决定苏商企业发展的重大事项，同为董事局成员的非家族长辈董事对新生代董事进行传帮带。三是营造必要的平台以创造良好的传承氛围。如通过微论坛、茶话会、苏商高管峰会等，以“传承与发展”作为主题，围绕苏商发展过程中的具体传承问题，邀请知名学者、金融精英等，与新老苏商企业家进行专题互动对话。四是努力做好新生代苏商人才的学习培训工作。将新生代苏商人才的培训纳入党校的主体班或者组织部门定期举办的国企高管人才培训计划，将新苏商企业家培训办成一个高端品牌。

第五，积极倡导和推进苏商企业的营销创新。当前苏商企业发展困难，其中最为典型和突出的表现是企业停工、半停工现象严重，其实质是产品的营销存在障碍。创新营销已经成为一种趋势，但苏商在发展过程中形成了相对固化的销售推广模式，而且在采用一种新型营销手段之前往往会观望很长时间，导致目前苏商企业复苏缓慢难以破局。随着市场经济信息化步伐的加快，各地民营企业围绕营销手段展开了新一轮竞争，移动营销、信息营销、情感营销等层出不穷，广东、浙江等都走在了江苏前面，其民营企业也大都恢复或超越了金融危机前的收入水平，而江苏还有相当一部分苏商企业囿于传统倍感吃力。因此，改变传统观念，倡导和推进企业营销创新，通过信息化建设的运用推广，促进苏商企业实现点对点的互动式精准营销，帮助企业在第一时间有效拓展市场，与意向客户实现对接，克服企业产能扩大的市场瓶颈。

第六，进一步创造有利于苏商公平竞争发展的社会环境。一是构建和形成经济新常态下良性互动的政商关系。营造良好的政商关系，利于政府出台有针对性的政策进行帮扶，消除一部分苏商人士的低落和抱怨情绪。建议出台构建新型政商关系的意见，规范“政”和“商”双方行为。二是真正把市场还给民营企业。继续推进简政放权，清理前置审批和中介服务，把企业能够自主决策的问题完全交给企业负责。降低各种产业和行业的准入门槛，尤其是在基础设施和公用事业特许经营方面鼓励各种所有制企业进入，参与投资、建设、运营并获得相应的收益。注重抓好政策的落地工作，让民营企业享受到真正的国民待遇。三是积极落实苏商企业参与创业创新投资活动的政策导向。要将政府的政策与苏商企业的诉求结合起来，将政策落到实处，最大限度地释放政策的促进作用。

研究基地：江苏民营经济研究基地

承担单位：南京师范大学

合作单位：江苏省工商联

首席专家：蒋伏心、何昌林、沈越

课题负责人：卜海　南京师范大学教授

全球产业科技创新中心发展模式及对江苏启示

梅姝娥

［内容提要］当前，全球有影响的产业科技创新中心有两种模式：德国巴登—符腾堡州为代表的网络化产业科技创新中心、美国硅谷为代表的创业型产业科技创新中心模式。它们的共性特征是：自主培育和引领产业发展的能力强；具有很强创新能力和国际竞争力的名牌企业多；高端创新要素的吸引力强；劳动生产率高；创新生态环境优。这为江苏建设具有全球影响力的产业科技创新中心提供了重要参照。建议江苏，树立先进理念，制定科学路径；坚持“高端、自主、原创”，梯次推进；推动技术创新成为企业最具比较优势的战略；完善科创中心建设需要的多维度要素。

本报告首先以德国巴登—符腾堡州和美国硅谷为例，介绍国际上两种典型的产业科技创新中心，归纳提炼具有全球影响的产业科技创新中心的典型特征，并结合江苏实际，提出加快推进产业科技创新中心建设的对策建议。

一　有全球影响的产业科技创新中心的两种模式

从创新型国家的经验看，国际上不仅存在若干具有全球影响力的产业科技创新中心，而且形成了两种典型的模式。

1. 德国巴登—符腾堡州以制造业为代表的网络化产业科技创新中心。巴登—符腾堡州是德国最富裕的地区之一，在欧盟区域创新指数排行榜上连续多年位列第一。是戴姆勒·奔驰、保时捷、博世、奥迪等国际知名企业总部所在地，也是众多科技型中小企业的聚居地。引领机械、汽车、电子、化学、精密仪器等产业发展，是国际公认的产业科技创新中心之一。巴登—符腾堡州的产业科技创新主要服务于传统产业的发展，持续推进产品和生产工艺的改进与提升，满足国际上高端用户需求，不断增强在国际高端市场的竞争力。巴登—符腾堡州建有高质量的职业教育体系与学徒制培训体系，能为产业提供大量技术高超的职业技能人才；科研资源丰富，有 9 所研究型大学、23 所应用技术型大学、13 家马普协会研究所、17 家弗劳恩霍夫协会研究所，以及由 12 家州立研究所组成的“巴符州创新联盟”；拥有组织良好的商会、高度专业化的区域性生产商协会，能引导和推进面向市场需求、符合用户需要的技术研发；大中小企业之间形成了良好的相互配套和支持网络。

2. 美国加州硅谷以电子信息产业为代表的创业型产业科技创新中心。美国硅谷是伴随着微电子技术高速发展而逐步形成的，以中小型高技术企业群为基础，以惠普、英特尔、苹果、思科、朗讯等大公司为标志，融科学、技术、生产为一体，电子信息产业发展形成的企业超过 10000 家，是美国乃至世界高新技术及其产业发展的“摇篮”。硅谷发展的主要是电子信息、生物、空间、海洋、新能源、新材料等新兴产业。依赖于风险投资、企业家、科学家、孵化器等要素之间的紧密配套和良性互动，硅谷构建了高水平的“风险资本驱动型”区域创新系统；云集了斯坦福大学、加州大学伯克利分校等众多高水平的大学和研究机构，为硅谷源源不断提供原创性的高水平研究成果；硅谷吸引的风险投资占全美风险投资总额的 1/3，能支持原创成果快速、高效产业化；区域生活环境良好，对高层次创新人才吸引力强，集聚过百万高层次科技创新人才。

3. 两种模式的共性特征分析。德国巴登—符腾堡州和美国硅谷两种模式虽然不同，但也具有明显的共性特征。一是自主培育和引领产业发展的能力强。全球有影响的产业科技创新中心往往具有较强的自主培育发展新兴产业的能力，在一个或多个重要产业具有很强的国际影响力和掌控力，引领产业发展方向。巴登—符腾堡州的机械和汽车制造业、硅谷的电子信息产业就是如此。二是具有很强创新能力和国际竞争力的名牌企业多。这些名牌企业，拥有一批产业关键核心技术，在产业标准制定等方面的话语权大，产品在国际高端市场上的占有率高。巴登—符腾堡州的戴姆勒·奔驰、保时捷、博世等，加州硅谷的惠普、英特尔、苹果等，都是极具创新能力和竞争力的行业龙头企业。三是高端创新要素的吸引力强。全球有影响的产业科技创新中心，往往形成了紧密结合产业发展所需要的科研和教育、技术转移和开发服务、优质的人居条件、浓厚的创新文化氛围，对高层次创新人才、资金等创新要素的吸引力极强。四是劳动生产率高。不仅相比其他地区的竞争对手、相比产业链中的其他环节劳动生产率更高，就是相比国际上具有最高劳动生产率的产业，其劳动生产率也比较高。巴登—符腾堡州和加州硅谷是世界范围内劳动生产率最高、人民最富裕的地区之一。五是创新生态环境优。全球有影响的产业科技创新中心所在国家，往往形成了良好的劳动力市场结构和高端人才自由流动的环境、激发企业以创新求发展的良好制度环境、高效的知识产权保护环境、鼓励企业追求长远而不是短期利益且适应科技创新需要的金融服务环境等，拥有良好的鼓励创新的制度、政策和文化环境。

二　两种模式对江苏建设具有全球影响力的产业科技创新中心的启示

借鉴德国巴登—符腾堡州和美国硅谷两种模式的经验，立足江苏实际，建议江苏从以下四个方面着手，建设具有全球影响的产业科技创新中心。

1. 树立先进理念，制订科学路径。江苏建设有全球影响的产业科技创新中心，既可以通过提升现有优势产业实现，也可以通过自主培育发展新兴产业实现，还可以将两种路径有机结合协同推进。要深刻认识到，建设有全球影响力的产业科技创新中心，核心是国际化竞争的重要产业和全社会的劳动生产率达到甚至超过创新型国家的水平。重点是要发展一批具有很强创新能力和国际竞争力国际名牌企业，能在国际上引领产业的发展方向。根本上是要协同推进经济社会和科技领域的体制机制改革，营造创新友好的生态环境。关键是人才，特别重要的是善于发现并利用市场机会的企业家人才，既能深入洞察市场和用户需求、又懂技术的复合型创新人才，以及精益求精的高技能人才。

2. 坚持"高端、自主、原创"，梯次推进。首先是高端化，江苏要大力弘扬精益求精的精神，持续推进现有产业的产品和生产工艺渐进性创新，让现有优势产业的产品尽快进入国际高端市场，形成较强的国际竞争力和影响力。其次是自主化，要大力推进产业核心技术攻关，打破创新型国家在产业核心技术上的垄断，自主掌控一批产业核心技术，既支撑我国相关产业的发展，又培育新的经济增长点。同时要充分利用我国市场需求和公共需求大的优势，创新运用已有先进技术开发全新产品，尽快形成自主培育发展新兴产业的能力。再次是原创化，要加快提升原创性成果的研发能力，开发全新技术和能改变消费者生活的全新产品，自主培育发展新兴产业。

3. 推动技术创新成为企业最具比较优势的战略。一是加大国家和江苏已出台的一系列鼓励企业技术创新政策的落实力度，让创新型企业能以最低成本获得最好支持。二是均衡高新技术产业与房地产、金融等产业的利润水平，让技术创新而非投资房地产成为企业最有利可图的战略。三是积极支持江苏企业参与航空航天等国家重大工程和基础设施建设，发挥公共需求对产业科技创新的带动作用。在江苏选择一批公共需求旺盛、创新基础和能力比较好的公共需求产业，加快产业发展和科技创新步伐，增强产业科技创新能力。四是对购买江苏企业自主创新技术和产品的用户，在财政补贴和税收优惠等方面给予鼓励，支持江苏相关政府部门购买、使用江苏企业自主开发的新产品。

4. 完善科创中心建设需要的多维度要素。一是提供有力的人才支撑。对勇于创新和善于创新的优秀企业家给予表彰奖励，提供更多国内外访问交流、学习培训机会。加快建设世界一流的职业技术教育体系。调整和优化社会人事制度，支持企业与高技能人才构建稳定的雇佣关系。支持企业与高校科研院所之间加强科技人员互访、互聘、互用。持续优化江苏的人居环境，增强对高层次创新人才的吸引力。二是提供更多优质服务。加快提升科技创新信息公共服务水平，加强科技金融服务体系建设，切实推进政府购买科技创新公共服务的新机制和新模式，促进科技创新服务体系建设。三是设立专项科技计划。支持开展产业科技创新战略研究，系统、准确分析江苏主要产业科技创新状况和与世界先进水平的差距及未来主攻方向，为紧密围绕产业科技创新需求开展研发奠定基础。支持和鼓励运用已有先进适用技术开发全新产品，更好地满足已有需求和新的需求，加快形成自主培育发展新兴产业的能力。

研究基地：江苏创新驱动研究基地
承担单位：东南大学
合作单位：国家科技评估中心、江苏省科技厅
首席专家：仲伟俊、胡敏强、王秦、迟计
课题负责人：梅姝娥 东南大学教授
课题组成员：仲伟俊、高星

扬子江城市群空间规划提升与战略实施重点

李程骅　胡小武

［内容提要］“扬子江城市群”是长三角世界级城市群的“空间嵌套”，在长江经济带战略、“一带一路”倡议实施和长三角城市群的建设中有着特殊作用。本文提出省级层面扬子江城市群空间规划打造四条跨江城市带的提升思路，并给出突破战略实施重点相关建议：提升县级行政区域的集聚力，补齐区域发展短板；设立省级统筹的跨江城市带建设示范区，规划建设具有国际竞争力的沿江城际特色产业园；扩容苏南国家自主创新示范区，打造“中国制造2025示范城市群”；落实“放开”策略，对接苏沪浙皖以及长江经济带中现有的地区发展规划战略。

“扬子江城市群”是长三角世界级城市群的“空间嵌套”形态，统揽江苏沿江8市，在我国长江经济带战略、“一带一路”倡议实施和长三角城市群的建设中承担着特殊作用。围绕省第十三次党代会确立的江苏沿江城市集群发展、融合发展的思路和战略，借鉴国际发达地区以城市群、都市圈为主体构成巨型发展区的经验做法，提出省级层面扬子江城市群空间规划的提升思路。

一　空间布局战略规划：加密跨江通道建设，打造南北对接的四条跨江城市带

制约江苏南北区域发展不均衡的一个重要因素是因长江而形成的交通阻隔，即使是同一个市域的南京，江南与江北的发展落差也非常明显。推动江苏沿江城市集群发展、融合发展，须以实施南北节点城镇一体化为抓手，实现跨江同城化，加快形成扬子江城市群内的四条跨江城市带及对应的跨江经济带，逐步把长江发展成为“一江两岸”扬子江城市群的内河交通与空间中轴。与高铁重点提升远距离交通效率不同，轨道交通与物流为主的公路交通更加注重通勤化，是沿江城市集群跨江同城化发展、中间县级行政区域加快发展的重要依托。因此，从中长期的发展看，打造跨江城市带的关键在于加密扬子江城市群的跨江通道建设，由目前的15条增加到40条左右，确保每一个沿江县级行政区都有1到2条过江通道，全面提升县级行政区域的跨江交通配置水平，形成跨江公路大桥、高铁大桥、地铁隧道、公路隧道等多形态过江通道密集联通。

1. 打造上游宁镇扬跨江城市带。以推动宁镇扬同城化发展为抓手，将该区域内北沿江的六合、仪征、扬州、江都到南沿江的栖霞、龙潭、句容（高资）、镇江的75公里区间，以5公里为间隔，配置总数15条交通通道，建立起通勤化快捷交通网络。依托现有产业基础和创新能力，打造以电子信息、光电设备、化工、新材料、智能设备制造为代表产业的重要城市经济带。

2. 打造中游的常（常州）镇（扬中）泰（靖江、泰兴）跨江城市带。构建常州、扬中、泰州、泰兴区域跨江同城化发展规划，在泰州大桥的基础上，再新建高港到扬中城际轨道交通、泰兴经扬中到常州城际轨道交通、泰兴到常州大桥共计3条过江通道，确保40公里区间内，至少有4条快捷过江通道。集中打造以造船业、物流业、现代制造业、精细化工、生物医药、新材料为主体的增长带。

3. 打造中游的锡（无锡市区、江阴）泰（靖江、姜堰）跨江城市带。加快江阴与靖江跨江同城一体化发展体制机制设计，建立跨江发展经济区、产业园以及产业规划一体化机制，实行两地过桥月票制度。在新长铁路与江阴大桥上游，修建过江地铁交通隧道，形成“一桥一铁一隧”立体化跨线交通为主体的两岸同城化发展格局。以江阴和靖江一体化发展为突破，加快无锡、江阴、靖江、姜堰等新型经济地理带的崛起，建立智能设备、物联网、新兴材料、环保材料、生物医药、特色农业等城际战略产业链。

4. 打造下游的苏（苏州、张家港、常熟、太仓）通（南通、如皋）特大型跨江城市带。苏州及其张家港市、常熟市、太仓市与南通的如皋市、南通市区、通州区、海门市临江而望，沿江岸线超过80公里。按照10公里设置一个过江通道的标准，在目前通锡大桥、苏通大桥和规划中沿江高铁的基础上，补充3—5条过江隧道或桥梁，实现从南通市港闸区、崇川区、通州区、海门市、启东市到张家港市、常熟市、太仓市的城际轨道交通和公路交通的快速连接，推动南通中心城市能级提升并带动苏北盐城地区发展，形成更好的区域产业分工体系和发展格局，带动这一特大城市发展带和深腹地城市经济带的发展。

二　推动空间规划实施，打造新型“区域增长核”

实施扬子江城市群空间规划，要在着力打造南北对接四条跨江城市带的同时，“多规合一”提升次发展区域建设水平，建设城际特色产业园和先进制造示范城市群支撑的国际化创新空间，以新型“区域增长核”促进长三角一体化发展。

1. 运用“多规合一”手段，提升县级行政区域的集聚力。一体化发展的扬子江城市群最终将形成超级的大都市连绵区形态。从跨江同城化的总体要求和“三生”空间均衡布局的具体要求来看，当前县级行政区域的城镇化水平还有待提高，沿江的16个县级行政区，有的城镇化水平只是达到全省的平均水平。这些散点布局的县级行政区，占据空间面积较大，属于扬子江城市群的“次发展区域”。只有加快培育后发优势，补齐短板，才能实现整体城市群更为合理的生产、生活和生态网络空间布局。鉴于散点布局的县级行政区在发展规划上缺少区域协调对接，且占据空间面积较大，有必要在总体发展规划中将这些“次发展区域”纳入跨江城市带、跨江同城化、次区域同城化等规划。通过跨江发展整体性规划，推动城市空间、产业空间、城镇人口、基础设施、公共服务、生态环境等“多规合一”，提升16个沿江县级行政区域的要素配置水平，发展壮大各县级行政区的城镇化集聚规模，推动其向规模型或中等型以上城市发展。以跨江融合发展实现由小城市转型为中等城市或者大城市的新区、卫星城，最终与其地级市建成区实现一体化，完全融入或无缝对接到8个中心城市的建成区中，真正构建起南北沿江城市带、南北跨江城市带的“双城市带”城镇网络体系，最终形成扬子江城市群巨型城市群连绵区。

2. 设立省级统筹的跨江城市带建设示范区，规划建设具有国际竞争力的沿江城际特色产业园。扬子江城市群作为一体化发展的空间载体，承载着江苏和长三角产业转型升级、自主创新示范引领的功能，是具有良好创新生态环境的连绵都会型空间。依据国家对长三角作为世界级城市群建设的目标要求，建立适合资源要素无障碍流动的配置机制和引导政策，让产业空间、城镇空间上升为具有国际影响力的创新空间。建立以省级层面为主、联合地市相关机构协同工作的四大跨江城市带发展示范区协调机构。在尊重目前规划的前提下，以跨江同城化作为示范区的空间定位，通过要素资源的优化配置，建立产业联动发展机制，引导央企、外企、省企、民企参与，打造跨江城市带建设示范区的特色产业园区，嵌入城际战略产业链，形成新的江苏四大沿江特色产业增长区。

3. 扩容苏南国家自主创新示范区，打造成“中国制造2025示范城市群”。建议将《苏南现代化建设示范区规划》与《苏南国家自主创新示范区发展规划纲要》两大国家级规划全面纳入扬子江城市群发展规划体系。将“中国制造2025”试点城市、苏南国家自主创新示范区政策，从苏南5市扩容到扬子江城市群8市，并带动“四大跨江城市带建设示范区”的升级发展。以三权分置改革为原则，以加快土地流转为手段，积极发展区域内的特色农业、家庭农场、现代农业、美丽乡村、特色小城镇建设，释放一体化发展新红利。

4. 落实高水平的“放开”策略，以新型“区域增长核”促进长三角一体化发展。一是东南方向与上海无缝对接，实施“苏沪一体化升级策略”。对接“上海2040”和“半小时城际高铁都市圈”规划，加快南通、苏州和无锡产业布局和城市生活要素资源优化配置，提升资源扩散能力，建立同城化一体化发展试验示范区，推动“沪通创新科技园”“沪苏一体化发展改革试验区”“沪苏科教创新合作示范区”等项目实施。二是南部方向与宁杭生态经济发展带、环杭州湾城市群对接，实施“苏浙绿廊策略”。加快推动宁杭城市带与环太湖地区协同创新联动发展，规划苏浙绿色城市发展带，形成长三角核心区的生态经济绿廊。设立苏浙产业合作示范区、生态旅游示范区，合作申报长三角国家森林公园、湿地公园项目。围绕宜兴、湖州等地西太湖湾区合作发展，协同规划相关生态环保、休闲、养生、渔业等产业发展，构建新型跨省生态绿色合作示范区。三是北部方向强化引领苏北地区发展，实施“省域带动策略”。从江苏全域视角出发划分主体功能区，实施扬子江城市群与江淮生态大走廊、淮河生态经济带两大战略衔接。利用苏北丰富的生态、农业、人口等资源优势，拓展产业分工链半径；促进江苏沿海发展带、东陇海城镇带、洪泽湖城镇圈与扬子江城市群联网联动发展。四是西部方向与安徽和长江中游城市群对接，实施“西向联动策略”。一方面做好与皖江城市群和安徽东部地区的空间规划对接，突出南京特别是江北新区的辐射作用，带动滁州、合肥、芜湖、马鞍山、铜陵等城市发展；另一方面重视与长江经济带中游地区的联手联动，与皖江城市群共抓大保护，提升沿江两岸城镇化水平，共建转型升级示范的长江中下游城市连绵区，发挥扬子江城市群对长江经济带整体的辐射带动作用。

课题负责人： 李程骅　江苏省《群众》杂志社副总编辑
创新型城市研究院首席专家
主要执笔人： 胡小武　南京大学社会学院副教授

江苏沿江化工产业结构布局优化路径研究

李程骅　吴福象

［内容提要］江苏沿江和沿海地区是化工产业的主要集聚区。目前，江苏化工产业结构和布局方面仍然存在多个问题：长江南北两岸化工产业统筹谋划不足；半数以上化工企业散布在园区之外；技术含量普遍不高，与发达国家差距大；环境安全事故易发；威胁水环境和饮用水安全；与国家规划存在冲突等。为此建议：推进沿江、沿海化工产业转型发展、高端发展，在沿江地区，重点应实施压减、转移、改造、提升计划；严格执行产业政策，提高行业准入门槛，严格化工项目审批，管好存量、严控增量；强化创新引领，积极对接战略性新兴产业，大力推进技改升级，构建化工产业创新平台和体系，打造优势产能。

江苏的化工产业主要分布在沿江和沿海，形成了4家国家级、6家省级、30多家市级化学工业园分层集聚的格局。总体来看，江苏的化工产业结构和布局仍然存在多个问题，亟须推动产业结构转型、产业布局优化，塑造更多优势产能。

一　江苏省化工产业结构和布局存在的问题

一是统筹谋划不足。多年来，长江南北两岸的化工产业发展缺少统筹谋划。南岸的化工企业分布较为密集，发展较快，而北岸的化工企业分布比较散乱，发展也比较滞后。有些地方在上马石化项目时，虽事先进行了园区规划、环境评价、安全评估，但主要是单个项目或园区的局部影响评估，没有统筹考虑整个长江水系的生态环境承载力和运输系统承载力。亟须对沿江石化和化工产业进行统筹规划布局，规范沿江两岸化工园区发展。

二是大量企业未入园。目前，江苏省仍有半数以上的化工生产企业散布在化工园区之外。这些企业面临着劳动力、土地、能源、公用工程等生产要素供应方面的制约，面临着环境容量指标日益收缩、安全生产措施要求日益提升的困境，以及技术改造及新扩建项目需求受到政策制约的窘境，已有产品与技术竞争优势难以维持，盈利能力和市场竞争力将大大削弱，而设备与技术无法及时更新、升级，也将进一步加大安全与环保风险。

三是技术含量普遍不高。江苏沿江沿海化工产业规模虽然较大，但在一些技术复杂度较高的领域与发达国家存在差距。比如，发达国家的精细化工占石油和化工行业的比重达到60%左右，而江苏省精细化工占比不到40%，技术含量普遍不高。此外，一些地方和企业单纯依靠大规模要素投入，以获取经济增长的速度和效益，造成能源和资源利用率偏低。尤其是工业结构以化工为主的地方，资源能源需求强劲，加剧了环境污染和资源负担。

四是环境安全事故易发。“十二五”期间，尽管江苏大力推进化工生产企业专项整治，关闭了2000余家生产规模较小、安全与环保风险较高的化工企业，但一些化工企业在生产、运输、储存等方面仍然发生了一些安全、环保事故，部分企业违规排放污染物，造成多起生态环境事故。

五是威胁水环境和饮用水安全。长江经济带分布着众多化工园区和企业，大量的工业废水排入长江，导致长江水污染状况日趋严重。据统计，目前长江已形成近600公里的岸边污染带，有毒污染物300余种。多种重金属如铬、汞、镉等严重超标，长江经济带的河水、湖水中蓝藻、绿藻等现象日趋严重。在工业和人口都比较密集的长江中下游的上千公里河段，沿岸水质基本都在三类和四类之间。长江江苏段水质已降为三类，沿江 8 个城市污水排放量约占江苏全省总量的 80%，沿江的 103 条支流约有排污口 130 个，对沿江地区的饮用水安全构成威胁。

二 江苏省化工产业结构与布局优化的对策建议

1. 推进沿江、沿海化工产业转型发展、高端发展。在沿江地区，重点应实施压减、转移、改造、提升计划。从区域、资源、环境、运输、市场等方面综合考虑，有序推进区域中心城市周边和沿江两岸化工企业向有环境容量的沿海地区转移。重点延伸拓展技术含量高、附加值高、资源能源消耗低、环境污染排放少的化工新材料、高端专用和功能性化学品、生物及能源新技术和新能源技术、新型化工节能环保产业等，形成产业集聚优势和特色品牌优势。不得新建和扩建以大宗进口油气资源为原料的石油加工、石油化工、基础有机无机化工、煤化工项目，同时要统筹规划建设船舶化学品洗舱水接收站，建立化工园区（包括化工集中区）与危化品码头联动发展的机制，加大沿江危化品码头资源整合力度，逐步提高岸线资源利用率，尤其是要严禁在长江干流及主要支流岸线 1 公里范围内新建危化品码头。在沿海地区，重点实施先进、高端、绿色化工规范发展计划。充分利用沿海地区港口良好运输条件和丰富土地资源，以进口石油和其他化工原料资源为基础，重点发展石油化工、基础有机化工原料、生物及能源新技术和新能源技术等高端产业。加快推进国家规划中连云港石化产业基地建设进程，形成炼油、烯烃、芳烃及衍生产品深加工一体化的产业集群。同时，要积极承接省内外、沿江区域技术水平先进的化工产业转移，发挥对苏北内陆地区关联产业的辐射带动作用。沿海危化品码头要与产业发展需求、港口发展规划统筹考虑，并完善相关安全环保基础设施。

2. 严格执行产业政策，管好存量、严控增量。一是提高行业准入门槛。一律不批新的化工园区，不批化工园区外化工企业（除化工重点监测点和提升安全、环保、节能水平及油品质量升级、结构调整以外的改扩建项目），不批化工园区内环境基础设施不完善或长期不能稳定运行企业的新改扩建化工项目。新建（含搬迁）化工项目必须进入已经依法完成规划环评审查的化工园区。化工园区外的，制定出台以生产工艺技术与装置能力、安全环保指标、能源资源利用效率、产品质量等级等为主要内容的化工产品（特别是精细化学品）综合性规范条件或地方标准。出台高于国家现行内河散装化学品船标准的地方标准，提升内河散装化学品船的安全水平。二是严格化工项目审批。新建化工企业要确保符合城乡规划要求，与周边场所的距离满足国家法律法规及相关标准规定。针对化工企业灾害事故防范及处置实际需要，适时制定出台高于国家现行化工企业防火设计技术标准规范的地方标准，并在全省执行。健全化工建设项目中发改、经信、安监、环保等部门联合会商制度，对环境污染影响小、安全风险低的化工建设项目，可由县（市、区）投资主管部门审批、核准和备案，其他化工项目一律由设区市的投资主管部门审批、核准或备案。新建合成氨、二甲苯、二硫化碳、氟化氢、轮胎等项目必须符合行业准入条件，现有企业统一纳入准入管理。对生产高毒高残留农药的企业一律不再办理资质延期、产品换证。要限制新建剧毒化学品、有毒气体类项目，不再批准新的光气生产建设项目，从严审批涉及重点监管的危险化学品和涉及高危工艺的化工项目。禁止建设排放致癌、致畸、致突变物质及列入名录的恶臭污染物等严重影响人身健康和环境质量的化工项目。

3. 强化创新引领，推进技改升级，打造优势产能。一是构建化工产业创新平台和体系。发挥江苏科教资源丰富优势，强化创新、创业支撑，加快构建园区创新体系，形成以企业为主体的技术创新体系。以企业为主体，高等院校、科研院所为依托，在重点化工领域树立一批典型的技术创新示范企业，建设一批高质量的企业技术中心、行业关键技术创新平台。构建长期稳定的产学研合作机制，充分利用高校院所人才资源密集、科研能力强的优势为园区企业服务，企业依托高校院所开发新产品，进行技术难题攻关，促进创新成果产出。二是积极对接战略性新兴产业。以新兴产业集聚为创新载体，推进工程塑料、高性能纤维、功能性膜材料、氟硅材料、3D 打印材料等专用、高端化工新材料及其配套化学品的开发与产业化。培育和推广化学工业节能环保技术、节能环保材料、节能环保产品和装备，建设化工节能环保产业公共技术平台和服务站，打造一批技术先进、配套完整、发展规范的节能环保产业示范基地与服务产业链。鼓励企业转型升级和信息化改造，引进高端先进制造工艺，推进化工智能制造应用，建设智慧化工。三是大力推进技改升级。加大节能环保技术、工艺、装备研发和技改力度，加快工艺设备绿色改造升级，提高资源利用效率，建成高效、清洁、低碳、循环的绿色体系，推进资源利用方式向绿色低碳转变。贯彻实施国务院《关于加快培育和发展战略性新兴产业的决定》《关于推进国际产能和装备制造合作的指导意见》和《中国制造 2025》，按照减量化、再利用、资源化原则，提高工艺成熟度和模块化程度，构建绿色化工产业发展体系。

课题统筹：李程骅　江苏省《群众》杂志社副总编辑
创新型城市研究院首席专家
课题负责人：吴福象　南京大学经济学院教授

扬子江城市群水污染协同治理对策建议

李程骅　黄　南

[内容提要] 江苏 80% 的能源重化产业集中在长江沿岸，加上近年上游水质持续下降，使下游扬子江段的水质日趋恶化，造成了很大的安全隐患，长江江苏段水污染的协同治理迫在眉睫。目前，沿江各市在水污染治理上缺乏整体协同，水污染治理体系与地方治理体系、扬子江城市群与长江中上游段城市之间也缺乏协同，社会公众在水污染治理方面参与度不高。为促进扬子江城市群水污染协同治理，建议：建立扬子江城市群水污染协同治理机制；发挥市场化机制在水污染协同治理中的导向作用；加快推进水污染协同治理平台建设；提高水污染协同治理的监管水平；建立和完善社会公众参与水污染治理的绿色通道。

江苏 80% 的能源重化产业集中在长江沿岸，加上近年上游水质持续下降，使下游扬子江段的水质日趋恶化，造成了很大的安全隐患，长江江苏段水污染的协同治理迫在眉睫。

一　扬子江城市群水污染协同治理存在的主要问题

目前，包括扬子江在内的长江流域的水污染是一种跨区域的公共问题，在现有属地管理模式下，不同行政区之间存在各自为政以及利益竞争的问题，加上水污染的治理涉及产业布局等多方面因素，因此在治理上存在长期性和反复性。总体来看，当前长江江苏段水污染的治理存在四大问题：

1. 沿江各市在水污染治理上缺乏整体协同。当前沿江 8 市对于流域水资源的管理主要遵循属地化管理原则，即按照“统一管理与分级、分部门管理相结合”进行。这虽然明确了各城市和地区在本辖区内水污染治理的责任义务，但割裂了流域的完整性。目前，各市大多从管辖权出发进行水污染治理政策设计，缺乏整体的沟通和协作。出于各自利益，还会在治理上出现“搭便车”行为，容易导致水资源的过度开发和利用。当一市出现水污染时，相邻城市会互相推诿，使治理难以取得成效。

2. 水污染治理体系与地方治理体系缺乏协同。水污染治理是一个系统性问题，需要产业布局、城市基础设施建设、科技创新载体及大众生活方式等多方面的协同，在水污染治理上易出现多头管理、内部职能交叉的现象。目前我省对水污染治理的每项任务，虽明确了牵头部门，但由于各部门之间不存在上下级隶属关系，牵头部门往往难以协调平级的部门，无法有效形成治理合力，一些交叉的领域甚至还会相互扯皮，降低治理工作成效。

3. 扬子江城市群与长江中上游段缺乏协同。近些年长江流域中上游地区在加快经济发展目的驱动下，陆续新建了宜昌、万州、涪陵等重化工业区，加上原已存在的安庆、九江等传统石化工业集聚区，长江沿线共有化工园 62 个，生产企业约 2100 家，沿线化工产量约占全国的 46%。虽然 2016 年出台的《长江经济带发展规划纲要》明确将长江的生态环境保护放在优先位置，但是一些地区为地方税收等利益所主导，仍会对本地的一些排污企业进行保护，甚至在断面监管的指标上弄虚作假。当前扬子江城市群的水污染治理与长江流域其他地区，尤其是中上游地区缺乏协同，造成监管和治理的困难。

4. 社会公众在水污染协同治理上参与度不高。公众的参与度相对不高，一方面是因为信息不对称。缺乏及时、透明的扬子江水污染信息发布制度，而且水污染大多发生在辖区交界地区并有一定的潜伏期。公众一般是在发生了较为严重的污染情况后才能获知信息，影响参与治理的及时性。另一方面是水污染治理技术的复杂性也造成了公众参与的困难。水污染情况的检测和监管需要较为复杂的技术，一般公众难以具备相关的技术水平，民间环保社会团体往往缺乏具备相关专业知识和技术的人才，经费不足，只能从事一些初级的环保活动或事后维权活动，影响公众参与的有效性。

二　促进扬子江城市群水污染协同治理的对策建议

1. 建立扬子江城市群水污染协同治理机制。一是联合其他地区，呼吁成立国家层面的长江水污染协同治理领导机构，负责对长江流域的治理目标、污染补偿等制度进行统筹，避免各地区之间的相互推诿和利益损害，减少基础设施建设重复浪费等问题。二是学习浙江“五水共治”经验，成立省级层面的扬子江城市群水环境整治协调机构，加强顶层设计和统筹规划。各市设置相应的组织机构，按照领导小组制定的规划等安排工作，反馈治理中发现的问题，促进协同治理工作有序有效推进。三是培育扬子江城市群水污染协同治理的公众参与机制。要发挥三类群体的力量：发挥普通民众参与治理的积极性，筑牢水污染协同治理的社会基础。环保社会组织要积极集聚环保人士及专业人才，使其成为水污染协同治理中的重要力量。高校和研究机构通过政府的激励和引导，提高参与治理积极性，发挥专业性和研究实力强的优势。

2. 发挥市场化机制在水污染协同治理中的导向作用。一是建立扬子江城市群水污染物排污权交易市场。借鉴“太湖流域主要水污染物排污权有偿使用和交易”试点工作的经验，建立基于市场机制的排污权交易制度。由省级层面统筹制定城市群的排污权交易方案、超排企业处罚等措施，解决交易中的利益冲突和矛盾等。探索建立水污染治理的企业信用制度，对企业在水污染治理上的投资及做法，计入水环境治理的信用档案，并与其他信用体系对接，提高企业资信水平。二是完善扬子江上下游水污染生态补偿机制。完善和细化生态补偿工作流程，探索资金等价的实物补偿或政策补偿等。对补偿资金使用进行项目化管理，补偿标准的制定要综合各地实际情况，针对不同情况设立“差别补偿标准”。三是加快水污染治理绿色金融发展。在扬子江城市群率先开展绿色信贷统一标准的设计，通过贴息、再贷款、PPP 模式等办法，降低绿色金融融资成本。设立省级绿色产业基金，投资有示范作用的绿色项目，引导社会资本进入，将扬子江城市群打造成绿色金融发展的先行示范区。

3. 加快推进水污染协同治理平台建设。一是信息共享平台的建设。加快建立扬子江城市群水环境数据库，实现 8 市间的信息数据共享。以现有监测网点为基础，建立全流域的监测网络，定期进行抽样检测，及时公布相关信息和数据。建立 8 市间的信息通报制度，互通最新的治理情况。建立水污染信息的社会公布机制，为大众及环保组织等进行监督、维权提供有效的数据资料。二是统一监测平台的建设，统一监测的技术手段、指标和标准等，由各城市的专业部门或公正的第三方机构进行监测。同时将制定的监测技术等与长江流域其他省份及城市对接，提高水污染协同治理的有效性。

4. 提高水污染协同治理的监管水平。一是完善突发水污染事件的预警和应急处理机制。对沿江两岸的重点污染企业、重要流域段进行实时监控，发生严重的水污染事件时及时对外通报，减小水污染可能造成的危害和损失。将扬子江流域发生的严重水污染情况纳入江苏省生活饮用水卫生应急处理的范围，由领导小组协调沿江 8 市进行应急处置工作。二是完善水污染治理的事后惩戒机制。将扬子江流域的水污染治理纳入官员政绩考核，重大环境问题上落实领导干部问责制，官员的晋升和年终考核方面实行“一票否决”制。建立严格的企业事后惩戒机制，并对排污不合格的企业，记入信用档案，作为企业获取财政扶持、银行贷款等的资信依据。三是建立和完善8市跨区域部门联合执法机制。建立扬子江城市群跨区域的部门水污染联合执法机制，由8市涉水职能部门组成联合检查组，采用交叉检查的方法，对流域排污情况进行检查，确定惩处方案，对各市形成治污压力。

5. 建立和完善社会公众参与水污染治理的绿色通道。一是拓宽公众参与渠道。多搭建方便公众参与生态治理的平台，如重大环境政策的听证制度、民意调查制度等。同时在社区、农村等基层地区加强宣传工作，提高居民的环保意识，形成环保生活方式。二是推动环境公益诉讼机制。加强环保相关法制宣传，发挥典型案例的正面导向作用，鼓励公民通过法律手段来维护自身权益。同时完善相关法律法规，加强信息披露等制度建设，帮助社会组织解决好取证难、信息掌握不及时等问题，为公民环境维权创造良好的制度环境。三是加大对环保社会组织的政策及资金扶持。对从事环保的社会组织进行分类管理，支持高校科研机构的专家学者参与社会性环保事业，发展更具专业性的环保组织。同时通过税收优惠和财政拨款资助等方式对其进行资金扶持，探索引入社会资本设立发展基金，在分类管理的基础上，按照从事领域的专业化程度及社会影响力的大小，分别进行资金扶持，促进其健康发展。

课题负责人：李程骅　江苏省《群众》杂志社副总编辑
创新型城市研究院首席专家
主要执笔人：黄　南　南京市社科院经济所所长
创新型城市研究院执行副院长

打造宁杭生态经济发展带
构筑江苏绿色增长新空间

李程骅　刘西忠

[内容提要] 打造宁杭生态经济发展带是实现长三角均衡发展、长江经济带建设纵深推进、苏浙协同发展的战略选择。宁杭生态经济发展带生态承载能力强、旅游文化资源丰富、科技创新潜力大、地缘相近文化相通，优势十分突出。同时也面临县域经济实力相对弱、跨省治理环境污染难等问题和挑战。为此建议，围绕打造绿色经济集聚区、全域旅游示范区、生态文明引领区和城乡一体发展先行区的目标要求，完善制度安排，健全多层次跨区域的合作机制；建设三大生态工程，打造长三角绿色发展示范带；构建环太湖创新联盟，打造长三角绿色创新示范带；依托生态宜居优势，打造长三角绿色城镇示范带；对标国际潮流，打造“人居三”可持续发展城市示范带。

省第十三次党代会报告明确提出，“对沿宁杭线地区的发展做出谋划和推进”。随后，长三角地区主要领导座谈会专门提出“打造宁杭生态经济发展带”，签订《关于共同推进宁杭生态经济发展带建设合作框架协议》，宁杭生态经济发展带成为长三角地区沪宁杭金三角的重要一极。

一　宁杭生态经济发展带的资源优势与面临挑战

长期以来，长三角地区的沪宁、沪杭两线经济发达，宁杭线发展相对迟缓，由此导致长三角地区南北向发展通道“梗阻”，南京与杭州之间的很多资源要素流通需要“绕道”上海。宁杭高铁建成通车后，南京、杭州的“一小时经济圈”开始形成，长三角的发展格局从一体两翼转为黄金三角，宁杭生态经济发展带将由沪宁杭三角的一个“绿边”发展成为长三角地区的“绿脊”。

1. 生态承载能力强。宁杭生态经济发展带上的南京、湖州、镇江都是国家生态文明先行示范区，区域生态文明建设走在全国前列。宁杭生态经济发展带自然生态资源优良，森林覆盖率高达37.6%。以国家级森林公园为例，截至2015年年底，长三角三省一市拥有国家级森林公园共94处，总面积384694.62公顷。其中，处于宁杭生态经济发展带的共有19处，面积达159992.61公顷，面积占比高达41.6%。

2. 旅游文化资源丰富。宁杭生态经济发展带的旅游文化资源丰富。两端的南京和杭州，是全国著名的历史文化名城，拥有众多旅游文化资源。太湖西岸和杭嘉湖平原地区，拥有乌镇、南浔、西塘、杨桥等大批古镇。中间地带的很多中小城市，拥有大量风光秀美的旅游资源，如溧阳天目湖风景区、德清莫干山等。而高淳、溧水、溧阳、金坛等地山水资源丰富，拥有野山笋、天目湖鱼头、溧阳米酒等很多特色旅游产品，乡村旅游发展得非常好。宁杭沿线地区文化积淀好，历史文化、生态文化、红色文化都是发展旅游文化产业的宝贵资源。

3. 科教创新潜力大。宁杭生态经济发展带是苏南国家自主创新示范区和杭州国家自主创新示范区重要组成部分和核心区域。这一区域所集聚的国家工程技术研究中心达20多家，超过全国绝大部分省份所拥有的数量。

与此同时，宁杭生态经济发展带也面临着重要的瓶颈制约。一是跨界污染问题易发。生态环境是宁杭沿线地区最大的资源优势，然而，由于地处交界，行政分割，容易出现环境跨界污染易发、协同治理难的问题。比如，地处宜兴市、长兴县、安徽广德县三地交界处的太极洞风景名胜区，就曾发生环境污染与生态破环事件。近年频发的垃圾跨界倾倒事件也是跨界污染的焦点问题之一。此外，生态补偿机制面临落地难、可持续难的挑战，存在生态保护者和受益者之间利益脱节的问题。二是县域经济实力偏弱。宁杭生态经济发展带上除南京、杭州两个中心城市及湖州市区外，还包括六个县（市）：宜兴市、溧阳市、句容市、长兴县、德清县、安吉县，这些县域经济体是宁杭生态经济发展带的重要节点。与沪宁线上的昆山市、江阴市、张家港市、常熟市，沪杭线上的海宁市、桐乡市、平湖市、嘉善县等相比，宁杭沿线地区县域经济体的实力相对薄弱。三是沿线县域二产比重普遍偏高。2015 年，宜兴市、溧阳市、句容市、长兴县、德清县、安吉县的二产比重在 46.2% 至 53.8% 之间，均高于我国第二产业增加值的比重（40.53%），生态旅游优势没有充分发挥。

二 推进宁杭生态经济发展带建设的江苏作为

建议江苏不断完善顶层设计和相关制度安排，有序推进生态建设和产业布局优化，把宁杭生态经济发展带打造成为长三角的“绿脊”，打造绿色发展示范带、绿色创新示范带、绿色城镇示范带，在全国率先打造“人居三”可持续发展城市示范带。

1. 完善制度安排，健全多层次跨区域的合作机制。围绕打造绿色经济集聚区、全域旅游示范区、生态文明引领区和城乡一体发展先行区的目标要求，建立多层次跨区域合作体系。在省际合作方面，构建苏浙两省关于宁杭生态经济发展带的专项沟通对话机制。在省内合作方面，加强市、县、乡层级间的横向交流合作，建立发改、经信、科技、旅游等部门间的协商机制。一是充分发挥南京的龙头带动作用，加快规划建设镇宣城际、泰常溧城际、泰锡常宜城际等铁路，加快推进宁高、宁溧、宁句、常金等轨道交通项目建设，形成“宁—镇—常—锡”联动发展、融合发展的格局。二是积极发挥中小城市的支点作用，为中小城市扩权赋能，在政策试点、机制创新、资源扶持等方面予以倾斜，增强其自主权，鼓励其探索跨区域融合发展路径。三是择机“扩容”。安徽宣城市郎溪、广德两县地处宁杭生态经济发展带中间位置，可吸纳其加入宁杭生态经济发展带，这有助于改变宁杭生态经济发展带目前的“沙漏形”地理空间格局，扩大经济腹地，增强共建合力。

2. 建设三大生态工程，打造长三角绿色发展示范带。一是建设“宁杭生态走廊”。在完善以宁杭通道为轴带的区域综合交通网络的同时，沿水运、公路、铁路等交通干线一体规划建设“宁杭生态走廊”，形成串联宁杭生态经济发展带的绿道网络。在“生态廊道”系统中规划建设一批自然生态保护区、水利风景区、湿地公园、地质公园等生态功能区，发挥生态保护、生态涵养的价值。二是共建跨省域的“国家级森林公园”。前期可联合浙江在溧阳、宜兴、长兴之间规划建设“苏浙国家级森林公园”，由相关地方政府共同投资，一体化保护利用、开发建设。待安徽加入宁杭生态经济发展带后，可吸纳宣城的郎溪县、广德县加入进来，共同规划建设“苏浙皖国家级森林公园”。三是实施生态治理工程。积极借鉴浙江开展多年的“五水共治”经验，将其运用到西太湖流域水环境治理中。开展土壤污染治理和废旧矿区治理，建设土壤污染防治先行示范区和绿色矿业发展示范区。借鉴新安江流域跨省流域生态补偿试点经验，推动宁杭沿线地区中小城市开展生态合作，设立生态发展基金，构建有约束、有保障的长效生态补偿机制。

3. 构建环太湖创新联盟，打造长三角绿色创新示范带。充分利用宁杭沿线地区的国家级、省级创新平台，结合宁杭沿线地区已有基础的特色产业，如无人机、环保设备、新能源汽车等开展科技创新，做产业集群数量上的减法、质量上的乘法，切实提升宁杭沿线地区高新技术产业集群的创新能力。加强与杭州、湖州、上海等地合作，支持环太湖流域的高校、科研院所、企业、地方政府等组建创新联盟，整合环太湖地区创新资源，集聚创新人才，增强创新政策和制度设计的统筹性、协调性。瞄准沪宁、沪杭线先进制造产业开展科技创新，为其提供科技创新服务配套，逐步形成与沪宁、沪杭发展带相呼应的宁杭创新带。在苏西南丘陵山区因地制宜，科学规划城市功能区、产业集聚区、生态保护区，大力发展低碳或无碳的智慧产业，吸引集聚高层次创新人才，推进产城融合发展，打造绿色集约高效的人居空间、创新空间、经济空间——江苏绿色智慧谷。

4. 依托生态宜居优势，打造长三角绿色城镇示范带。宁杭沿线地区拥有一批极具发展潜力的中小城市和众多各具特色的小镇，要充分利用宁杭沿线地区优越的自然环境，规划建设“国家全域旅游示范区”，把宁杭沿线地区的景点串联起来发展“风景经济”，提升中小城市的生态品质。积极借鉴浙江云栖小镇、梦想小镇的成功经验，规划建设宁杭特色小镇，重点扶持打造入选国家住建部首批特色小镇名单的高淳区桠溪镇、宜兴市丁蜀镇；积极培育溧水空港会展小镇、溧阳别桥电梯小镇等新兴小镇，形成特色小镇梯队。利用溧阳、宜兴的优质山水资源，发展养老养生健康产业，发展休闲度假旅游、都市农业、观光农业，建设面向长三角乃至全国的养老养生基地。做大做强带有江南文化标识的历史经典产业和文化产业，挖掘宜兴紫砂等具有浓厚江南文化标识的资源，借助现代设计和传播手段加以改良、提升、创新，在历史经典产业资源的“复活”中焕发城市的文化生命力，增强宁杭城市带的区域识别度。

5. 对标国际潮流，打造“人居三”可持续发展城市示范带。第三次联合国住房和城市可持续发展大会（简称人居三）通过的《新城市议程》，为未来20年的城市发展提供了重要指引。宁杭生态经济发展带具有打造“人居三”示范区的潜力。要着力提升城市发展的可持续性。构建可持续的生产模式和经济体系，推广可持续的消费方式和生活方式；探索可持续利用土地和自然资源的体系，保护生态系统、生物多样性；研究可持续地利用文化遗产的途径，保护传统文化、知识、技艺，突出其在城市发展中的作用；完善可持续的基础设施和基本公共服务体系，让城乡居民普惠、均等享受城市发展进步的果实。要着力构建能有效应对突发事件的“韧性城市”。借鉴伦敦、纽约、新加坡等建设“韧性城市”的实践经验，加紧研究相关技术框架和标准体系，借助云计算、大数据、物联网、移动互联网等新兴手段，构建城市公共安全数据分析系统、即时响应处置机制，建立全方位、立体化城市公共安全网。

课题负责人： 李程骅　江苏省《群众》杂志社副总编辑

主要执笔人： 刘西忠　省社会科学联合会研究室主任

吴绍山　省社会科学联合会研究室科员

借鉴杭黄合作经验　建设宁宣黄成长带

张京祥

［**内容提要**］当前，在长三角地区，传统的“沪宁杭”三边结构正在被“沪宁杭黄”四边结构所取代，杭黄、宁宣黄轴带的战略价值日渐显现。建设宁宣黄成长带，有利于构建南北区域大通道，强化南京中心职能，激活旅游资源价值，夯实南京新经济发展基础。为此建议江苏借鉴杭黄合作经验，在省级层面加强统筹并支持南京加快推动宁宣黄成长带建设：创新区域合作共赢的机制；加快构建区域复合交通体系；重点锻造系列国际旅游品牌；务实培育和引导产业创新发展；大力完善区域生态功能格局。

当前，长三角区域发展总体格局正在发生变化，在长江南岸，传统的“沪宁杭”三边结构正在被“沪宁杭黄”四边结构所取代。其中，沪（上海）杭（杭州）黄（黄山）轴带的发展已经相对成熟，初步形成了国际旅游品牌线路，而宁（南京）宣（宣城）黄（黄山）方向的发展则相对滞后，目前南京入境游客接待数仅为杭州的 1/6、黄山的 1/3；以黄山为目的地的国际游客选择周边连带旅游城市时，南京仅排在第 7 位；从杭州方向进入黄山的国际游客数是南京方向的 6 倍以上。随着京福高铁的开通，宁宣黄旅游带的传统地位有被新兴的杭黄轴所取代的趋势。宁宣黄轴带整体发展地位的下滑，将严重制约江苏和南京在长三角地区的地位与影响力的提升。因此，建议江苏在加强省级层面统筹的基础上，一方面支持南京在东南方向大力开展与杭州的合作，推进宁杭生态经济带谋划建设，另一方面把在西南方向上加强与宣城、黄山合作提上议事日程，共同加快建设宁宣黄成长带，最终形成以创新经济和生态旅游为特色的“宁杭黄”生态经济圈。

一　建设宁宣黄成长带对江苏和南京发展的重要意义

在国务院去年批复的《南京市城市总体规划（2011—2020年）》中，南京被定位为“东部地区重要的中心城市”，这是中华人民共和国成立以后国家对南京城市给予的最高定位（以前仅被定位为长三角中心城市、华东地区中心城市等）。一个城市的空间发展方向，通常可以分为“常规拓展方向”与“战略发展方向”。一个中心城市周边受其影响的腹地区域分为两种类型：竞争性腹地、垄断性腹地。宁宣黄成长带对南京巩固东部重要中心城市、创建国家中心城市的目标而言，具有不可替代的重要意义。

1. 构建南北区域大通道，拓展南京战略腹地。近年来，江苏的区域发展，多在东西向沿江、沿东陇海线布局，缺少南北方向大通道、大轴带的带动。建设宁宣黄成长带，有助于南京在传统的东西向沿江发展格局上，拓展南北向区域格局，打通南京向北至淮安、连云港乃至山东半岛，向南至南昌、福州乃至珠三角地区的全新发展通道。积极与京福、沪昆、商合杭等新增区域通道实现互联互通，更便捷地与中三角（长江中游城市群）、海西乃至珠三角等区域形成良性互动。同时，南京可以巩固与皖南、赣北等传统腹地联系，展现在促进苏皖省际协调方面的重要示范意义。

2. 补全江苏发展战略短板，强化南京中心职能。近年来，江苏省域空间战略的重点是放在促进苏南地区与苏中、苏北联动发展上，而南京则以江为轴、跨江发展，一城三区、十大新城、开发江北等，各个方向同时出击，城市空间战略方向不明，资源与力量分散，导致区域影响腹地不断被上海、杭州等中心城市挤压，城市地位、影响力与辐射力总体上趋于弱化。南京若想真正成为东部地区重要中心城市，须面对上海、杭州的压力，向东向南强化自己的影响力。建设宁宣黄成长带，沿着溧水、高淳向南继续增强与安徽宣城、黄山方向的联系，进而联系京福、沪昆发展轴线，拓展南京区域联系的新方向，凸显南京的地位。

3. 重塑国际旅游特色品牌，夯实南京新经济发展基础。宁宣黄地区是长三角乃至华东地区最为重要的旅游、生态资源集中区，拥有南京古都名城、高淳国际慢城、黄山名岳、徽州古村落等多处享誉世界的品牌。建设宁宣黄成长带，有助于扭转南京与上海、杭州等城市相比下滑的旅游地位，也有助于把握旅游发展的新趋势，整合沿线休闲、体验、生态、文化等资源，打造长三角中以度假、休闲体验、养老养生等为主要内容的第二条国际旅游精品线路，与沪杭黄旅游带形成错位发展的格局。

二　建设宁宣黄成长带存在的问题

宁宣黄地区与周边其他轴带相比，差距显著，尚未成为一条真正具有活力的区域发展轴带。

1. 区域发展共识尚未形成。目前，宁宣黄成长带的发展价值尚未得到充分重视，苏、皖两省都未将宁宣黄成长带列入重点考虑范畴，在城际轨道、高速公路等规划中对于这一地区关注也很少。宁、宣、黄三城市在发展布局和规划结构上各成体系，发展方向缺乏统筹考量，在区域资源整合、生态保育、产业合作等诸多重点领域，尚处空白。

2. 旅游资源价值尚未激活。宁宣黄地区的旅游资源禀赋极高，但目前旅游消费仍主要限于门票等传统形式，购物、体验等非景点业态发育不足，这一问题在高淳、宣城、黄山地区表现突出，制约了沿线旅游发展的附加值。此外，沿线城市的旅游发展与经济、文化资源的联动也明显不足，尚未形成“旅游+”的大产业体系，传统手工艺、农业体验、文化遗存等鲜明主题仍未实现向旅游价值的有效转化。

3. 交通联通水平不足。黄山、宣城长期是泛长三角中交通基础最为薄弱的地区，而宁宣黄成长带沿线城市最为关心的就是交通联通水平严重不足。目前该区域内交通体系亟待完善，南北向高铁、城际规划建设迟缓，高速公路网络多处存在断头、通而不畅等问题，诸如郎溪向溧阳方向高速公路断头，宁国向杭州方向高速公路断头，宁宣高速高淳至宣城段长期未开通，泾县、旌德县不通高速公路等问题，长期制约着这一区域的发展。

4. 区域协调机制尚未建立。目前宁宣黄沿线城市间缺乏日常沟通协调机制和准则。虽然宣城已经加入南京都市圈联盟，但宁宣黄三市之间在旅游、生态、交通等区域协调的具体事务方面，仍存在着许多衔接难度。例如，水阳江航道整治等水利及环保事宜因缺乏区域协调机制，多年悬而未决。

三　他山之石：借鉴杭黄发展带建设的成功经验

杭黄发展带是长三角内快速成长的一条区域发展轴带，其成功的经验对于宁宣黄成长带发展很有借鉴价值。

1. 持续达成区域共识。杭黄两市地缘相近、经济相连，在2003年“长三角旅游城市15+1高峰论坛”上即提出将上海名城、杭州名湖、黄山名山串珠成链，构建国际黄金旅游线。随后双方签署全面合作的框架性协议，以建设徽杭高速公路经济开发带、合办大学、保护开发新安江和清凉峰自然保护区、建设杭州—千岛湖—黄山南线通道等措施为先导，在交通、旅游、人才、教育等方面展开协作。2015年两市签署深化合作交流协议，共同开创杭黄轴带发展的新局面。

2. 加速交通通道建设。2006年杭徽高速公路全线通车，将黄山到西湖的距离缩减到三个小时，沿途串联了大明山、清凉峰、天目山、青山湖、浙西大峡谷等许多旅游景点，被誉为江南最美高速公路。正在建设中的杭黄高铁预计于2018年6月通车，全程只需1.5小时。黄千高速计划于2019年建成通车，该线路将杭黄轴带南线景点与徽杭高速串接，成为联通黄山、千岛湖、杭州三个国家5A级风景区的黄金旅游线路。

3. 同步推行旅游西进。2001年杭州开始实施“旅游西进”战略，推进旅游城乡一体化，实现东西部区域经济协调发展。杭州市不断强化与黄山的互动，提出了“三江一湖”“三江两岸”等旅游发展战略，通过规划共绘、交通共建、市场共拓、产业共兴，整合优化城乡旅游资源，把杭州建设成了国际知名的旅游集散中心和重要目的地。

4. 鼓励新经济全面跟进。与旅游西进同步，杭州市提出“文创西进”的发展思路，意在有风景的地方兴起新经济。“文创西进”以市域西部山水秀丽的富阳、临安等地为重点，导入新产业要素，推动动漫产业、工业设计等优势行业与当地产业融合，建设富春山居文化创意园、分水制笔创意园、千岛湖姜家风情文化创意基地等项目。杭州还以特色小镇、美丽乡村为抓手，在杭黄轴带沿线打造了一批创新载体，实现了杭黄轴带上新经济、新业态的跨越式提升。

四　江苏推进宁宣黄成长带建设的思路建议

宁宣黄成长带应以区域协同发展为理念，以交通复合廊道构建为支撑，以高端旅游职能对接为媒介，以新经济业态为导向，努力建设成为美丽中国最佳展现区、国际休闲旅游首选地、国家绿色经济示范地、四省跨界协同发展区。

1. 创新区域合作共赢的机制。按照区域协调发展的理念，建立城市间日常沟通机制，适时将黄山市纳入南京都市圈联盟。利用都市圈相对成熟的日常协调机制和协商平台，加快促进宁宣黄成长带协同发展。在协调区域交通建设、签订旅游合作协议、导入重大旅游活动、制定产业协同发展规则、推进水系整治和生态保护等方面开展对接工作。同时，将若干具体合作事项列入议事日程，如协商区域、城市轨道线路，举办旅游产品推介会，联合发行旅游年卡，共同举办重大会展、赛事，签署产业项目合作备忘录，组织行业交流与产品推介，制定区域水源、河流综合整治和跨区补偿细则，等等。

2. 加快构建区域复合交通体系。加强省际及沿线城市的沟通协调，实现江苏沿海地区、苏中苏北地区与南京都市圈和黄山的交通串联。建议该线路经句容后接入溧水站或禄口机场，再向南部高淳、宣城、黄山方向衍生，以最大化地提升南京的区域中心城市功能。同时，结合沿江城际线型优化，打造溧水区域性综合交通枢纽，形成“三线汇聚、六向联系”格局。增加宁杭客专与禄口机场摆线，串联扬马城际，打造禄口机场为空、铁、市域快轨综合换乘中心，促使禄口机场成长为长三角西翼的“第二个虹桥枢纽”。此外，利用低空管制开放的机遇，布局建设老山机场、土桥机场、高淳机场等，完善通用航空机场区域性网络。大力建设“快达、漫游”的公路网体系，打造溧水至高淳段示范性旅游风景路，高标准建设汤山温泉房车营地及金牛湖、老山、秦淮湿地、石臼湖、慢城等一批房车营地，完善新型旅游交通设施布局。

3. 重点锻造系列国际旅游品牌。以“名山揽胜古徽乡，休闲慢城新田园”为该区域总体的旅游发展意象，重点发展文化研学、休闲养生、美丽乡村、运动康体、净心礼佛、户外采风、科技体验、商务会展等八大旅游主导内容和线路，构建温泉礼佛、活力门户、休闲慢城、山水诗乡、觅径皖南、静湖养生、古韵徽州品、魅力黄山等八大旅游发展片区。江宁区围绕“温泉礼佛”主题，改变当前封闭式大景区的运营模式，将景区与城市功能有机串联，形成符合都市需求的城景结合、生活与体验融合的新模式。溧水区围绕“活力门户”主题，利用禄口空港和溧水城际枢纽站两大门户，抓住客流中转、就近旅游的需求特征，完善各个景区的服务能力。高淳区围绕“休闲慢城”主题，充分放大国际慢城的品牌效用，实现周边景区的全面融合。南部三区完善旅游服务中心体系建设，合理布局高标准国际会议中心，加快华谊影视小镇、桠溪慢城服务小镇、固城湖休闲小镇、石湫影视文创小镇、白马农业休闲小镇、横溪互联网金融小镇等特色小镇建设，加快打造多条具有国际品质的复合游线。

4. 务实培育和引导产业创新发展。以南京紫金江宁、南溧水、高淳科技创业特别社区、东山国际企业研发园、中国无线谷、高淳江南科学园为基础的科创载体建设，以石湫文化教育基地、高淳文化产业园等为基础，强化文创载体发展。以江宁生命科技创新园、麒麟科技创新园、溧水经济开发区等为支撑，推进绿色环保、大健康、旅游装备制造等三大产业升级，实现新兴制造业与宁宣黄地区生态、绿色、旅游、新经济发展需求相匹配。以谷里、汤山翠谷、湖熟、傅家边、高淳现代农业科技园等为核心单元，促进新型农业按照“六次产业”融合的模式发展新业态。

5. 大力完善区域生态功能格局。划定各类生态保护单元并制定具体开发细则要求，规范各部门、各级政府的开发模式，将生态空间保护落实为适应市场和政府多重需要、可操作、差别化、可管控的开发与保护细则。建立国家公园系统，重点统筹考虑建设上秦淮国家公园、无想山—石臼湖国家公园、游子山—固城湖国家公园。完善固城湖—石臼湖—南漪湖三湖地区的跨界协调保护工作，创新水阳江、青弋江等的跨境协同保护与利用机制，根据滨湖、滨水岸线发展基础和条件制定管控规划，加大对区域内生态功能型山体的保护与修复。

（作者张京祥，江苏省区域发展研究会副会长，南京大学建筑与城市规划学院教授、区域规划研究中心主任）

苏浙粤鲁股权投资比较与江苏创新路径

范从来

［**内容提要**］创新不仅仅需要较为宽松的资金供给环境，更需要与创新行为的风险收益特征相匹配的融资制度安排。因此，适宜的金融制度调整是江苏实现创新和引领发展的关键。与浙江、广东、山东等省份相比，江苏在股权投资方面存在不足：股权投资规模较小，机构管理资金规模分布在较低水平，VC 在资金来源上对政府和非上市公司依赖太大，VC 的 PE 化程度较高，VC 投资强度仍有较大提升空间等。建议：通过加大财政投入、发挥母基金作用引导股权投资发展；通过培育投资机构和优化机制促进股权投资发展；通过探索交叉融资体系推动股权投资在各区域创新发展。

创新能否成为引领发展的第一动力，特别是科技创新型中小企业的融资渠道尤为关键。大力推进江苏股权投资发展，是破解这一问题的有效途径。

一　适宜的金融安排是江苏实现创新和引领发展的关键

近年来，我国消费需求对 GDP 贡献已经发挥主导作用，2016 年贡献率为 64.6%。相比之下，投资对 GDP 的贡献作用在逐渐降低，2016 年贡献率为 42.2%，净出口对 GDP 的贡献率再次由正转负。这些数据表明，我国居民的消费需求处于活跃状态，但我国较为宽松的货币资金供给中的很大一部分确实没有流入实体经济。从固定资产投资增长率看，2016 年江苏固定资产投资增长率为 7.5%，低于全国的 8.1%，也明显低于浙江（10.9%）、广东（10%）、山东（10%）。

那么这种相对低的投资增长率是不是因为江苏区域资金紧张，即一般所说的融资难融资贵？不是，2015 年，江苏的地区社会融资规模增量达到 11394 亿元，比广东的地区社会融资规模增量少 3049 亿元，但高于浙江和山东。2016 年江苏的地区社会融资规模增量达到 16758 亿元，比 2015 年增长 47.08%。这说明近年来江苏的融资规模是大的，资金问题并不是江苏固定资产投资增长与相近省份发生偏离的原因。

那么，这种低的投资增长是不是因为江苏区域缺少好的投资项目？应该也不是。2016 年江苏、浙江、广东、山东四省经济增长率分别为 7.8%、7.5%、7.5%、7.6%，江苏也是最高。这表明江苏的经济活动仍然是活跃的，创新能力是强的，不存在好的投资项目萎缩的问题。

因此，无论是从全国层面还是江苏来看，融资规模大、投资增长率反而低的现实，反映出我国现阶段投资，不仅仅需要较为宽松的货币政策，更需要推动投资升级的融资制度安排。研究表明，以股权投资为主的资本型金融，因拥有剩余收益分配权，与创新行为的高收益高风险相匹配，是驱动创新的主要金融力量。

二　江苏股权投资情况与其他发达省份的比较分析

将江苏股权投资发展情况与浙江、广东、山东等经济发达程度相当省份进行数据比较分析，可以发现江苏风险投资（VC）与私募股权投资（PE）近几年发展迅速，但也存在问题和不足：

1. 股权投资规模仍然较小。2012—2015 年江苏 VC 投资案例数的增长幅度只高于山东的 57.58%，低于浙江的 161.25%、广东的 272.61%。在 PE 规模方面，2015 年江苏 PE 投资案例数为 194 起，高于浙江和山东，但是明显低于广东，仅相当于广东的 42.92%；PE 投资金额为 32.85 亿美元，高于山东，仅相当于浙江、广东的 66.1%、58.68%。

2. 股权投资机构管理资金规模水平较低。从股权投资机构数量来看，2015 年江苏创投机构总数为 513 家，其中创投基金数为 395 家，创投管理机构数为 118 家，均高于其他三省。虽然江苏 VC 数量四省最多，但创业投资管理机构管理资金规模主要分布在 5 亿元以下，管理资金在 5 亿元以上的仅占 9.1%，低于全国平均的 11.1%，更远远低于广东的 40%，这表明江苏创业风险投资机构规模主要分布在中低水平。

3. VC 在资金来源上对政府和非上市公司依赖太大。据统计，江苏 VC 资本来源于政府（含事业单位、国有独资投资机构）的比例高达 48.3%，远远高于全国 35.3% 的平均水平。2015 年江苏 VC 资本来源中，各类公司提供的资金占 79.1%，其中上市公司仅占 1.9%，低于浙江、广东以及全国平均水平，大量资金由非上市公司提供，占比高达 77.2%，远远高于其他省份及全国平均水平。VC 资本来源中，按资金的金融属性划分，银行、保险、证券、信托资本占比较少，其他金融资本占比为 41.3%，远远高于全国 28.6% 的平均水平，非金融资本占比 55.9%，低于全国 68.6% 的平均水平。另外，从各地区 VC 投资项目持股结构上看，2015 年江苏创业风险投资持股比例小于 50% 的投资项目占 95.7%，绝大多数不绝对控股。

4. VC 的 PE 化程度较高。从 2015 年各地区 VC 项目所处阶段来看，江苏主要集中于成长期，占比高达 51.5%，成熟期项目占比为 6.2%，均远远高于其他三个省份和全国平均水平；种子期和起步期的项目占比远远低于其他三个省份和全国平均水平。江苏 VC 项目中成长期和成熟期占比为 57.7%，投资于中后期的资金占比更大，VC 的 PE 化问题较为严重。作为创新能力较强的地区，江苏 VC 对创新企业前端的投资相对较少。这是因为，以制造业为主的产业结构导致企业产生大量资金需求时往往处于成长期，政府资金在引导社会资本投资于创新企业前端方面的作用发挥不够充分。

5. VC 投资强度仍有较大提升空间。从投资项目行业分布来看，四省 VC 最青睐的行业和占比有所不同（见下表）。按照高新技术产业和传统产业的划分，2015 年江苏 VC 投资项目中高新技术产业占比为59%，浙江占比为 51.2%，广东占比为 61.1%，山东占比为 41.3%。另外，江苏 VC 整体投资强度虽然高于浙江和山东，但与广东相比还有较大差距；VC 投资项目数分布较高的几个行业，其投资强度却处于中低水平；部分高新技术产业虽然项目数较多，但是投资强度不高。

苏浙粤鲁 VC 最青睐行业及占比

省份	最青睐的五个行业	总占比（%）
江苏	新材料工业、网络产业、医药保健、新能源/高效节能技术行业、IT 服务业	34.5
浙江	网络产业、金融保险业、传播与文化娱乐、IT 服务业、软件产业	49.8
广东	网络产业、IT 服务业、金融保险业、新能源/高效节能技术、新材料行业	44
山东	金融保险业、传统制造业、新材料行业、网络产业、环保工程	47.4

三　推进江苏股权投资发展的对策建议

江苏大力实施创新驱动战略，迫切需要确立企业技术创新主体地位，急需拓展科技创新型中小企业融资渠道，特别是突破种子期、创业初期的科技创新型中小企业融资难瓶颈问题，通过发展股权投资，缓解科技型中小企业融资约束，培育和推动科技型中小企业创新发展。

1. 通过加大财政投入、发挥母基金作用引导股权投资发展。一是创新财政科技投入方式，优化科技创新计划项目经费资助结构，重点突出对科技创新型中小企业扶持，特别加大在种子期、初创期的股权投资；通过财政资金积极引导金融资本、创业资本、社会资本为科技企业创新发展提供融资支持。二是扩大创业投资规模，发挥省级母基金功能。大力吸引境内外资本到江苏设立创业投资企业或分支机构，加快引进一批知名创业投资企业。充分发挥省新兴产业创业投资引导基金等省级母基金的作用，通过阶段参股、跟进投资、投资保障和风险补助等方式，推进地方设立引导资金，吸引社会资本共同设立创业投资企业，吸引境内外股权投资基金、社保基金、保险公司等投资机构来苏开展创业投资业务。加大对创新型企业初创期的扶持力度，促进天使投资支持处于种子期、初创期创新型中小企业发展壮大。三是充分利用多层次资本市场，拓展融资渠道。推动全省范围内有条件的市、县（市、区）建立科技创新企业上市补贴资金和科技创新企业股份制改造专项补贴资金，引导成熟期的科技创新型企业进行股份制改造，建立现代企业制度，加快推动科技创新企业通过创业板、中小板融资，支持已上市科技创新企业进行再融资和市场化并购重组。积极推进种子期、创新期的科技创新企业在全国中小企业股份转让系统挂牌融资，在有条件的市、县（市、区）也鼓励建立科技创新企业"新三板"挂牌补贴资金，引导种子期、创新期的科技创新企业通过"新三板"挂牌融资。同时，积极引导处于种子期、创新期的科技创新企业通过江苏股权交易中心平台，开展股权登记托管、转让见证、转让确认以及股权抵押等融资业务。四是实施差别化信贷政策，支持企业创新发展。实施差别化信贷政策，适当提高处于种子期、创新期的科技型中小企业的不良贷款比率和信用贷款额度；借助信贷、投资、债券、信托、保险等多种金融工具，创新金融服务方式和产品，简化审贷程序，为种子期、创新期科技型企业提供一揽子融资服务和产品，使信贷资金真正进入实体经济，充分发挥对企业创新发展的重要支持作用。

2. 通过培育投资机构和优化机制促进股权投资发展。构建有效的激励约束机制、选择合适的基金组织形式、处理政府引导基金与市场化基金之间的关系以及促进公司创业投资发展是促进股权投资发展的关键。一是着力培育合格的投资主体，鼓励更多的投资主体通过机构投资进行资产管理，使其成为支持早期创新企业的主要金融力量。二是推动基金建立有效的激励约束机制，运用好物质激励、精神激励，以及企业内部约束、市场约束、法律约束等，充分发挥基金管理人的专业性。三是鼓励更多的创业风险投资企业采用有限合伙制的组织形式，更好满足私募股权对组织形式的要求。四是加强政府引导基金的监督管理，完善风险防范体系，加强募集、投资、退出、投后管理的市场化体系，建立完善的绩效考核及退出机制，更好地通过政府引导基金放大财政性资金的使用效果。五是发展公司创业投资（CVC），在技术机会多、变更快且竞争激烈的行业中，通过投资创业公司快速获得外部的先进创新技术弥补公司内部 R&D 不足，推动股权投资向创新前端发展，缓解 VC 的 PE 化现象。

3. 通过探索交叉融资体系推动股权投资在各区域创新发展。一是在苏南推动金融资源聚集，发展权益性投资。苏南是江苏省创新发展水平最高的区域，应积极引导和推动创业投资机构、银行、证券、保险、担保、再担保等金融资源向区域集聚，推动金融资源与企业创新发展的融资需求有效结合，探索建设具有苏南特色以权益性为主的融资体系。二是在苏中推动股债融资协同并进。应大力发展股权投资，推动市、县（市、区）为高新企业孵化器设立种子资金，加大对创新型企业初创期的融资支持；同时，也充分利用科技支行、科技小额贷款公司、科技担保、科技保险等机构，完善高科技创新企业信贷风险补偿机制，加大知识产权质押、股权质押等融资力度，促进和引领企业创新发展。三是在苏北完善以债务型融资为主的基础性融资体系。苏北地区创新力度和经济发展水平相对落后，仍需以债务型融资为主体。同时，苏北需要大力提高财政科技资金投入的有效性以及扩大政府创业投资引导基金规模，引导社会金融资源通过股权投资方式参与苏北地区创新发展。

课题负责人：范从来　南京大学校长助理、教育部长江学者特聘教授

课题组成员：胡恒强、杜　晴、孙德峰、童乃文

推进传统产业数字化智能化改造建议

黄卫东

［**内容提要**］实地调研数据统计分析表明，我省互联网化工程推进项目虽然支持力度较大，但在产品研发、生产、经营和决策等环节的信息化应用总体水平仍不高，企业电子商务应用近半数依赖第三方电子商务平台，电子商务销售收入在企业总收入中占比不足30%，企业信息化建设硬件投入普遍高于软件投入，不同因素以及资源要素组合对企业数字化智能化发展的影响有明显区别。要解决好这些问题，需要进一步促进多主体协同发展，构建产业开放创新公共平台；引导传统企业加强信息技术与企业的深度融合，促进转型升级；加强信息化人才储备和培育，消除人才瓶颈。

目前，江苏传统产业面临诸多问题，迫切需要加强信息基础设施建设，推动互联网和传统实体经济深度融合，加快传统产业数字化、智能化，实现产业转型升级。

一　江苏传统产业信息化、数字化、智能化应用情况的调研数据分析

课题组调研分为两个阶段，以问卷调查方式为主，配合个案访谈、小组访谈等。第一阶段2015年组织，采用网络和纸质双渠道填报方式，有效问卷共计2899份。第二阶段结合省大中型企业互联网

化提升项目申报平台工作进行，时间跨度为2016年3月至11月，2825份有效问卷填报企业涵盖江苏13个市的大部分重点行业。综合调研数据分析，得出以下结论：

1. 省互联网化工程推进项目支持力度大。近两年，互联网化工程推进项目对大中型企业的设计数字化、装备智能化、生产过程自动化等互联网化转型升级支持力度大，推动苏南以及南通地区许多传统企业实现产业转型升级。企业自有商标和品牌数量快速增长，在产业链中地位显著提升，有些企业已逐渐成为产业链主导企业。随着电商业务的开展，南通的家纺、太仓的服装、无锡的金属以及苏州的科技服务等行业近年来新增注册商标年增长30%以上。机械、锅炉容器等产业中参与行业标准制定的企业数量快速增长。全省65%的大中型企业处于互联网应用单项覆盖阶段，18%的大中型企业处于互联网融合创新阶段，关键工序制造设备数控化率达28%。全省医药、石化、食品、电子、机械等重点行业互联网化水平高于全国水平10个百分点以上。

2. 信息化在产品研发、生产、经营和决策等环节都有不同程度的应用，但总体水平不高。一是研发设计环节。在企业应用研发系统（或设备设施）方面，计算机辅助研发设计系统、PDM、数字化生产设备、过程控制系统、MES、ERP、CRM、SCM这8项研发系统（设备设施）中，已全部应用的仅165家，占调查企业的5.69%，51.95%的企业应用研发系统数量不超过半数；在企业数字化预装配建模水平方面，不具备建模水平的企业占57.26%。二是生产管控环节。系统自动下达到数字化设备的作业指令占全部作业指令比例在50%以下的企业占59.88%；在可实现信息化生产监控的层级方面，能够直接监控到设备的企业数量仅为554家，占19.11%。三是购销环节。应用信息系统实现的采购管理业务覆盖范围实现采购寻源、采购成本管理、采购计划生成与发放、采购合同管理、采购报表分析、采购索赔6个方面的企业仅为351家，占12.107%，其中尚未采购信息化管理的企业有463家。四是制造服务环节。应用信息化手段实现的安全生产重点部位、设备集中监控覆盖程度在50%以上的企业有1496家，占51.604%；企业生产制造设备中含有通信模块的设备比例在50%以下的企业有2191家，占75.58%。

3. 企业电子商务应用近半数依赖第三方电子商务平台。在采用电商的1827家企业中，采用第三方平台的企业有881家，占到了总数的48.2%，而运营第三方平台的企业有101家，占5.5%，自建平台的企业有17.6%，没有采用电商平台的企业有618家，占33.8%。其中，有部分企业采用了多种平台模式，如有29家企业实施的是采用“第三方+运营第三方”模式，有47家企业实施的是“自建+采用第三方”的模式，3家企业应用的是“自建+运营第三方”模式，8家企业采用上述三种平台模式。上述采用多平台模式的企业占到了电商企业的4.8%。

4. 电子商务销售收入在企业总收入中占比不足30%。有电商销售数据的企业共计1217家，实现的电商销售收入总额为3276亿元。调查企业中，共有1183家企业给出了完整的企业销售收入数据以及企业电商销售收入数据。根据计算结果，电商销售收入共计实现3220.4亿元，占企业销售收入的比值仅为28.4%。

5. 企业信息化建设普遍硬件投入高于软件投入。信息化投入从三个维度进行分析，包含了信息化的硬件投资、软件投资，以及实施维护投资三个方面。以2015年调研数据为例，江苏大中型企业信息化投入总体较上年增长了31.4%，其中硬件投入增长17.63%，软件投入增长了64.44%，均远高于全省企业固定资产投资规模。其中纺织、机械、冶金的信息化投入排名前三，纺织业增速高达100%以上。全省共1884家企业提供了近5年企业累计的信息化硬件投资数据，平均每家企业的信息化硬件投资额为848万元，共有1846家企业提供了信息化软件投资数据，平均投资额为461万元，共有1731家企业提供了信息化实施和维护投资数据，平均投资额为212万元。上述样本企业近5年共计累计实现信息化投资额为282亿元。

6. 不同因素以及资源要素组合对企业数字化智能化发展的影响

有明显区别。在产业链层面，企业应用信息化实现的生产管控和制造服务情况起着至关重要的作用，而企业电子商务经营贡献指标则影响较小。在应用层次层面，企业实施电子商务后的影响起着至关重要的作用，而企业在研发设计环节实现的设备设施系统情况则影响较小。在应用内容层面，企业实施电子商务后的影响起着至关重要的作用，而企业互联网接入以及数据中心建设情况则影响较小。对 2825 家企业进行评价，结果显示数字化智能化应用水平最高的前 20 家企业主要集聚在苏州、扬州、南京、盐城、无锡等地，且其中很多企业在三个层面都位列前 20，集中度较高。

二　推动传统产业数字化智能化改造建议

1. 促进多主体协同发展，构建产业开放创新公共平台。一是合理规划企业数字化智能化未来发展方向。分析总结每个行业、每个地区甚至每个企业的特征，结合实际制定政策，推动全省企业数字化智能化应用的总体发展，整合跨地区跨组织优势资源，形成综合多种领域、网络资源的协同创新平台，集中优势资源共同研发关键核心技术，推动建立区域创新中心和创新孵化器。二是加强创新网络和服务平台建设。帮助企业创建网络化的协同创新平台，有效整合企业内部和外部资源。开放的创新平台包括政府、金融机构、中介组织，以及非营利性组织等为辅助要素的多方主体。加快打造公共信息和准公共信息平台，为企业的信息获取提供服务。对于企业信息或行业信息，指导龙头企业或行业协会打造专业平台，为信息的共享提供保障。三是鼓励信息化供应企业快速成长，通过培育软件服务和大数据服务引领制造业服务化转型。江苏软件和服务产业特色明显，系统软件、文字处理软件、中间件、信息安全软件、ERP 软件、嵌入式软件等领域涌现出一批具有自主知识产权的技术和产品，江苏大数据交易中心是华东地区首个大数据资源交易平台。建议在此基础上，着重构建大数据服务体系，打造国家级大数据产业园平台和国家级软件园平台，服务和推动江苏省传统产业智慧化提升。

2. 引导传统企业加强信息技术与企业的深度融合，促进转型升级。互联网环境下，企业的供应链呈现网络特征，信息技术对传统产业的产品设计、生产流程、产品销售等全过程存在渗透和支持作用。要引导不同行业、不同规模以及不同类型的企业根据自身情况有针对性地制订信息化建设计划，鼓励企业通过互联网整合产业链上下游资源，在研发、生产、销售、服务等各个环节促进信息技术与产业的深度融合。企业可利用互联网，基于互联网平台利用云计算技术进行大数据分析，迅速、准确了解客户需求；以客户需求为导向改革经营策略，在柔性制造基础上，应用信息技术控制生产模块的精细化与重组性，创新制造工艺，实现大规模、个性化定制生产；另外，企业智能化还广泛应用在产品生命周期管理、供应链管理、客户关系管理等各方面。

3. 加强信息化人才储备和培育，消除人才瓶颈。鼓励企业加强信息化人才的引进，同时从公司内部选取具有基础、素质较高的年轻骨干进行数字化智能化应用业务知识培训，提高企业员工的相关知识水平，做好信息人才的储备培育。开展互联网思维培训，加强制造企业高层管理者推进互联网应用的意识；建立企业 CIO 协会并开展相关职业培训；培养新兴电子商务人才特别是跨境电子商务人才；鼓励高校建设知识共享平台，设置网络公开课程，与制造企业联合建设实训基地，提高电子商务人才的实践能力；鼓励相关培训机构与制造企业联合开展职工互联网技能培训；鼓励搭建微课、微信公众号、微博和自媒体等学习应用平台，开创员工学习培训新模式，提高员工的创新意识和创新能力。

（作者黄卫东，南京邮电大学管理学院院长）

江苏金融支持实体经济发展的问题与建议

刘晓星

［**内容提要**］近年来，江苏金融业发展迅速，支持实体经济成效突出，但在贷款结构方面依然存在住房贷款增速过快，非金融企业及机关团体贷款增速放缓，中长期住房按揭贷款结构过重，短期经营贷款比例偏低，农村中小金融机构不良贷款率偏高等问题；在支持实体经济方面存在金融供给与实体需求不匹配，新型金融业态发展不充分，金融支持实体经济发展的深度不够、广度不广、体制机制不活等问题。为此建议：金融支持实体经济多维度创新，着力培育我省新的经济增长点；推进信贷服务体系多元化，探索建立股权直投和银行信贷组合机制；助力我省企业转型升级，构建“互联网＋金融＋实体经济”的创新创业服务体系；构建我省有差异的普惠型金融支持政策体系，提升我省创新驱动发展动力；完善我省多层次资本市场间对接机制，加快股权投资创新；建设我省绿色金融体系，优化我省经济社会发展产业生态。

近年来，江苏省金融业快速发展，虽然总体来说服务实体经济取得积极成效，但金融与实体经济也存在诸多某种程度的不相适应，必须进一步优化贷款结构，完善金融支持实体经济发展的政策措施。

一 贷款结构、金融支持实体经济发展存在问题

1. 江苏省贷款结构特征及问题：一是住房贷款增速过高，非金融企业及机关团体贷款增速放缓，信贷资金涌入房地产市场。根据江苏省贷款对象结构分析，江苏省住房贷款占比24%，低于全国平均水平。然而，住房贷款的增速相对过高，无论环比还是同比增长率均已超过非金融企业及机关团体贷款，说明江苏省贷款的对象结构在不断恶化。住房贷款的增长量较高，说明新增货币流动性以抵押贷款的首付款形式被房地产市场吸收，而以后每期的贷款利息进一步缩紧了实体经济发展所需的资金流动性。二是中长期住房按揭贷款比例偏高，短期经营贷款比例偏低。研究表明，偏向长期的贷款结构下，实体经济发展对货币量增加反应不敏感。江苏省住户贷款中比例最大的是中长期消费贷款，约在50%以上。房地产市场吸纳如此多的资金，短期经营贷款比例降低，不利于货币政策有效性。三是农村中小金融机构的不良贷款率偏高。根据江苏省不良贷款率季度变化情况来看，农村中小金融机构的不良贷款率平均在2.21%左右，几乎是银行业金融机构平均不良贷款率的2倍。虽然这与农村中小金融机构的业务有关，但是高不良率会给金融体系的稳定性埋下隐患。四是贷款区域结构固化，金融支持苏北地区力度不足。苏北地区贷款总量较低，其中连云港仅为1781亿元，相比较苏南地区，南京贷款余额达到18217亿元，是连云港的10倍。而从增量来看，连云港等苏北地区贷款增量也仅为南京的十分之一左右。贷款的区域结构表明，苏北地区实体经济缺乏动力，而且与苏南地区实体经济差距越拉越大。

2. 江苏省金融支持实体经济发展问题：一是银行网点设置与资金需求不匹配，苏北银行放贷效率有待提升。不仅苏锡宁等苏南城市贷款余额和增量在省内领先，从银行网点平均放贷量看，银行网点平均放贷量最高的城市仍然是苏锡宁，而宿迁、淮安、连云港、盐城、徐州的银行网点平均放贷量相对很低。苏锡南的网点平均放贷量超过

2亿元，其中南京更是达到了3.79亿元，说明经济发达的南京、无锡和苏州的银行网点放贷效率较高，而网点的数量则相对较少。相比较而言，苏北城市如徐州、淮安、宿迁、连云港，网点平均放贷量均不超过1.5亿元，不足南京平均水平的一半，而徐州在这项指标中表现最低，平均网点放贷量仅为1.1亿元。二是传统金融业发展深度不足。江苏省内证券公司仅有4家，与省内有上市潜力的民营、国有企业数量对比明显不足，不利于实体经济采取多种方式融资，也不利于省内新兴金融业态的发展和投资。江苏省内金融支持实体经济资本化进程因此受阻，缺乏配套机构的专业方案和运作能力，江苏省内企业的实体投资过程相对缓慢，这不利于区域经济的快速发展和生产资料的积累。三是新兴金融业态发展不足，支持实体经济发展的广度不够。江苏互联网金融创新发展报告显示，在P2P网贷方面，相比较于北上广的P2P行业平台的发展速度和发展程度，江苏目前处于劣势。在众筹行业，江苏的发展还处于起步阶段，数量不足10家，而优质项目缺乏众筹支持也难以发展。四是资本市场机制不完善，尤其是对创业阶段的配套设施不健全。江苏省民间仅有几家PE机构，支持科技创新的金融机构为数更少。而北京、广东、上海有更多VC、PE机构参与初创企业融资和预上市企业融资。江苏省民营企业基础较好，但是缺乏金融层面支持。五是对民间违规金融机构的识别和监管不力。江苏省民间金融业基础良好，但也有大量不法分子虚假经营，开展资金池业务或非法集资。由于缺乏配套融资举措，未上市企业甚至出现自融资等行为迹象。

二　优化贷款结构，金融支持实体经济的政策建议

1. 金融支持实体经济多维度创新，着力培育江苏省新的经济增长点。江苏省现阶段应把产业技术创新和发展现代服务业作为实体经济发展的核心方向，着力加大对相关领域新兴产业的信贷支持和金融

服务。从金融业支持实体经济的角度来看，首先，要防止金融空转，积极引导资金脱虚向实，着实考虑到实体经济的资金需求情况。实施差异化的区域金融政策，例如构建特色金融小镇，着重发展资金需求量大的区域金融创新，将金融服务便利融入实体经济发展和创新创业活动中，推动金融在服务经济、促进创新的浪潮中发挥更大作用。其次，进一步完善P2P网贷、众筹等互联网金融新业态。鼓励优秀的网络科技人才和金融专家积极投身于互联网金融平台建设，培育一批知名互联网金融企业、互联网金融设备供应和软件研发骨干企业，打造一批江苏本土的互联网金融平台，为江苏省经济发展提供更多的推动力。同时，政府在平台建设中应当积极加强政策引导和制定地方行业标准，防止金融监管真空，切实保障广大中小投资者的合法权益。

2. 推进信贷服务体系多元化，探索建立股权直投和银行信贷组合机制。争取国家金融管理部门的支持，鼓励条件成熟的江苏省银行业金融机构，建立融资风险与收益相匹配的机制，开展"股权+银行贷款"和"银行贷款+认股权证"等融资方式创新。支持银行业金融机构探索开展向创业投资、股权投资机构提供短期过桥贷款，加强合作，协同筛选和支持科技创新企业。推动银行业金融机构设立科技支行，研究单列科技信贷专营事业部和科技支行的信贷奖励与信贷风险补偿政策。改善知识产权质押和流转体系，推进知识产权质押融资和专利许可收益权证券化。推动融资租赁机构为科技创新企业研发提供设备租赁业务。实施差异化战略，建立中小企业信用库和法人责任制制度，推进中小微企业信贷服务体系多元化。地方政府在支持小微企业融资方面，可以与银行实现银政联合。开展银行业投贷联动试点，通过投贷联动专业化管理，建立风险分担和补偿机制。通过股权收益抵补信贷风险，探索银行业支持创新驱动发展战略和"双创"的新机制。

3. 构建"互联网+金融+实体经济"的创新创业服务体系，助力江苏省企业转型升级。充分利用互联网大数据精准定位交易主体，快速、便捷提供产品或服务，并有效控制风险。鼓励持牌金融机构依托互联网、物联网、移动技术、大数据技术，实现传统金融业务与服务转型升级，积极开发基于互联网技术的新产品和新服务。允许符合规定的科技金融创新企业接入相关支付清算系统。引导、支持相关机构依法开展股权众筹业务，支持股权众筹融资平台创新业务模式，拓展业务新领域。支持并规范第三方支付、众筹和P2P借贷平台等互联网金融业态发展。推进各类金融机构大数据平台建设，建立大数据标准体系和管理规范。以“消费习惯+大数据+互联网”为核心手段，形成金融生态链，为客户提供个性化的信贷服务和其他金融推介服务，推动“互联网+金融+实体经济”的经济社会发展模式。

4. 构建我省有差异的普惠型金融支持政策体系，提升我省创新驱动发展动力。加大金融支持我省创新驱动发展战略的力度，构建我省普惠性创新金融支持政策体系，健全商业性金融、开发性金融、政策性金融、合作性金融分工合理、相互补充。创新间接融资服务科技创新方式，加快发展科技保险，推进专利保险试点，建立健全促进科技创新的信用增进机制。支持互联网金融与电子商务、现代物流、信息服务、物联网等领域融合发展，引导互联网金融服务经济转型升级和产业结构调整。另外，江苏应大力解决金融发展区域结构不平衡问题，其核心是解决区域发展的严重失调问题，关键是加强金融支持的差异化程度，对落后地区加大政策扶持和信贷资金投放。

5. 完善我省多层次资本市场间对接机制，加快股权投资创新。强化资本市场对科技创新支持力度，设置和引入符合科技创新型中小微企业需求的制度安排，推动建立与其他多层次资本市场间的对接机制。支持小微企业依托多层次资本市场融资，扩大中小企业各类非金融企业债务融资工具及集合债、私募债发行。鼓励发展众创、众包、众扶、众筹空间，发展天使、创业、产业投资。加快推动江苏地方股权托管交易中心建设，探索设立为科技创新企业提供全生命周期金融服务的现代科技投资银行，支持不同成长阶段的科技创新企业发展壮大。争取试点成立我省区域性小微证券公司，专门服务我省区域性股权市场，通过加强与众创空间、科技创新企业孵化器等创新创业平台的合作，为处于初创期的科技创新企业提供专业化服务。设立大型政策性融资担保机构，创新考核等运作机制，通过融资担保、再担保和股权投资等形式，为科技型中小企业提供信用增进服务。支持并规范移动互联支付、小额贷款等创新性、专业性、社区性金融业态发展。综合运用财税政策、货币政策和监管政策，引导金融机构更多地将信贷资源配置到“三农”、小微企业等重点领域和薄弱环节。对此，江苏省一方面应加大多层次资本市场的软件和硬件的建设力度，鼓励新型的资本市场形态的发展，着力构建高效有序的多层次资本市场体系；另一方面应重点引导企业有效利用主板、创业板、新三板、区域性股权交易市场等多层次资本市场，切实解决企业各类金融需求。

6. 建设我省绿色金融体系，优化我省经济社会发展产业生态。通过绿色金融再贷款、财政对绿色贷款的贴息和担保、对商业银行进行绿色评级等手段，鼓励商业银行进一步发展绿色信贷。发挥征信系统在环境保护方面的激励和约束作用。支持商业银行建立绿色金融事业部。支持排放权、排污权和碳收益权等为抵（质）押的绿色信贷。创新用能权、用水权、排污权、碳排放权投融资机制，发展交易市场。结合地方高校智力资源，依托网络科技发展特色化互联网金融，助推整个绿色金融发展。鼓励省内金融机构率先设立绿色金融事业部，出台专门的绿色金融改革方案和绿色信贷行业标准，努力建成以绿色信贷为核心的多元绿色金融服务体系。

（作者刘晓星，东南大学金融系主任、教授）

江苏创新金融服务支持企业“走出去”的问题和建议

张远鹏

［**内容提要**］通过对156家企业调研分析，发现融资需求是当前最主要的金融服务需求，结算便利日益成为重要的金融服务需求，信用保险与对外担保的需求十分迫切。然而，当前金融服务水平和体系仍然存在“走出去”金融机构覆盖少、面临政策监管限制、金融企业缺乏国际化复合型专业人才、境外投资保险体系不完善等问题。为此建议：加大企业“走出去”融资产品创新；鼓励包括省属金融类企业在内的金融机构开发国际市场；建立商业化的对外产业投资基金，实现“走出去”企业的融资多元化；进一步完善境外投资保险体系；从我省产业转型升级和供给侧结构性改革的实际需求出发，探索建立海外投资损失补贴制度。

企业对外投资作为一种特定的经济活动，对融资服务及保险服务具有高需求性。当前，我省金融服务能力和水平难以满足“走出去”企业需要，亟须完善支持江苏企业“走出去”的金融服务体系。

一　江苏企业“走出去”的金融服务需求分析

1. 融资需求是当前最主要的金融服务需求。一是向银行机构融资的需求旺盛。在调研的156家企业中，35.90%的企业的境外公司运营资金主要来自银行融资。从贷款满足情况来看，85.60%的企业表示境内银行机构不能满足其实际融资需求。企业对银行机构信贷支持企业“走出去”的需求主要集中在：降低企业贷款综合成本；扩大信用贷款比例；加强银保合作，帮助企业解决贷款担保难题；加强银企沟通，提供循环授信，不压贷、不抽贷。二是对银行机构信贷产品种类的需求不断多样化。调研显示，企业最希望银行机构创新或改进的在、离岸融资产品主要包括出口信贷、全球授信业务、并购贷款、银团贷款、内保外贷等。三是对政策性金融支持和直接融资的需求日益增长。受访的156家企业中，1.92%的企业表示曾通过发行债券或股票的方式进行融资，而希望通过发行债券或股票进行融资的企业达13.18%。但是由于市场准入条件高、手续烦琐等原因，多不符合发行条件。其中，有85户企业曾获得政府资金支持，集中在制造业、房屋建筑、矿产开采及加工、电力工业、交通运输等行业。然而，获得政府资金支持的企业收益并不理想，85户企业中有57户企业目前处于亏损或基本持平的状态。

2. 结算便利日益成为重要的金融服务需求。一是传统商业银行结算业务的需求。问卷显示，“走出去”企业希望商业银行改进的结算产品主要集中在跨境人民币结算、电汇、汇票解付、光票托收、进出口信用证、保函等，占全部受访企业的48.72%。二是跨境人民币结算为基础的规避汇率风险的需求。随着人民币国际化进程不断加快，江苏“走出去”企业在跨境人民币贸易结算、投资和交易等方面的需求增长较快。特别是通过企业对规避汇率风险，通过跨境汇兑通、掉存通等产品组合的需求以及在境外发行人民币债券、在出口买方信贷业务中引入人民币融资，境外人民币兑换与跨境汇款服务的需求不断增长。三是全球现金管理业务为核心的结算便利需求。当前，江苏省“走出去”企业对银行机构在全球范围内提供“一站式”现金管理的需求显得日益迫切。特别是通过电子银行及时查询掌握账户信息，方便企业对其境内外整体资金运作控制和全球范围的流动性管理和风险管理，通过便利的结算及时地进行收付款和流动性管理，有效防范汇率风险。

3. 信用保险与对外担保成为亟待解决的问题。随着江苏企业“走出去”步伐的加快，对外投资中的风险事件也不断出现。防范对外投资的风险，保障“走出去”企业的合法利益成为当前亟待解决的问题。调研显示，受访企业认为“走出去”的风险由高到低分别为：东道国市场风险、企业经营管理风险、东道国政治风险以及由文化风险、财务风险和融资风险引发的跨国经营风险。受访的156家企业中仅有44家企业投保了出口信用保险，其中上市企业12家。“走出去”企业风险分担方面，93家企业没有任何风险分担补偿机制，7家企业主要依靠政府税收、贴息等风险补偿机制分散相关风险。从企业反馈的我国出口信用保险存在的问题来看，前三位分别是：业务范围较为狭窄，产品单一，保费费率较高，具体操作规范不够清晰；银保合作机制不畅，信贷风险分担机制不健全；我国与其他国家签订的双边、多边投资保护协定中，海外投资保险内容缺失。

二　金融支持企业“走出去”存在的问题

目前，国家和我省的金融机构不断加大对“走出去”企业的支持力度，但是仍存在以下问题。

1. “走出去”金融机构覆盖少。一方面，我国主要商业银行在国际市场发展起步较晚，国际化程度不高，导致境外机构覆盖不全面，四大行中国际化程度最高的中国银行大力推进全球化，其境外机构覆盖程度相对较高，但其来自境外的收入和利润仍不高。另一方面，向境内银行境外分支机构融资难。境内银行主要在发达国家设立海外分支机构，与江苏“走出去”企业集中在发展中国家存在一定错位。在境外融资困难情况下，只能依靠境内母公司的后续融资满足境外生产经营的资金需求。

2. 面临政策监管限制。企业并购已成为我国企业走出去的重要途径。2015年以来，中资企业在海外并购市场总共发生40宗并购事件，其中，披露交易金额的有26宗，涉及金额约211.2亿美元，披露交易额同比上涨324.51%。银监会颁布的《商业银行并购贷款风险管理指引》要求，并购贷款总额不得超过并购所需资金的50%。而一些大型的境外并购项目，通常都需要商业银行提供交易金额50%以上的资金支持，否则将影响并购项目的进行。国内商业银行由于受到银监会的监管，无法满足这一需求。而一些外资银行在境外并购项目中更显优势，致使国内商业银行在支持企业“走出去”过程中受到很大限制。

3. 金融企业缺乏国际化复合型专业人才。近年来我国金融机构的海外扩张速度非常快，既懂东道国语言、文化习俗、法制环境，又懂金融专业的高水平复合型人才极度匮乏。当前，我省大多数金融机构都缺少具有国际化经营管理经验的复合型人才，而现行管理制度不仅无法有效接轨国际化的生产经营、人才管理、财务管理和市场开拓规则，还导致在服务“走出去”企业时缺乏对国外市场发展前景的判断。面对复杂的市场形势和社会环境，多数金融机构感到力不从心、难以驾驭。

4. 境外投资保险体系不完善。从美国、德国、日本等发达国家的经验来看，以国家为主导的海外投资保险制度是助推本国企业更高质、安全“走出去”的有效举措。目前，中国出口信用保险公司承保的金额总量和覆盖范围明显不够。我国尚未制定专门的海外投资保险法。现阶段调整海外投资关系的国内法规范，主要是国务院一些部委颁布的行政规章；而国际法规范方面，主要是我国与其他国家缔结的一系列鼓励和保护投资的双边条约以及我国加入的国际公约。这些协定和国际公约因为没有相关的国内法律制度与之配合，实质上使其成为我国的单方面国际义务。

三　完善金融服务支持企业“走出去”的政策建议

1. 加大企业“走出去”融资产品创新。一是建议银行根据“走出去”企业特色业务类型，发挥外汇担保、国际结算、国际贸易融资、避险增值服务等不同业务功能，提供项目全周期综合金融服务支持。二是加强买方信贷、流动资金贷款、并购贷款、境外资产或资源抵押贷款、内保外贷、跨境人民币结算等金融产品创新，积极探索以境外股权、资产等为抵（质）押提供项目融资，提升金融服务水平。三是鼓励和推动银行机构完善海外分支机构布局，充分发挥政策性金融机构、丝路基金等的作用，为企业发放低息、免息、贴息贷款等，形成政策性金融和商业性有机结合的支持体系。四是成立江苏海外投资基金，并与国内证券机构加强合作，便利我省“走出去”龙头公司资本输出入，推进企业“走出去”境内外股权、债务融资，形成境外投资“基金 + 证券”的直接融资支持体系。五是利用互联网、大数据等新技术，为企业“走出去”提供远程外汇服务支持，为企业海外投资提供及时高效的外汇服务保障。六是鼓励我省企业在国外离岸市场发债，解决我省企业的境外子公司经营海外业务的融资问题。

2. 鼓励包括省属金融类企业在内的金融机构开发国际市场。一是协调搭建银企交流沟通平台。如成立江苏银行和“走出去”企业组成的境外投资协会，通过组织展会和跨境城市合作等方式，进一步加强江苏银行、担保机构和境外投资企业之间的交流沟通。鼓励和支持银行依托网络银行开展金融创新，发展离岸业务，为境外中资企业提供全方位、国际化的金融服务。推动江苏银行、南京银行等省内金融机构在苏企集中的地方以及我省境外投资园区（包括柬埔寨西港特区、埃塞俄比亚东方工业园和印度尼西亚）设立分支机构。二是促进“走出去”金融机构主动参与企业海外运作咨询。鼓励“走出去”金融企业积极参与企业海外运作，指导企业根据国内外经济环境和自身发展战略自主决策、自负盈亏、自担风险，开展境外投资合作。三是加强金融政策的宣传和培训。指导我省“走出去”企业合理利用相关支持政策，合理规避投资国的政策风险，熟练运用当地法律法规维护自身合法权益。四是建立健全境外国有资产监督管理制度、境外国有企业定期审计制度以及经营投资责任追究制度，规范省属国有金融机构对外投资决策程序，制定省管金融企业境外投资风险管理指引。

3. 建立商业化的对外产业投资基金，实现“走出去”企业的融资多元化。一是针对特定的区域（国家）、特定的市场，设立若干类似中非发展基金的股权投资基金，实行商业化操作，鼓励 PPP 的形式。设立对外并购基金，鼓励民间资金参与，通过股权并购，在国际上获取知识产权、品牌、市场份额和资源。二是进一步争取放宽外汇管理政策。积极争取个人境外直接投资政策试点在全省推广，适当放宽个人境外直接投资额度，逐步放宽境内企业对境外子公司融资额度限制，鼓励商业银行直接向境外投资企业发放贷款。三是积极推动企业拓展人民币境外投、融资业务。积极支持国家人民币国际化政策，稳步推进境内母公司使用人民币间接为海外企业提供贷款，鼓励银行使用人民币保函为海外企业提供支持。

4. 进一步完善境外投资保险体系。要不断扩大中国出口信用保险公司江苏分公司对我省企业境外投资保险的覆盖面。针对我省中小企业面临的保费费率过高的问题，建议尽快出台相应措施，对我省投资流向政治和信用风险较高的发展中国家或地区的企业，实施全额保费资助，对其他企业也不断提高保费资助比例，帮助企业降低投保门槛，提升我省企业海外投资保险覆盖率。建议新成立一家专门服务于企业境外投资的政策性信用保险机构，可以采取政府机构承保的企业形式，也可以采取政府委托国内现有的私营保险公司承办境外投资保险具体事宜的途径，并拨付相应款项。发挥政策性信用保险的作用，加大对企业境外投资中的外汇兑换风险、东道国政府征收风险、战争风险和政府违约风险等政治风险的保障力度。

5. 建立境外投资风险补偿机制。从我省产业转型升级和供给侧结构性改革的实际需求出发，探索建立海外投资损失补贴制度：在遭遇国外政治风险、汇兑风险的情况下，对于高新技术、先进制造业及优势行业投资合作领域，如新设、增资、并购的境外研发中心，收购国外关键设备技术；推进我省富余产能转移而进行境外投资和工程承包项目，例如，纺织服装、造船、光伏、工程承包等的相关企业，资源能源开发、农业合作投资相关领域的境外投资企业，按照一定的比例和最高限额给予其海外投资损失补贴。建议省政府向中央政府有关方面提议，借鉴日本海外投资损失准备金以及税收支持等制度，加快建立国家层面的境外投资风险补偿制度。准许企业在一定年限内，每年从应税收入中免税提取相当于投资额一定比例的资金计入准备金用于弥补风险损失。同时，在税制方面弥补投资风险，在计算企业综合抵免限额时允许将海外亏损额计算在内，减轻境外投资企业税负。

（本报告为江苏省商务厅2016年度重点课题成果，课题负责人张远鹏，江苏省社会科学院世界经济研究所所长）

江苏服务业出口滞后的原因分析与突破路径

张二震

[内容提要] 扩大江苏服务业出口是顺应全球新趋势、带动产业结构优化升级和带动先进制造业发展的战略需要，但江苏服务业出口却呈“滞后”现象，主要表现为：服务贸易发展较为滞后、服务业利用外资水平较低等。建议：一是应将与货物贸易相关的生产性服务业先行开放，同时将能够体现开放倒逼改革的服务业先行开放；二是充分发挥财税政策在扩大服务出口中的导向作用；三是注重服务出口“多管齐下”；四是完善服务贸易体制机制；五是充分发挥中介组织的平台载体作用。

江苏是中国开放型经济发展大省，作为开放发展重要内容的对外贸易规模，从2003年到2016年已经连续14年保持全国第二的地位。然而，随着国内国际环境发生深刻变化，江苏货物出口近年来表现“乏力”。因此，顺应全球新趋势，扩大江苏服务业出口，以有效推动江苏出口贸易转型升级，势在必行。

一 扩大江苏服务业出口的战略意义

1. 顺应全球新趋势的战略需要。进入21世纪以来，服务业“全球化”和“碎片化”成为重要发展趋势。一是全球服务贸易发展迅猛。20世纪80年代以来，服务贸易增长异军突起。1981年全球服务贸易进出口总额仅为8760.1亿美元，2015年这一数值已攀升至9.24万亿美元，增长了近10.53倍。二是全球服务业对外直接投资增长迅猛。联合国贸易和发展会议发布的《2016年全球投资报告》表明，截至2015年年底，全球服务业国际直接投资存量占总投资存量的比重保持在60%以上的水平，全球对外直接投资加快向服务业聚集。三是全球制成品贸易中内含的服务价值不断上升。根据世界投入产出表数据库的统计数据计算发现，1995年至2014年期间，全球制成品贸易中所内含的服务增加值比重不断提高。四是当前服务外包的蓬勃发展，更是服务业“两化”发展趋势的突出特征。从服务外包分类角度来看，主要是指知识流程外包、信息技术外包以及商业流程外包三者，所涉及的均是企业内部服务的部分环节和阶段的“外部化”。

2. 带动产业结构优化升级的战略需要。随着经济的不断发展，产业中心将逐渐由有形货物的生产转向无形服务产品的生产。江苏前期的开放发展主要在制造业领域，服务业领域开放相对不足。统计数据表明，2001年至2016年期间，江苏服务业产业增加值占地区生产总值的比重，一直低于全国平均水平。这与江苏经济发展的阶段和水平不相适应。而扩大出口贸易能够带动产业规模的扩大乃至产业结构升级，因此，扩大服务业出口是实现产业结构升级的战略需要。

3. 带动先进制造业发展的战略需要。目前，江苏制造业处于全球产业链的中低端，面临着向产业链高端攀升的紧要任务。从社会分工和产业演进的规律来看，制造业和服务业尤其是生产者服务业之间的融合越来越深。从全球产业结构调整和基于比较优势的国际分工角度来看，以美国、英国、西欧等为代表的发达国家产业结构趋于软化，而中国等发展中经济体通过承接国际制造业转移，仍处于制造业发展的重要时期，服务业尤其是高级生产者服务业发展比较“滞后”，难以发挥“引领”制造业转型升级的战略需要。因此，发展服务出口贸易，可以弥补自身比较劣势，带动制造业效率提升，促进先进制造业发展，也是促进江苏货物贸易和服务贸易平衡发展的战略需要。

二　江苏服务业出口现状分析

江苏服务贸易发展起步较晚，但发展速度较快，呈现很多亮点。据统计，2015 年，江苏服务贸易总额为 541.2 亿美元，其中服务贸易出口额为 163.1 亿美元，进口额为 378.1 亿美元，分别比入世之初的 2001 年增长 36.46 倍、60.41 倍和 31.15 倍。我省服务贸易的增幅要比全省货物贸易的增幅超出 17.1 个百分点。2015 年服务出口同比增长 30.7%，比全国平均水平高出 21.5 个百分点，比全省货物贸易出口增幅高出 31.6 个百分点，占全国服务贸易出口的比重约为 5.7%，比 2014 年提升了 1 个百分点。在江苏省服务贸易发展过程中，加工服务保持顺差第一，显示了我省加工服务较强；知识产权使用费逆差缩小，显示我省知识产权建设取得初步成效。

但是从总体上看，江苏的服务贸易发展仍然是短板，与全国平均水平相比，服务贸易与货物贸易“不协调”问题相当突出。一是服务贸易发展较为滞后。例如，2016 年江苏货物贸易出口额占同期全国货物贸易出口额比重为 15.2%，而服务贸易出口额占同期全国服务贸易出口比重仅为 0.82%。与全国其他发达地区相比，服务贸易发展甚至更为“滞后”。2016 年江苏服务贸易占全省对外贸易总额的比重只有 6.49%，而上海 2015 年实现服务进出口 1967 亿美元，约占全国服务贸易总额的 30%，占上海对外贸易总额的 30.3%。而与北京、广东、浙江等地区相比，均存在类似现象。二是服务业利用外资水平较低。2016 年全国服务业利用外资额流量额占全国利用外资流量额比重达到了 70.3.%，而同期江苏则为 46.7%，低于全国平均水平约 23 个百分点。

三　扩大江苏服务业出口的对策

1. 找准服务出口的重点部门和领域。2014 年 8 月国务院出台的

《关于加快发展生产性服务业促进产业结构调整升级的指导意见》明确指出，现阶段我国应进一步扩大开放来促进生产性服务业发展以及提升出口竞争力，重点包括研发设计、第三方物流、融资租赁、信息技术服务等。结合江苏实际，应将与货物贸易相关的生产性服务业先行开放，同时将能够体现开放倒逼改革的服务业行业先行开放。据此，要扩大开放金融、教育、文化、医疗、旅游等服务业领域，有序放开养老、商贸流通、电子商务等服务业领域；积极推进新兴的资金技术密集型与传统劳动密集型服务贸易出口相结合，改善江苏服务贸易出口结构，促进其健康发展。扩大江苏服务业开放与开拓国际服务业市场相结合，促进江苏企业在外分支机构提供商业服务，利用两个市场、两种资源的能力。注重服务出口的全面发展与优势区域和企业的重点突破相结合，利用南京江北新区服务贸易创新发展试点和苏州服务贸易创新发展试点的机遇，建设服务贸易示范区和服务外包基地，支持具有较强国际竞争力和增长潜力的企业出口。

2. 充分发挥财税政策在扩大服务出口中的导向作用。首先，根据“宽税基、低税负、严征管”的基本思路，调整江苏服务业的相关税收政策。比如：扩大增值税的课税范围，逐步覆盖绝大多数服务性行业，减轻因营业税就全部营业额计税所可能造成的弊端；在企业所得税与个人所得税的衔接配合上，尽可能地免除服务性行业存在的经济性重复征税问题；减轻纳税人负担，促进江苏服务业的长远发展。其次，顺应全球经济新规则尤其是服务贸易规则的新形势、新变化，运用财税政策促进高端服务业发展，实现江苏服务业的结构转换。在制定促进江苏服务业发展的财税政策过程中，应在发挥传统劳动密集型服务产业比较优势的同时，通过财税政策的倾斜与引导，大力鼓励现代服务业（信息、科技、会议、咨询、法律服务等）和新兴服务业（如房地产、物业管理、旅游、社区服务、教育培训、文化体系等）的可持续发展。利用政府财税政策的宏观导向作用，提升高端服务产业在整个服务业中的地位，优化服务业内部结构。三是适当改革政府采购制度。随着公共财政体制逐步建立和预算制度的完善，财政部门的政府采购制度必须进一步扩大采购范围，把广大服务业领域纳入其中，通过引进竞争机制，面向全社会服务行业公开招标、投标，对刺激这些行业改善服务态度、优化服务方式、丰富服务内容、创新服务项目都有一定的推动作用。还要不断通过革新采购服务项目，利用政府采购的需求诱导，引导服务业的发展方向。

3. 注重服务出口“多管齐下”。抓住全球服务业通过国际直接投资形式进行跨国转移的重要机遇，提升我省服务业利用外资水平，通过承接服务业国际转移，奠定我省服务出口的基础。抓住当前全球服务外包蓬勃发展的机遇，大力发展我省的服务外包。推动服务业市场化改革，打破行政垄断，逐步放宽对上述行业过多的投资限制，吸引更多外资进入，优化服务业内部结构，提升服务业外资比重。提升江苏省和外包基地城市的基础环境及整体形象，营造良好的知识产权保护环境。同时，要培育服务业出口领域国际化人才，在现有教育资源的基础上，由省商务厅牵头组织协调高校、服务贸易创新试点开展服务贸易人才培训。培训内容包括服务贸易的国际国内总体情况和发展趋势、软件、技术等具有发展潜力的领域。

4. 完善服务贸易体制机制。一是以南京江北新区服务贸易和苏州服务贸易创新发展试点为机遇，探索出台服务贸易地方性法规，规范服务贸易市场准入和经营秩序，建立与国际接轨的服务业标准化体系。二是逐步建立机构精简、运行高效、与国际接轨的服务贸易促进服务体系；推进行政审批“一个窗口流转、一枚印章审批、一份清单定边界”的制度改革，进一步简政放权、放管结合，探索创新事中事后监管举措，寓管理于服务之中。三是成立江北新区服务贸易行业协会（服务贸易创新发展产业联盟），实施服务贸易重点企业认证制度和联系管理制度，打造江北新区服务贸易行业协调机制。四是建立和完善服务贸易统计、监测、运行和分析体系，创新服务贸易统计方法和数据采集方式，探索服务贸易企业“一表式”统计，建立服务贸易企业动态数据库，探索建立对跨境提供、境外消费、商业存在和自然人移动等服务贸易模式的全口径统计。

5. 充分发挥中介组织的载体作用。一是培育以企业为主体的服务贸易行业协会，整合企业力量，为江苏省服务贸易出口企业提供优质服务，充当政府和企业之间沟通的桥梁、企业参与国际合作的纽带。二是发挥驻外经商机构的优势，加强对驻在国（地区、国际组织）服务贸易的管理机制、政策法规、商业机会的调研工作，帮助江苏省服务出口企业开拓国际市场。同时建立服务贸易预警应急机制，做好各种危机事件的应急处理方案。三是搭建服务贸易出口促进平台。建立全省服务贸易公共信息网站，介绍世界服务贸易总体情况，以及中国和其他主要国家服务贸易方面的法律法规、相关主管部门、中介机构、行业发展情况和市场需求情况，方便服务出口企业获取国内外信息。举办国际服务贸易论坛，支持在国内外举办若干服务贸易相关的会议、论坛、培训和展览，为服务出口企业创造参与国际交流与合作的机会。

研究基地：江苏经济国际化研究基地

首席专家：裴长洪、马明龙、张二震

课题负责人：张二震　南京大学商学院教授

课题组成员：倪海清、戴　翔、张晓磊、王原雪、张　雨

"扬子江城市群建设"智库论坛观点摘编

沈　迟等

编者按： 5月8日，省社科联举办"扬子江城市群建设"智库论坛，邀请国家发改委城市与小城镇改革发展中心副主任沈迟、南通大学党委书记成长春、《群众》杂志社副总编李程骅以及中国科学院可持续发展研究中心副主任陈雯等专家作主旨发言，沿江八市社科联（课题组）负责人交流课题成果。省委研究室、省政府办公厅、省发改委等部门职能处室负责人参加交流研讨。省委副秘书长、研究室主任康旭平在听取专家主旨发言和交流后，对扬子江城市群建设需要进一步深化研究的问题提出要求。现将省内外专家和沿江八市课题组主要观点摘编如下，供省领导参阅。

沈迟：国家发改委城市与小城镇改革发展中心副主任、规划院院长

速度、密度、尺度和制度——城市群四要素。对城市群标准的界定，应该从城市之间的关联要素去考虑，主要有四个维度：速度、尺度、密度和制度。在速度方面，不仅是城市群内城市之间的距离，更主要是城市之间的通勤，如轨道交通密度、站点设置密度等都是重要因素。在密度方面，既包括城市群的密度，也包括人口密度、经济密度、就业密度和城市建设密度；在尺度方面，密度只有放在一定尺度空间内才有意义，在不同尺度上的密度、速度，决定了空间组织的效率，城市群必然是以“万平方公里”为尺度的；在制度方面，制度的隔阂有时候比空间上的距离更难以逾越或打破，决定速度、密度、尺度的制度因素主要有户籍管理、土地管理、规划管理、行政管理等。回顾我国城镇化历程，从改革开放允许农民“自理口粮进城务工经商”到经济体制改革“从农村包围城市”，从乡镇企业带动小城镇发展，到“城镇群”为主导，再到新一轮“特色小镇”热，从开发区的“一抓就灵”到新城新区两极分化，速度、密度、尺度的背后无不折射出制度的作用。城市群之所以成为“群”，跨越行政区的制度安排是关键，不仅需要看得见的纽带相联系，更需要看不见的一体化制度来保障。因此，扬子江城市群规划建设，要在科学准确把握密度、速度、尺度的基础上进行制度设计。

李程骅：《群众》杂志社副总编　胡小武：南京大学副教授

扬子江城市群空间规划提升与战略实施重点。“扬子江城市群”是长三角世界级城市群的“空间嵌套”，推动江苏沿江城市集群发展、融合发展，须以实施南北节点城镇一体化为抓手，加强纵向贯通，实现跨江同城化，加快形成中上游的宁镇扬、常（常州）镇（扬中）泰（靖江、泰兴）、锡（无锡市区、江阴）泰（靖江、姜堰）三大跨江城市带和下游的苏（苏州、张家港、常熟、太仓）通（南通、如皋）特大型跨江城市带，逐步把长江发展成为“一江两岸”扬子江城市群的内河交通与空间中轴。与高铁重点提升远距离交通效率不同，轨道交通与物流为主的公路交通更加注重通勤化，是沿江城市集群跨江同城化发展、中间县级行政区域加快发展的重要依托。因此，从中长期发展看，打造跨江城市带的关键在于加密扬子江城市群的跨江通道建设，由目前的15条增加到40条左右，全面提升县级行政区域的跨江交通配置水平，形成跨江公路大桥、高铁大桥、地铁隧道、公路隧道等多形态过江通道密集联通。为推动区域内高度一体化，建议对部分行政区划进行跨江调整，如合并江阴市与靖江市，成立江阴新区；合并扬中市、泰兴市和高港区，将句容市并入南京，成立句容区。

成长春：南通大学党委书记、长江经济带研究院院长

加快推进扬子江城市“群落”融合发展。借助生物学“群落”的概念，提出扬子江城市群落融合发展目标，即通过全面提升城镇化质量，建设“紧凑型城市、开敞型都市圈、网络化城市群落”，促进“融合发展”。第一，需要合理确定扬子江城市群落成员构成，明确划定融合发展空间范围。建议扬子江城市群建设规划应形成“1（上海）+8（沿江八市）+1（盐城）”的总体架构；第二，要树立生态优先理念，建立绿色扬子江城市群落。以国家“一带一路”和“长江经济带”战略为契机，以“生态优先、绿色引领、融合共生、绿色创新”为原则规划建设扬子江城市群落；第三，优化扬子江城市群落空间布局。以建成“主副双核，一带三圈”（上海主核，南京副核；沿江生态带、宁镇扬都市圈、苏锡常都市圈和通泰盐都市圈）空间新格局为目标，促进相关基础设施的共建共享，强化江北城市中心性建设；第四，强化南京在江苏沿江城市集群发展、融合发展中的辐射带动作用。将南京作为扬子江城市群落的江苏城市“建群种”，充分发挥其作为人流、物流、信息流、资金流的高原和高地作用；第五，推进城市之间的连绵发展。打通城市之间的村镇交通设施网络，着力重构城乡空间格局和村镇产业空间体系；第六，完善公共服务协调机制，打通城乡教育、文化、医疗卫生等公共服务资源共享和行业协会、资质与质量认证、人才流动等市场化资源配置机制的障碍。

陈　雯：中国科学院可持续发展研究中心副主任、苏科创新战略研究院院长

关于扬子江城市群空间范围与定位的建议。扬子江城市群作为全省经济社会发展的先行先发区域，是江苏新时期区域增长极扩容的核心载体。当前，苏南和苏中地区业已形成四个轴带或片区：一是串联南京、镇江、常州、无锡、苏州等中心城市而成的服务、创新经济发展中枢轴带；二是沿长江市县组成的临江临港经济发展轴带；三是沿宁杭走廊的西南部丘陵山区特色与生态经济片区；四是里下河（兴化—高邮—宝应）的农业及生态经济板块。在划定扬子江城市群空间范围时，虽然不将生态区和农业板块纳入有一定道理，但考虑到沿江八市及所辖县市（区）在自然地理与区位、交通网络联系、城市等级体系、产业协作分工、地域文化等方面均具有一定的整体性和相似性，建议将沿江八市全域作为扬子江城市群空间范围，尽量保障城市群内部区划完整性，避免空间“破碎”与行政分割。在此基础上，扬子江城市群内部需要进一步发挥中心城市辐射带动作用，依托上海、南京等大都市为核心组织集聚空间，加快以跨江交通运输网络联系、滨江跨界城镇组团建设等推动跨江融合，优化沿江、沿沪宁、沿宁杭等城镇和产业发展带，加快形成分工合理、功能互补、整体联动的空间新格局，促进城市群一体化发展。

刘西忠：省社科联研究室主任

增强扬子江城市群建设的绿色协同。在把修复长江生态环境摆在压倒性位置、“不搞大开发、共抓大保护”的新形势下，实现跨区域绿色协同，是共建扬子江城市群的重中之重。在扬子江城市群内部及周边，推进沿江绿色生态廊道建设和淮河生态经济带建设，着力推进江淮生态大走廊、沿海生态保护带建设，推进宁杭生态经济带和苏南西南部绿色生态智慧谷建设及环湖生态圈建设，着力构建由若干纵向、横向生态廊道形成的生态网络，与发展轴带、产业群链、城镇布局相辉映，在更大范围、更广空间塑造江苏绿色竞争优势，着力打造转型发展、绿色发展、引领发展的新江苏样本。

叶南客：南京市社科联主席

着力增强中心城市的带动引领作用。在扬子江城市群建设中，南京是核心发展引擎和枢纽中心，应围绕提高城市首位度、打造中心城市下功夫：一是要加快推进宁镇扬一体化，以宁镇扬小三角为突破，强化南京的中心城市地位。二是大力发展总部经济、创新型经济、服务型经济和智能制造，提升南京的产业集聚能力。三是综合协调推进沿江城市融合联动发展。设立“枢纽经济发展专项资金”，建设枢纽经济区。推进长江航道、城际交通、信息网络等基础设施建设和互联互通，发展航运（空）枢纽经济、金融枢纽经济、信息枢纽经济。四是发挥南京科教资源丰富的优势，建立沿江八市科技创新合作协调机制，力争在公共平台使用、创新资源流动、成果认定、评估、基金的设立等方面实现政策一体化，减少各城市之间在科技创新等方面的壁垒性限制。

徐爱民：南通市社科联党组书记、副主席

共用共享江海优势，建设上海的“北大门”、向北辐射的“中转站”。扬子江城市群可以共用南通江海联运与陆海统筹优势，共享收益。省级层面要针对扬子江城市群共同的战略产业链延展需求，尽快出台鼓励沿江向沿海转移的产业目录，推动共建大宗商品集散交易中心、江海联动国际物流中心等；建设江苏长江流域航运公共信息平台，推动扬子江城市群跨境电子商务平台加快整合。推动设立扬子江城市群规划协调委员会，以规划理念接轨上海，以城市群产业联动、载体联动、要素联动，促进与上海的空间融合，全力建设上海“北大门”。围绕建设重要区域性综合交通枢纽（节点城市），以建成沪通长江大桥、建设上海多机场体系重要成员机场等为重点，加快完善综合运输通道建设，努力建成扬子江城市群向北辐射带动的“中转站”。

倪郭明：泰州市社科联主席

突破扬子江城市群两头“肥”、中间“瘦”格局，实现“中心开花”。扬子江城市群是一个带状城市群，应坚持多核心带状扩散路径，以求整体提升。东部和西部分别以上海和南京为核心的城市群已经启动，东西两头南北传导功能比较强大，而中部城市泰州等处于沪宁之间的“断裂点”上，南北传导的功能较弱。江阴、靖江两市 14 年的实践证明，跨行政区的“软融合”缺少内在驱动力。为打破扬子江城市群“两头肥胖，中间瘦弱”的格局，实现“中心开花”、北岸崛起，建议省委省政府加大行政区划调整力度，加快过江通道建设，进行必要的资源整合，在泰州南进、常州和无锡北进上更多着力，形成跨江发展的城市组团，打造具备较强集聚辐射力的锡常泰都市圈。北岸三市既要接受南岸的辐射，还要承担南北传导的重任，可联合淮安、盐城等市，共同编制里下河湿地保护开发总体规划，彰显水乡生态特色。

刘伯高：苏州市社科联副主席

将苏州沿江地区打造成国际化重要枢纽和开放口岸。受当前产业格局影响，苏州沿江地区城市化水平相对市域其他地区较低。将苏州沿江地区打造成国际化重要枢纽和开放口岸，是苏州在扬子江城市群中首要且独特的定位。一是提升并发挥好苏州港港口功能。推动建设常熟、张家港、太仓与苏州市中心，以及省内主要城市的铁路网络，发展陆海联运。在内河建设扩展港口货源区域，形成内河和沿江港口联动。利用长江水道和跨江通道优势，发挥苏州港口对江北的辐射作用。二是依托对外贸易，建设全球化交易市场。将市场交易服务与仓储、运输、配送等活动相结合，形成全球化物资集散中心。加快建设信息网络平台，整合港口、海关、三检、交通、航运、航空、铁路、开发区、保税区等信息平台，实现全面的信息公用和资源共享。打通物流和商流中间环节，实现客流、物流、资金流、信息流一体化。三是建设具有综合功能的港口型城市。以产城融合模式，提升旅游度假、商务、居住等发展空间，借鉴香港、新加坡经验，以港口为依托，建设具有综合功能的港口型城市，构建沿江现代化新城，打造扬子江城市群港产城联动的样本区。

李伟刚：无锡市政府研究室副主任

推动锡常泰跨江融合发展，实现城市群发展能级整体提升。无锡地处长江三角洲地区和沪宁杭大都市圈的几何中心，是苏南沿江产业带和沪宁城市发展轴的中点，应强化“融入、结合、协同、共享”，加强与长江沿线城市合作，与常州、泰州共同努力把锡常泰板块打造成扬子江城市群建设的“支撑极”。规划融合上，启动编制锡常泰跨江融合发展规划；基础设施融合上，加强与常州、泰州的基础设施互联互通与跨江联动，共同推动盐泰锡常宜城际以及新长铁路等重点基础设施项目规划建设，开展城际铁路与城市轨道交通接驳体系研究；园区建设融合上，重点深化“江阴—靖江”联动发展机制的改革试点研究，明确江阴—靖江园区、江阴高新区黄桥工业园区等后续发展的合作方式与功能定位；产业发展融合上，整合沿江地区港口码头资源，以锡常泰地区为经济腹地，共同打造长江经济带上特色产业集群。

陈满林：常州市社科联主席

差异化发展，实现“抱团、共享、互补”。智能制造名城常州，应找准在扬子江城市群建设中的战略定位，锚定“特色发展、错位发展、梯度发展、集聚发展”的产业发展方向，谋求扬子江城市群协同发展的整体利益和共赢。加快构建与国际通行规则相适应的投资、贸易体制，全力提升城市群内主要城市的国际国内要素配置能力和效率。支持形成一批大型超一流的企业财团，鼓励企业在扬子江沿江城市群区域中进行跨地区的企业并购和重组活动，为企业的跨地区经营销售消除障碍，构筑扬子江沿江城市群地区经济一体化的微观基础和平台。从统计税收金融等方面着手，建立合理利益调整补偿机制，整合高端要素，建设沿江产业链和创新高地。可探索组建“扬子江沿江城市群发展银行”，设立产业发展基金、农业发展基金、环境保护基金和社会发展基金等。

潘法强：镇江市社科联主席

推进扬子江城市群生态文明合作。镇江是全国首批生态文明先行示范区、省生态文明建设综合改革试点、国家低碳试点城市。在扬子江城市群建设中，应重点发挥其在生态文明建设方面的优势。一是推动沿江产业带绿色发展。逐步形成以示范开发区为主、省级开发区为辅长江经济带产业协同发展格局。促进产业集聚集群发展，引导重大制造业项目向重点开发区域布局。二是推进优势产能合作。全面对接沿江城市建设发展需求，借助国家、省级各类投资合作和产能转移平台，引导鼓励船舶、化工、建材、光伏、轻工等优势行业开展合作，实现优势互补、合作共赢。三是以中瑞生态产业建设为重点，加强与沿江城市在生态文明、低碳城市建设等方面交流合作，共同探索生态低碳城市管理路径。

徐向明：扬州市社科联主席

突出文化和生态特色，打造融合发展样板区。扬州处于沿江沿海“T”形开发战略空间的交会点，是长江流域的重要节点城市和传导区，应着眼“跨江联动”，打造融合发展样板区。一是主动对接宁镇扬一体化和苏南国家自主创新示范区建设。以重点跨界发展区域共建为突破口，主动对接南京江北新区建设。二是加快省级以上开发区和工业集中区与上海、苏南园区的板块式对接，明确共建园区的产业定位、功能布局，探索园区共建的新模式新机制。三是放开企业在不同区域内的流动，为推进共同市场建设提供制度和政策环境。在融合发展的过程中，应突出扬州文化和生态特色，加快构建大旅游格局，用好“大运河”“一带一路”等资源，高水平建设江淮生态大走廊。

江苏农民增收面临的难题及对策建议*

周应恒

［内容提要］促进江苏农民增收，重点在于确保其工资性收入和非农经营性收入增长；难点在于拓展农业经营性收入；亮点在于提升其财产性收入和转移性收入。建议：1. 从推进农业提质增效着手，提高农业经营性收入。2. 从优化农业支持政策指向着手，增加农民转移性收入。3. 从深化集体产权改革着手，增加农民财产性收入。4. 从创造良好的非农就业环境着手，推动农民非农经营和工资性收入增长。

一　当前江苏农民增收中面临的问题

随着我国经济进入新常态，农业供给侧结构性改革逐步深入，江苏农民增收面临很多新的问题：

1. 供给侧结构性改革背景下，江苏农民收入增长面临严峻挑战。长期形成的产量追求型农业生产模式，越来越不适应转型升级的消费需求。我国目前粮食生产和库存达到了 1997 年以来新的高峰，粮食价格下行压力巨大，农民农业经营性收入面临严重挑战。调研发现，2016 年我省小麦平均销售价仅为 0. 85 元/斤，最低价低至 0. 4 元/斤，

---

* 为配合以“富民”为主题的省委全会的召开，江苏省社会科学联合会通过委托课题和邀请专家等方式，组织省内知名专家学者，针对“富民”领域重点问题开展研究，形成系列决策咨询报告。此为“聚焦富民”系列决策咨询报告之一。

比小麦（三等）保护收购价 1. 18 元/斤低近三成。再加上高额的土地流转费，加剧了以粮食生产为主的新型农业经营主体的经营负担，2016 年以来出现了不少弃耕跑路现象，也直接降低了土地转出农户的收入。此外，由于经济下行压力大，出口不振，以制造业为代表的实体经济发展受到影响，农民非农就业环境恶化，工资性收入增长受限。

2. 江苏农民增收下降，结构有待优化。近年来，江苏农民人均纯收入增速呈现出全面回落、连下台阶的态势，由 2011 年的 18. 5% 下降至 2016 年的 8. 3%，构成江苏农民收入主体的经营性收入与工资性收入双双增速下降。在经营性收入方面，由于江苏农业特色化、品牌化、高附加值化发展不足，2015 年江苏农民经营性收入为 5045. 6 元，低于具有资源禀赋优势的东北粮食主产区，同时也低于浙江、福建。在工资性收入和非农经营性收入方面，2015 年江苏农民工资性收入占总收入的 49. 3%，明显低于浙江省的 61. 9%，工资性收入对农民收入增长的带动作用尚未得到充分发挥。一方面，江苏省税费比重依旧较高。2015 年江苏财政总收入占地区生产总值的比重达 25. 4%，而同期浙江仅为 19. 9%。另一方面，江苏企业活力、规模以及人均企业数量明显落后于浙江，农民通过创业发展非农经营受限。2015 年江苏农民非农就业比重为 30. 5%，低于浙江的 48. 7%。在财产性收入方面，2015 年仅占农民总收入的 3. 4%。在转移性收入方面，经济新常态下各级财政也面临增长压力，农民转移性收入增长乏力。

3. 江苏农民收入区域性差异较大，城乡居民收入差距仍有缩小空间。2015 年，苏南农民人均可支配收入为 22760 元，而苏中和苏北仅为 16862 元和 13841 元。一方面，工资性收入是造成区域性差异的重要原因；另一方面，苏北作为江苏粮食主产区，其转移性收入较苏南、苏中更低。在城乡居民可支配收入差异上，尽管城乡收入比有所下降，由 2010 年的 2. 52∶1 下降至 2016 年的 2. 28∶1，但较浙江的 2. 07∶1 而言，差距仍然偏大。

二　促进江苏农民增收的对策建议

从江苏农民收入结构来看，工资性收入和非农经营性收入所占比重最大，应是未来江苏农民增收的重点；从供给侧结构性改革给农业带来的压力看来，农业经营性收入是未来江苏农民增收的难点；从江苏集体经济基础和财政优势来看，农民财产性收入和转移性收入是未来江苏农民增收的亮点。

1. 加快推动农业提质增效，提高农业经营性收入。一是探索多样化土地适度规模经营实现路径。通过农业托管、联耕联种和土地股份合作等形式发展农业适度规模经营，扭转原有追求高土地流转租金的富民政策误区，建立合理的农民土地收益分享机制，让土地租金回归到市场化、可持续化的水平上来，降低农业经营风险，促进农业适度规模经营可持续发展。二是促进优质化、特色化、高附加值化农产品生产。注重农业单品种内部的提质增效，通过引进种植优良品种，提高农产品质量，同时打造品牌，实现高附加值化。此外，在尊重农民意愿和首创精神的前提下，统筹调整粮经饲种植结构，促进种养加结合，做大做强特色优势产业，延伸农业价值链，实现农业提质增效。

2. 优化农业支持政策指向，保障农民转移性收入。一是建立农业生态补偿机制。江苏省应建立有效的“以工补农、以城补乡”机制，率先探索农业补贴资金使用方式，充分利用国际贸易规则，转变原有的“黄箱”政策措施，在我省粮食主产区域内推广“绿箱”属性的农地生态补偿机制，重点对环境保护区、生态功能区的种粮农户每亩土地给予一定的生态补偿资金，确保农民收入增长，保障苏北走“绿色化”发展道路目标的实现。我省范围内已有部分地市探索发放生态补偿资金，应总结经验，重点在苏中、苏北地区推广实施。二是调整农民收入补贴方式。在农业支持保护补贴的基础上，进一步整合农业支持补贴资金，形成财政支农的合力，探索农民收入补贴的发放方式。同时，重点补贴粮食主产区的农户、直接参与农业生产的农户，以及受市场价格下跌影响程度较深的农户群体，使农业补贴资金的作用得到最大限度的发挥。三是提高农业风险补偿水平。可借鉴国外先进农业保险经验，建立基于基准农业种植收益的风险补偿模式，以过往正常年份农业产出为标准，基于农民受灾程度，确定补贴系数，对农民收入进行补贴。

3. 推动集体产权制度改革，促进农民财产性收入增长。“苏南模式”成功推动了苏南农业、农村的发展，并在农民财产性收入的增长、城乡公共服务的供给、缩小城乡收入差距以及维护社会稳定等方面做出了重要贡献。集体经济作为江苏农业、农村发展的优势条件，在国家提出进一步促进集体经济发展的背景下，江苏应通过盘活苏中、苏北地区的农村集体资产，促进区域内的均衡发展，从而为江苏农民收入增长带来新的增长点。

4. 创造良好非农就业环境，加速非农经营性和工资性收入增长。一是探索税制改革营造宽松的企业发展环境。持续简政放权、创新监管机制、优化政府服务，进一步深化“放管服”改革；扩大对小微企业的定额税制，降低企业税费负担，优化发展环境，激发企业发展活力和农民农外创业的积极性，为农民非农经营性收入和工资性收入增长提供重要保障。二是成立农民工就业保障机构。在实体经济发展增速趋缓的背景下，农民工就业纠纷将集中涌现。我省作为农民工的主要流入省份之一，应成立农民工就业保障机构，确保农民工拥有公平的就业机会，保证工资及时兑付等基本权益，促进农民工资性收入持续增长。三是加强市场需求导向的农民工职业技能培训。在经济发展转型升级过程中，农民工职业技能培训应顺应需求变化趋势，避免出现大规模农民工结构性失业的现象，确保农民工资性收入稳步增长。同时，应培训、鼓励农民积极参与创新创业，通过政策引导、创业培训、税收减免、社会保障等措施重点推动农民返乡创业，拓展非农经营性收入增长空间。

（作者周应恒，江苏农业现代化研究基地首席专家、金善宝农业现代化研究院院长、南京农业大学教授；严斌剑、刘余）

江苏发展富民产业的战略选择*

徐康宁

［内容提要］产业富民具有长效性、可持续性，应作为聚焦富民的重点工作来抓。研究表明，以下产业具有较好的富民效果：高科技产业、增加值高的产业、品牌价值突出的产业、有利于增强消费者幸福感的产业、产品具有显著特色的产业、能够创造大量就业的服务业。为此建议：一要以产业结构优化和居民收入双提升为目标指引产业发展。二要推动产业向中高端升级，提高产业的附加值和财富创造能力。三要把握趋势，发展适应消费升级的相关产业。四要发展品牌经济，塑造一批具有财富创造功能的知名品牌。五要利用自然条件和人文环境发展农村特色富民产业。

提高居民收入水平，促进民生富裕，有多种途径。发展产业是最具长效性和可持续性的途径，应作为聚焦富民的重点工作来抓。

一　为什么说产业强盛是富民的基础？

在现代经济形态中，几乎所有财富都是通过一定生产活动创造的。产业创造财富的能力，直接决定了从事产业活动的劳动者（包含管理者）能够取得多少收入。在经济全球化深入发展的今天，产业创

* “聚焦富民”决策咨询报告系列之二。

造财富的能力以及从业人员的收入水平，不仅取决于本国生产要素的条件，还取决于世界市场和国际分工。同样是制造业，美国制造业工人1小时能挣20美元以上，而亚洲一些国家制造业的工人，1小时挣不到2美元。甚至做同样的产品，或者说从事同样的劳务，付出都差不多，但由于发达国家的产业层次整体上高于发展中国家，相同的产业所带来的财富和收入也是不一样的。

经过多年发展，中国已经形成一批具有较强国际竞争力的产业，涌现了许多既能创造财富、又能给员工带来高收入的企业。2016年，华为公司实现销售收入5215.74亿元，同比增长32%；支付员工薪酬（含奖金、补贴等）941.79亿元，同比增长17.41%。据初步统计，华为有大约18万员工，人均收入约52万元。

二　发展什么产业有利于富民?

一是高科技产业。这类产业技术含量高，产品新颖先进，具有市场独占性和明显的技术“溢价”效应，所以往往比一般产业更能创造财富，也能够给员工带来更高收入。在美国，名牌大学的毕业生往往都把苹果、亚马逊、谷歌、Facebook等高科技公司作为就业首选。一个理工科硕士毕业生，如果能够被谷歌或Facebook这样的公司雇用，年薪在15万美元左右。这些高科技公司甚至可以为在校大学生开出每小时30美元的实习工资。

二是增加值高的产业。许多产业并非是高科技产业，但由于这些产业能够创造较高的增加值，仍然能够带来较高收入。同样是制造业，美国制造业的大部分行业的增加值率都比中国制造业高，再加上人员的劳动生产率高，因而综合经济效益明显好于中国。有研究表明，中国制造业只有2个行业的增加值率高于美国同行业，分别是食品加工和烟草加工业，尤其是白酒和香烟生产，增加值率明显高于美国，而其他行业均低于美国或不具备优势。

三是品牌价值突出的产业。许多知名企业不仅拥有价值高达数百亿美元的品牌，而且可以凭借品牌创造出一个完整的产业价值链。世界上的咖啡店有千万家，绝大多数都是夫妻老婆店，而美国的星巴克却创造出一个全球员工超 32 万人、公司市值近 900 亿美元的巨大产业。这样的品牌企业，也能为从业人员提供较高的收入福利待遇，前不久，星巴克公司宣布为中国员工父母提供医疗保险。

四是有利于增强消费者幸福感的产业。随着时代的进步和经济的发展，消费者越来越关注生活中的幸福感，更加愿意在健康、养生、体验、个性化消费方面投入更多时间和金钱。在这种需求推动下，涉及医疗养护、保健养生、休闲旅游、家庭教育、体验经济、个性化消费等内容的产业有着广阔的发展前景，也能够为产业创业者和从业人员带来较高收入。

五是产品具有显著特色的产业。在卖方市场中，大多数产品都是供过于求，市场竞争很激烈，最终能够赢得市场认可的往往是特色产品。产品的特色不仅体现在功能、效用和品质上，还体现在特殊的自然地理环境和人文历史背景上。任何有着独特自然地理环境和人文历史背景的地方，都可以发展特色产业。瑞士多山少平原，农牧业发展本无优势，但坚持致力于乡村的优美田园风光建设，把农业风景融入旅游业发展，不仅创造了享誉世界的多处旅游胜地，而且打造了价值不菲的瑞士乡村奶酪、巧克力等特色农产品。

六是能够创造大量就业的服务业。多数服务行业门槛相对较低，并不能创造太多的高收入岗位，但能够解决大量就业问题。促进富民产业发展，还是要大力发展服务业，努力吸纳更多的人就业，使从业人员能够稳定获得收入，尤其是要重视新兴服务业和新商业模式。新兴服务业或服务业的新商业模式往往能够引领新的消费方式，创造新的消费内容，从而带来消费升级的机会。当前流行的服装定制、家居产品定制，就反映了消费升级的需求，也预示着新兴服务业和服务业新商业模式具有良好的发展前景。

三 江苏推进富民产业发展的主攻方向是什么?

第一，以产业结构优化和居民收入双提升为目标指引产业发展。要把富民的指导思想贯穿于产业政策的谋划与制定过程中，使具体的产业发展政策服从于富民这一总目标。制定什么样的产业发展规划，确立什么样的产业发展目标，采用什么样的产业发展布局，重点发展什么样的产业，都应该融入富民的理念和要求。尽量发展能够做成大“蛋糕”、有利于国民收入初次分配中增加劳动者收入比重的产业，使得产业增加值中转化为居民收入的部分不断增大。对于那些仅仅有利于增加 GDP 而居民收入并不能等比例增加的一般性产业，应当不鼓励发展，至少在发展顺序上置于富民产业之后。

第二，推动产业向中高端升级，提高产业的附加值和财富创造能力。要采取措施，促进江苏企业千方百计地通过技术创新、管理创新和制度创新推动产业转型升级，沿着产业价值链向中高端方向迈进，全面提升产业的附加值。促进产业转型升级和提升产业附加值是走产业富民发展之路的关键选择，必须坚定不移地迈开步伐，坚持不懈地加以推进。如果江苏的制造业能够升级到目前韩国的水平，按照国际上对经济发展阶段的划分标准，江苏经济发展将基本达到发达国家水平，居民收入也将跃上一个大台阶。

第三，发展适应消费升级的相关产业。消费对经济增长所起到的拉动作用越来越大，尤其是消费升级所带来的新型消费对经济增长的贡献愈加显著。应当认真深入研究消费市场的新变化，把握消费升级的主要方向和发展规律，营造好的市场环境，促进适应消费升级、创新消费热点的相关产业更快发展。着重围绕消费品提档升级、“互联网+”和体验经济等消费升级重点领域，发展中高端消费品制造业、休闲旅游业、文化创意产业、体验经济产业等一批消费升级产业，为增加居民收入开辟新的产业发展空间。

第四，大力发展具有财富创造功能的品牌经济。要采用政府引导、市场主导的模式，逐步建立起有利于品牌脱颖而出的市场竞争制度，建立规范的产品优质优价、品牌有价的市场交易制度，激励企业创建知名品牌。采取积极有效的措施，改变目前品牌主要流于形式、流于纸上评价的局面，真正让品牌在市场竞争中发挥作用。政府部门要加大引导力度，下大力气培育一批真正具有市场价值的本土品牌。还要有一定的国际视野，引入更多的国际要素，建设一批打入国际市场的江苏知名品牌。

第五，利用自然条件和人文环境发展农村特色富民产业。充分利用农村当地的自然禀赋条件和人文环境，发展富有特色、带有"乡气"的产业，如特色化的土产食品、乡村旅游、传统手工等，把生态、绿色、乡愁、田园这几个最大的乡村财富元素植入其中。发展"一乡一品"或"一村一品"项目，不是简单走农村工业化的道路，而是结合地方特色和自然环境，发展与农村或乡村紧密相关的特色产业，尤其要防止工厂式作业破坏生态环境。

（作者徐康宁，江苏民生幸福研究基地首席专家，东南大学教授）

以益贫式增长促居民增收*

范从来

[内容提要] 益贫式增长要求增长机会平等、对贫困群体给予更多关注、实现充分就业并使劳动收入增长率高于资本报酬增长率。近年来江苏发展的惠民性、益贫性不足，主要表现在居民获得感不强，收入结构中工资性收入占比过高，工业企业效率不高，相应从业人员增收需要更多支持。为此建议我省将益贫式增长作为贯穿提升居民收入战略的基本思路：一是确立就业优先原则，提高就业质量；二是以制造业效率提升为抓手，提高相关从业人员收入；三是发挥传统优势，创新村级集体经济发展路径，增加农民收入；四是分地区调整财政支出结构，加大对医疗、科技等领域的财政支出比重。

益贫式增长是经济学家关注贫困、增长与分配问题所提出的概念，强调经济增长给穷人带来的增长比例大于平均增长率，要求增长机会平等、对贫困群体给予更多关注、实现充分就业并使劳动收入增长率高于资本报酬增长率。江苏补齐全面小康短板，可将益贫式增长作为贯穿“聚焦富民”战略的基本思路。

一 近年来江苏发展的惠民性、益贫性不足

1. 居民获得感不强。2016 年江苏 GDP 7.6 万亿元，在全国 31 个

* “聚焦富民”决策咨询报告系列之三。

省市自治区中排名第二；人均 GDP 以 95259 元排名第四，人均可支配收入为 32070 元，位列天津之后排名第四。但从居民获得感数值（人均可支配收入/人均 GDP）来看，江苏仅排名全国第 19 位，显著低于北京、上海、广东等省市和全国平均水平。简而言之，江苏省经济发展和居民收入之间不匹配，即强而不富。

2. 收入结构中工资性收入占比过高。2015 年江苏居民可支配收入中工资性收入、经营性收入、财产性收入和转移性收入占比分别为 58.2%、15.1%、8.6%、18.1%，分别比全国平均水平高 1.5、-2.9、0.7、0.7 个百分点。江苏作为东部经济强省，居民收入主要是以工资性收入和转移性收入为主，经营性收入和财产性收入比重较低，其中经营性收入低于全国平均水平，经济活力还有待进一步激发。

3. 工业企业效率不高，相应从业人员增收需要更多支持。江苏各行业吸纳的劳动人员数量和各行业生产总值，与从业人员的工资不匹配。在国民经济行业 19 个大类中，吸纳劳动力前两位的行业为制造业和建筑业，总产值制造业排名第一，但是按其人均产值排序制造业仅为第 13 位，建筑业仅为第 19 位。而制造企业普遍效率不高造成从业者收入增加缓慢，建筑业以吸纳农村转移劳动力为主，这直接导致农民依靠打工难以致富。

二　以益贫式增长提高居民收入的对策建议

1. 确立就业优先原则，提高就业质量。益贫式增长强调充分就业，从某种角度上讲，增长是充分就业的增长。各级政府应转变观念，形成就业优先、以人为本的发展理念，形成经济发展和扩大就业的良性互动。利用新经济形态，发挥新型服务业吸纳劳动力的作用，大力推进创业富民。加强创新创业公共服务网络建设，构建多层次的就业创业财税政策支撑体系，形成对增加就业创业的资金引导，除了直接减免税，综合运用亏损结转、税收抵免、增加费用扣除、加速折旧、延期纳税等间接优惠方式，还要拓展政策选择空间，提高政策覆盖面。设立创业奖励基金，完善创业融资担保机制。顺应制造业升级方向，强化职业技能培训，建立劳动者终身职业培训体系。

2. 以制造业效率提升为抓手，提高相关从业人员收入。根据相关研究，二次分配解决益贫性的比率仅占到20%。由此，坚持二次分配和一次分配的统一，由政府和市场的共同作用，将“做大的蛋糕”更多惠及低收入群体，是解决益贫问题的关键。江苏应继续发挥好工业基础好、基础设施完善优势，以全球新一代制造的发展新趋势及国内经济结构调整新方向提升本土制造业效率和竞争力。以生产制造的数字化、网络化、智能化为方向，促进企业制造装备升级。以“一带一路”、长江经济带、沿海开发、“走出去”等国家战略为契机，积极扩大国内外产业资源整合。进一步增加服务要素在制造业投入产出中的比重，大力推动发展生产性服务业，鼓励发展个性化定制服务、全生命周期管理、网络精准营销和在线支持服务等制造业服务化的新业态新模式。逐渐形成工资集体协商机制，坚持劳动、资本、知识、技术、管理等多种要素参与分配，保证工资正常增长机制。

3. 发挥传统优势，创新村级集体经济发展路径增加农民收入。一是对村集体土地、房产等经营性实物资产进行排查，坚持集体所有权、转让使用权，盘活已有资产。因村制宜，分类指导，在科学规划的基础上，大力培育新的经济增长点，提高发展的可持续性和收益的稳定性。二是健全村集体财务管理和民主监督制度，增强财务透明度。建立村级人才培育机制，加强村级组织建设，培养一批懂经济、会管理、愿服务的复合型农村干部，使村级领导班子真正成为带领农村发展、实现共同富裕的坚强集体。三是因地制宜，进行金融创新、制度创新，将土地承包权、经营权、收益权分离，保护土地供给者个体农民的利益。土地股份合作社中坚持一人一票的决策机制，完善合作社治理结构，将土地流转中介机构引导回归至公益轨道上来。

4. 分地区调整财政支出结构，加大对医疗、科技等领域的财政支出比重。全面建成小康社会需要借助财政金融支持，在实施财政政策或货币政策时应该注重益贫性。在经济较为发达的苏南地区，政府应削减经济建设支出，对于能够产生现金流的基础设施和准公共产品，可以通过股权融资或公私合营（PPP）等多种方式，积极引导民间资本参与营利性基础设施建设；而在苏北地区，应发挥主导作用，增加经济建设方面的投入比例，确保交通运输等基础设施项目建设，为经济发展打好基础。增加医疗和科技领域的投入，以提高人力资本和科技对经济增长和人民增收的作用。

（作者范从来，南京大学教授、校长助理）

供给视角下江苏富民惠民路径研究*

邱志强　赵　斌

［内容提要］近年来，江苏城乡居民人均可支配收入保持较快增长势头。但由于宏观经济运行态势直接影响、生产成本不断上升、工资性收入提高空间受限等因素，农村和城镇低收入群体增收任务艰巨。为此，建议：扩大政府供给，切实提升规划引领、制度保障、环境营造以及公共产品和服务供给能力，优化富民惠民政策环境；创新社会供给，充分释放市场活力，积极培育社会力量带动就业创业，大力营造公平公正富民增收环境；注重能力供给，全面激发致富创富潜能，不断提升城乡居民通过努力实现自身福祉能力。

推动省第十三次党代会“聚焦富民”战略实施，落实“小康路上一个不少、一个不落”的要求，需要在扩大政府供给、创新社会供给、注重能力供给下功夫。

一　江苏城乡居民收入现状

近年来，江苏城乡居民人均可支配收入保持较快增长势头。根据国家统计局江苏调查总队的调查，2016 年江苏全体居民人均可支配收入为 32070 元，比 2015 年增长 8.6%。从城乡居民收入增速来看，

* “聚焦富民”决策咨询报告系列之四。

农村居民收入增幅连续七年超过城镇，城乡居民收入相对差距连续七年呈现缩小态势。从高低收入群体差距来看，全省居民人均可支配收入中位数27436元，比上年增长9.3%。按全省居民五等份收入分组，城乡居民高低收入比由2015年的8.08∶1收窄到7.76∶1。从区域居民收入增长来看，苏南、苏中、苏北地区居民人均可支配收入分别为42795元、29138元、22174元，同比分别增长8.4%、8.9%、9.2%。从江苏在全国位次来看，2016年全省居民人均可支配收入32070元，比全国平均水平高8249元，在全国各省（区、市）中，位列上海（54305元）、北京（52530元）、浙江（38529元）和天津（34074元）之后，居全国第五。其中，城镇居民人均可支配收入40152元，位居全国第四；农村居民人均可支配收入17606元，位居全国第五。

二　主要问题和难点

1. 宏观经济运行态势直接影响居民增收。宏观经济形势依然复杂严峻，当前我省正处在调结构、转方式的关键阶段，经济发展新常态特征愈加明显，经济下行压力依然较大，为稳定就业、促进居民增收传导了一定的压力和不确定性。居民增收压力进一步加大，2016年江苏省城乡居民收入增长8.6%，分别低于上海的8.9%、福建的8.7%、广东的8.7%和山东的8.7%；绝对数为32070元，与浙江差距进一步扩大到6459元。

2. 生产成本不断上升，工资性收入提高空间受限。今年以来，“劳动力成本上升”已连续成为制造业采购经理调查企业反映的首位问题，特别是制造业企业生产要素成本上升显著，煤炭、铁矿石、原油等原料价格快速上涨，用能、物流等成本居高不下，居民工资性收入进一步提高的速度和空间明显受到挤压。

3. 收入增长过于依赖工资性收入和保障性收入。居民收入增加过于依赖工资性收入增长。从收入构成看，工资性收入占居民收入

58.2%，其他三项收入所占比分别为经营性收入14.7%、财产性收入9.0%和转移性收入18.1%。从城乡来看，城镇居民收入增长近八成靠工资性收入和养老、离退休金等转移性收入的刚性增长，经营性和财产性收入的贡献率约为11.8%和9.6%；农村居民收入增长六成多靠工资性收入和养老金等转移性收入的刚性增长，经营性和财产性收入的贡献率约为33.6%和3.2%。城乡低收入群体增收主要靠政策扶持、保障，自身就业增收、创业致富、创造财富的能力明显不足。

三 供给视角下富民惠民路径探讨

1. 扩大政府供给，切实优化富民惠民的政策环境。政府要依法提升公共管理和服务水平，完善规划、产业、制度、服务、环境等要素供给，尽可能降低经济下行压力对居民收入增长的传导效应。一是强化规划引领。依托长江经济带建设中跨江发展、沿海发展的江海联动，带动扬子江城市群等区域联动协同发展，加快苏北地区转型发展、绿色发展。在产业规划中同步做好富民惠民专项规划，实施产业富民工程，加快构建现代产业体系，通过产业扩量提质、转型升级，吸引更多创业、高端创业，承载更多就业、优质就业，不断提升百姓富裕度。二是完善制度供给。统筹、调节和平衡居民、企业、政府“三个口袋”，把居民“口袋”作为发展的底线目标。加快收入分配制度等改革，释放增收红利，在财政税收、优化放管服、金融保险等方面加快制度改革和体制机制创新，为居民增收、惠民服务提供新的政策支撑。针对大学生、城镇失业人员、农民、留学回国人员和科技人员提供专门的就业和创新创业扶持计划。同时，加大创业富民政策落实力度，组织对“富民33条”等富民惠民政策的第三方评估和工作督查落实，努力实现人均可支配收入与经济增长同步。三是优化公共产品和服务。下大力气解决好群众关心的教育、医疗、生态、养老等热点、难点和焦点问题，不断提高群众收入的含金量。完善政府公共服务清单，推进基本公共服务标准化体系建设，建立健全基本公共服务标准动态调整机制。以“互联网+富民惠民”体系建设拓展民生“最后一公里”，利用大数据、云计算等现代信息技术，不断提高富民惠民工作信息化、体验化、共享化发展水平。

2. 创新社会供给，不断激发富民惠民的市场活力。充分发挥市场配置资源的决定性作用，加快构建多样化、多层次的富民惠民平台载体，不断盘活和放大市场资源的增收能力。一是积极打造市场化公共创业服务平台。依托我省高校科研院所、园区、特色小镇，引入市场化机制，构建多主体、多途径、全覆盖的创业服务与支持机制。按照政府支持、社会参与、市场运作原则，建立健全培育对象遴选制度、创业风险评估制度等，为创业对象提供后续跟踪服务。二是培育壮大社会组织。充分发挥社会力量在富民惠民中的作用，培育孵化就业容量大的社会机构，鼓励“草根型”社会组织通过合作运营、连锁经营等形式打造区域性品牌组织；扩大养老、教育、医疗、住房等公共服务面向社会资本开放的领域，积极推进社区公益服务、公共服务和专业服务综合打包，通过政府购买服务的方式委托社会组织承接运作。通过“社会组织+社区”模式，打造基层创业就业服务平台，引导城镇失业、农民工等群体在家政服务、社区养老、商品零售等传统服务业创业增收。三是营造公平公正、更具活力的市场环境。建立健全公平竞争审查制度，切实保障各类市场主体平等使用生产要素、公平参与市场竞争，不断提高市场资源的配置效率。在公益慈善、养老、教育等领域，探索实行“政府+企业法人+社会自然人”的模式，采取“政府监管、业主运营、平等竞争、优胜劣汰”的运作方式，推动形成市场化、可持续、公平公正、良性竞争的投入和运营机制，充分调动广大群众创业致富积极性，努力构建更具活力的创业生态和富民环境。

3. 注重能力供给，全面激活居民增收致富的内在动能。充分激发个体致富潜力潜能，促进各类群体依靠自身努力和智慧创造财富。一是注重提升就业创业技能。以市场需求为驱动力，创新“政策支撑、社会参与，精准扶持，产教融合”的创业就业培训路径，努力提高城乡居民在先进制造业、现代服务业、电子商务等领域就业创业的竞争力。鼓励结合地方和群体实际，探索个性化、精准化培训培养模式，切实解决好群众“不敢创业、不会创业、创不成业”等问题。二是注重富民“带头人”示范引领能力。弘扬苏商精神，创建苏商品牌，培育新一代企业家群体，发挥江苏各类企业家在创造就业岗位、带动增收致富方面的带动引领作用。鼓励以社会化、市场化方式开展富民增收技能大赛、优秀创业案例征集等，选树创新创业的致富典型。组织全省村（社区）党支部书记、主任创业就业能力培训班，着力提升“带头富、带领富、强村（社区）富民”的能力水平，引领和带动村（社区）更多群体增收。三是注重提升贫困地区和群体自我发展能力。根据市场需求和贫困地区的资源禀赋和产业发展实际，积极打造贫困群体参与度高的特色产业基地，大力发展“互联网+农业”，进一步拓展产业功能和市场空间，拓宽贫困群体就业创业渠道。优化完善扶贫开发工作机制，适时提高我省扶贫标准，坚持把贫困集中连片区域和革命老区作为扶贫开发主战场，在政策、产业、技术、信息、培训等富民要素上精准扶贫，以区域发展、特色产业发展带动扶贫攻坚，不断增强贫困群体“自我造血”能力。

课题负责人： 邱志强　省政府办公厅研究员
赵　斌　南京理工大学讲师
课题组成员： 李韬、鲍进、张桂香

借鉴浙江富民经验　补齐江苏居民增收“短板”*

丁　宏

［内容提要］江苏城乡居民收入水平总体居全国前列，但是对标浙江，仍然存在一些不足：与浙江的人均可支配收入差距不断拉大，城乡居民可支配收入占人均 GDP 比重不高，尤其是居民经营性和财产性收入偏低，提升空间大。参照浙江在提高居民经营性和财产性收入方面的主要做法，建议：一要把增加居民经营性、财产性收入作为聚焦富民战略的重点方向；二要加快以富民增收为导向的产业结构调整；三要优化创新创业环境，拓展经营性收入增长空间；四要进一步改善居民投资环境，保护公民财产权；五要深入推进农村改革创新，提高农民经营性和财产性收入。

与全国其他省市相比，江苏居民收入水平并不低，但是长期以来，江苏城乡居民收入占 GDP 的比重偏低，收入增幅与其经济发展水平不相称，尤其是经营性和财产性收入占比较低，提升空间较大。

一　我省居民收入水平结构相比浙江存在的主要不足

1. 城乡居民收入水平居全国前列，但与浙江的差距不断拉大。

* “聚焦富民”决策咨询报告系列之五。

2011 年到 2015 年，江苏居民人均可支配收入名义增速分别为 16.5%、13.2%、10.4%、9.7%、8.7%，2016 年达到 32070 元，首次突破 3 万元大关，居全国第五。然而，与浙江相比，江苏的人均可支配收入仍有一定差距，且呈现不断拉大的态势（见表 1）。

表 1　2013—2016 年苏浙人均可支配收入对比　（单位：元）

	2013 年	2014 年	2015 年	2016 年
江苏人均可支配收入	24776	27173	29539	32070
浙江人均可支配收入	29775	32658	35537	38529
差距	4999	5485	5998	6459

数据来源：历年《江苏统计年鉴》《浙江统计年鉴》。

2. 城乡居民收入落后于经济发展水平，GDP“含金量”不高。江苏城乡居民可支配收入占人均 GDP 比重偏低，与经济发展水平不相称（见表 2）。2015 年，江苏人均可支配收入与人均 GDP 之比为 33.6%，居全国倒数第 2 位，仅高于内蒙古的 31%，明显低于浙江（45.8%）和广东（41.3%）。江苏 GDP 的“含金量”与浙江的差距也在拉大。

表 2　2013—2015 年苏浙人均可支配收入占人均 GDP 比重对比

（单位：元）

	江苏			浙江		
	2013 年	2014 年	2015 年	2013 年	2014 年	2015 年
人均 GDP	75354	81874	87995	68005	73002	77644
人均可支配收入	24776	27173	29539	29775	32658	35537
人均可支配收入与人均 GDP 占比（%）	32.9	33.2	33.6	43.8	44.7	45.8

数据来源：历年《中国统计年鉴》《江苏统计年鉴》《浙江统计年鉴》。

3. 经营性和财产性收入偏低，对收入增长的贡献度不大。2015

年江苏人均可支配收入中，工资性收入和转移性收入占了76.3%，经营性收入和财产性收入仅占23.7%，与浙江相比，江苏在经营性收入与财产性净收入方面差距明显。近年来，浙江个私经济发达，百姓殷实，投资理财意识较强，经营性和财产性收入有较大增幅。

表3　2014—2015年苏浙人均可支配收入构成情况　（单位：元）

	江苏				浙江			
	2014年	占比（%）	2015年	占比（%）	2014年	占比（%）	2015年	占比（%）
人均可支配收入	27173	100	29539	100	35537	100	37080	100
工资性收入	15707	57.8	17188	58.2	19069	53.6	20654	55.7
经营净收入	4421	16.3	4467	15.1	5959	16.8	6182	16.7
财产净收入	2300	8.5	2537	8.6	3586	10.1	4079	11.0
转移净收入	4745	17.4	5348	18.1	4044	11.5	4622	12.5

数据来源：历年《江苏统计年鉴》《浙江统计年鉴》。

二　浙江提高居民经营性和财产性收入的主要经验

1. 完善民生保障政策，降低民生支出。近年来，浙江省出台了一系列增收政策，强调把民生放在更突出的位置，将保障和改善民生工作作为坚守底线的基本着力点，更加注重和保障基本民生，不断完善医疗、教育、养老等福利制度，更加关注低收入群众生活，实现财政转移支付向民生转移，落实各项惠民政策，努力降低民众民生直接支出，相当于间接提高民众收入。

2. 减税减负，为小微企业留出利润空间。浙江民营经济发达、投资环境好，一直是小微企业、科技型企业创业和成长的热土。近年来，浙江省深化税制改革，切实减轻纳税人税收负担，确保“应减尽减、应享尽享、一个不漏”，帮助企业减负增效，使企业能留下更多利润用于改善员工福利待遇。同时，也为民营经济和小微企业营造了更宽松的发展环境。

3. 强化政策支持，推动创业富民。浙江对具备创业条件但缺乏创业资金的在校大学生、城乡劳动者创办企业，可提供不超过30万元的创业担保贷款，在校大学生、就业困难人员、残疾人等重点人群可享受全额贴息。初创人员创业失败的，由创业担保基金提供担保的贷款被认定为不良贷款的，金额在10万元以下的由基金全额代偿，努力为创业者减负。

4. 打造特色小镇，增强“造血功能”。近年来，浙江以“政府主导、名企引领、创业者为主体”的创新模式打造了梦想小镇、基金小镇等一系列知名特色小镇。通过空间打造、环境营造、政策支持、产业集聚，积极引进各类创业孵化平台和中介服务机构，广泛开展丰富多彩的创业活动，着力构建充满激情的创业生态系统，为创新创业者搭建平台，有效增强了浙江城乡居民增收的“造血功能”。

5. 增加农民财产性收入，缩小城乡居民收入差距。2016年，浙江省正式启动实施集体经济薄弱村3年脱困计划。通过资产盘活、资源挖潜、异地购建、联合开发、服务创收等途径，分类推进薄弱村转化。在全国率先全面完成农村集体经济股份制改革，鼓励村级集体经济组织领办土地股份合作社，并引导其利用节余土地及其他可利用的集体所有资源，发展特色产业，推进三产融合发展。目前，浙江95%以上的村完成了村级集体经济股份合作制改造，村民变股民，持续共享发展红利。

三　着力增加我省居民经营性和财产性收入的若干建议

1. 把增加居民经营性、财产性收入作为聚焦富民战略的重点方向。经营性收入和财产性收入是江苏省富民的“短板”，也是潜力所在。建议把着力增加居民经营性和财产性收入放在我省聚焦富民战略中更加突出的位置，明确“十三五”期间城乡居民经营性和财产性收入增长的比例目标和实现路径，以促进共同富裕为鲜明导向，坚持富民增收与经济发展同步、劳动报酬增长与劳动生产率提高相协调、总量增长与结构优化并重、市场调节与政府调控相结合，加大有针对性的政策扶持力度，使更多低收入者和中低收入者成为中等收入群体，确保到2020年收入翻番。

2. 加快以富民增收为导向的产业结构调整。把富民增收与加快经济转型升级和产业结构调整更好地结合起来，在保持江苏经济较快稳定增长的基础上，积极培育战略性新兴产业和先进制造业，把发展信息产业、新材料、新能源、生物医药等战略性新兴产业作为吸引高素质人员就业和增收的重要渠道。加快传统产业改造，提高劳动生产率，减少低端用工，大力支持民营经济和中小企业发展，振兴实体经济信心。大力发展现代服务业，积极培育信息服务、电子商务、现代物流、融资租赁等新型服务业，加快发展幸福产业，努力实现更高质量的就业。

3. 优化创新创业环境，拓展经营性收入增长空间。发挥市场配置资源的决定性作用，加强各类要素的协同联动，进一步降低创新创业成本，清除创新创业壁垒，在更大范围、更高层次、更深程度上推进大众创业、万众创新，吸引更多的海内外人才到江苏创业。建立更加有力的激励机制，提升创新创业参与率，加强创新创业支撑体系建设，推进简政放权改革，为市场主体释放更大空间，推动“草根经济”发展。利用互联网技术改造提升传统产业，大力发展新经济新业态新模式。支持大学生、科技人员、留学归国人员、返乡创业人员等重点群体“双创”致富。

4. 进一步改善居民投资环境，保护公民财产权。要加强税收扶持，鼓励投资创业，着力提高居民股权红利收入，支持居民财产向资本转变。推动金融创新，积极发展地方资本市场，鼓励创造更多支持实体经济发展、收益稳定、风险适度、使民众分享增值收益的金融理财产品。鼓励支持企业发行短期融资券、中期票据、企业债券、中小企业集合票据等直接融资工具，规范民间金融运行，满足居民日益增长的财富管理需求。发展更加健康有序的房地产市场，持续优化土地和商品住房供应结构，确保房价保持在合理区间，大力发展房屋租赁市场，为居民创造更多的财产性收入。

5. 深入推进农村改革创新，提高农民经营性和财产性收入。加快提高农村家庭经营水平，积极发展新型农村家庭工业，推动更多农民自主创业。深化农村土地制度改革，切实保障农民对承包地行使占有、使用、收益、流转及承包经营权抵押、担保、入股等权利。积极创新村集体经营性资产增长机制，完善普惠当地居民的分配机制。采取公开拍卖、租赁、承包经营、股份合作等多种方式，盘活村集体闲置或低效使用的集体资产。加强村民公开监督，完善乡镇企业内部审计制度，切实保障村民股份性财产收入的合法权益。

课题负责人：丁宏　江苏省社会科学院区域现代化研究院副院长、研究员
课题组成员：苗国　江苏省社会科学院区域现代化研究院助理研究员

苏北六大片区扶贫开发的路径研究*

朱　舜

［内容提要］苏北六大片区“十二五”扶贫攻坚后成效显著，但仍显现出相对贫困片区特点，面临相对贫困“脱帽”的突出问题，主要表现为开发协同难度大、发展缓慢、农户增收困难等，存在机制缺乏、增效困难、流通渠道散乱、因故致贫等。因此，要着力推动扶贫开发片区协同，推动能带动农户增收的现代农业和集镇经济发展，发挥政府资金和金融资本的推动力作用，提升扶贫开发产业项目效益，构建“好产品、大品牌”农产品流通体制，解决低收入农户因病、残、学、灾致贫问题，深化五方挂钩帮扶机制，推动丰县湖西片区相对贫困“脱帽”，确保片区农民年收入达到6000元以上。

绝对贫困“脱帽”重点是生存问题，相对贫困“脱帽”重点是奔小康，苏北六大片区扶贫攻坚的任务依然繁重。

一　苏北六大片区相对贫困的突出问题

1. 相对贫困片区呈现出开发协同难度大、发展缓慢、农户增收困难等特点。一是行政区域经济边缘区的扶贫开发协同难度大。苏北六大片区行政区域经济边缘区（3个省域、3个市域、5个县域经济边缘

---

* “聚焦富民”决策咨询报告系列之六。

区），有3个片区跨2个地级市，1个片区跨5县区，4个片区跨2—3个县，但行政区域经济边缘区扶贫开发政府协同机制缺失。二是临湖（库、渠）经济边缘区发展缓慢。4个临湖（库、渠）经济边缘区，除成子湖片区外，农民人均耕地仅1.15—1.28亩，低于苏北农民人均量；石梁河水库片区亩均粮食仅0.45吨，湖（库、渠）区基础设施薄弱，传统农业收益增长缓慢，低收入农民脱贫困难多，且抗因病、残、学、灾致贫风险能力弱。三是现代农业龙头企业带动片区农户增收空间扩张乏力。成子湖、西南岗耕地面积人均超过2亩，粮食亩产达到500公斤以上，但沿用传统农业生产方式的农户增收仍然困难。

2. 相对贫困片区扶贫开发存在机制缺乏、增效困难、流通渠道散乱、因故致贫等突出问题。一是现代农业发展缺失长效机制。如成子湖片区乡村因缺失长效机制，现代农业比重小，亩纯收入低于其周边乡村200元。二是引导金融机构增加扶贫开发贷款缺失引导机制。如成子湖片区高渡镇周岗嘴村的杨兰中办起山羊养殖合作社，因贷款受限使养殖合作社规模扩大不能如期推进。三是扶贫开发产业项目增效难度大。较多青壮年农民到外地务工，“空心村”缺少“务农能人”，一些帮扶项目因缺人增效困难，导致其带动作用未能发挥。四是农产品流通渠道散乱。有区域影响力的农产品流通合作社和农产品流通渠道较少，农村电子商务缺失有影响力的农产品区域品牌，如浙西南“丽水山耕”那样的电商品牌。五是因故致贫低收入农户多。2016年仅涟水县19个村因病致贫885户，因残致贫143户，因灾致贫14户。集体经济薄弱，尤其是176个省定经济薄弱村，对低收入农户因病、残、学、灾致贫的帮扶能力弱。六是五方挂钩帮扶缺乏协同机制。五方挂钩帮扶工作与村两委班子建设缺乏协同机制，帮扶村两委班子发展产业能力的工作乏力。

二 促进苏北六大片区相对贫困“脱帽”的路径探索

苏北六大片区坚决打赢相对贫困“脱帽”攻坚战，要在原有“4

个坚持”即坚持区域发展和扶贫开发相结合、坚持开发式扶贫和救助式扶贫相结合、坚持市场机制和政府主导相结合、坚持外部支持和内生发展相结合的基础上，做到坚持政府投入和金融机构贷款相结合、坚持发展村集体现代农业项目与帮扶农户承包经营相结合，着力做好相对贫困片区“脱帽”江苏特色路径的8个方面工作，确保片区农民年收入达到6000元以上。

1. 着力推动扶贫开发片区协同。片区扶贫有不同于分散农户扶贫的特点，应着力构建行政区域经济边缘区扶贫开发协同机制。强化规划引导作用，依据行政区域经济边缘区特点制定扶贫开发片区协同规划，尤其是制定依赖自然资源的片区农业开发协同规划。整合政府扶贫开发合力，提高临湖（库、渠）经济边缘区扶贫开发项目效益，着力扶贫扶志，提高建档立卡低收入农民致富能力。

2. 着力推动能带动农户增收的现代农业和集镇经济发展。推广成子湖片区的泗阳县实施“片区与镇合一”的管理体制，通过特色种养殖，建设成子湖生态农业示范区和10万亩现代生态循环农业基地的成功经验，构建现代农业发展长效机制，充分利用本地资源优势发展特色产业；引导第二、第三产业项目空间集聚，通过促进集镇经济发展增加“家门口”非农就业岗位，着力解决剩余劳动力增收难题。

3. 着力发挥政府资金和金融资本的推动力作用。构建政府资金和金融机构资本的片区投入机制，发挥其扶贫攻坚生力军作用。一是构建政府扶贫开发投入机制，增强政府投入引导和撬动作用。已有的财政扶贫项目投入只增不减，争取将省、市、县政府土地出让收益的8%列入政府投入新增资金来源。二是构建金融扶贫开发“造血”机制。省人民银行协同苏北5市中心支行组织商业银行构建加强“三农”金融扶持服务，大幅增加扶贫开发产业发展贷款机制。建议将“十三五”省级财政苏北六大片区扶贫资金60亿元的50%用于建立引导商业银行扶贫开发产业贷款风险基金，起到杠杆作用，引导商业银行向片区产业项目年均贷款1000亿元（约占2015年苏北住户存款

12%），增强产业发展资本推力。

4. 着力提升扶贫开发产业项目效益。优先支持科技扶贫产业项目落地，引导村集体和家庭农场增加农业产业项目的科技投入，提升扶贫开发产业项目效益；引导农地使用权向农业大户、家庭农场和专业合作社流转，扶持特色农业项目规模发展；支持村集体提高现代农业项目效益，以集体经济实力提升实现省定经济薄弱村新“八有”目标。

5. 着力构建“好产品、大品牌”农产品流通体制。借鉴山东寿光农产品流通和浙江丽水农村电子商务的“量大价高”农产品销售模式及经验，促进农产品大流通，引导乡村电子商务与物流快递协同发展；省政策性银行和开发性金融机构加大对品牌村电商平台发展扶持力度；财政扶持构建应对“农产品价格大起大落”“谷贱伤农”的农产品流通新体制；整合区域生产、流通资源，政府协同培育苏北农产品流通大品牌。

6. 着力解决低收入农户因病、残、学、灾致贫问题。多方合力建立低收入农户救助和扶贫社会保障：构建财政资金扶持、金融机构保险、社会捐助的救助机制，筹措低收入农户救助经费；建立统筹多方力量的贫困“兜底”体制，对低收入农户“兜底”扶贫。

7. 着力深化五方挂钩帮扶机制。协同五方挂钩帮扶机制推动力。推广泗阳县在成子湖片区实行的“区镇合一”扶贫开发机制，并依据区情组建党工委、管委会，统筹协调“区镇合一”扶贫开发。完善挂钩结对帮扶干部管理机制，建设好村级领导班子，把有经济头脑、善于为百姓办事的乡村能人选拔进村两委班子；每村配备驻村扶贫干部（村第一书记、大学生村官）。完善五方挂钩帮扶单位“出资派人”绩效考核机制和协同机制。

8. 着力推动丰县湖西片区相对贫困“脱帽”。湖西片区是“十三五”新增相对贫困片区，在缺少“十二五”扶贫投入和人均1.28亩（2015年亩均产粮510公斤、人均产粮650公斤）耕地上进行传统农业生产是不可能脱贫的。对于位列全省县域经济末位的丰县应坚持问题导向精准施策：加大政府对基础设施建设项目的投入力度，省财政出资建立湖西片区贷款风险基金，引导商业银行向扶贫开发产业项目增发贷款；扶持村集体发展现代农业，拓宽集体经济增收来源；着力推进低收入农户设施大棚、畜禽养殖等特色农业标准化生产，提升其科技含量、规模效益和品牌效应；规划发展1—2个中心镇（经济开发区），引导第二、第三产业项目向中心镇经济开发区集聚，通过增加非农就业岗位增加农民收入。

（作者朱舜，江苏师范大学苏北三农研究中心主任、教授）

推进宿迁精准扶贫的瓶颈制约与路径选择*

陈法玉

[内容提要] 报告通过对宿迁精准扶贫工作的调研，提出当前农村薄弱地区存在的贫困现象是多种因素叠加的结果，主要是工业化快速发展对偏远地区的边缘化效应，因病因残等导致收入能力下降，现代农业和市场机制对传统农业生产的冲击以及基层组织在发展和保障能力上的欠缺等原因。而当前的扶贫工作存在着识别覆盖面不足，帮扶方式和内容不适应，对低收入农户经济行为的认知存在偏差，扶贫资金的使用效率有待进一步提高以及社会组织参与不足等问题。建议除继续完善识别建档、分类帮扶机制，强化扶贫工作队伍建设外，一是降低农户直接参与现代农业发展的门槛，着力提升贫困农民获取收入的能力；二是加强扶贫资金风险防控，提高扶贫资金使用效率；三是发展村级集体经济，提高基层组织公共服务能力；四是凝聚社会扶贫合力，健全社会组织参与机制。

一　从宿迁看我省农村贫困地区的主要致贫因素

任何贫困现象都不是单一存在的，往往是诸多因素综合叠加的结果。贫困现象之所以发生，其背后也往往有一套使这些因素得以形成

* “聚焦富民”决策咨询报告系列之七。

的机制。

1. 工业化资源汲取的边缘化效应。现代化的发展经验表明，在工业化发展过程中，工业经济的效率和资源汲取能力远远超过农业经济，农村的劳动力、土地及资本农业生产三要素流出，并进而导致农业的衰败。因此，对于距离中心城镇较远且资源禀赋较差的偏远农村地区而言，无法较好接受工业经济辐射，进一步恶化了农村发展环境，产生并加剧了农村贫困。从宿迁市来看，三大贫困片区的17个乡镇，距离中心城市最近25公里，最远40公里以上。产业结构以单一传统农业为主，工业经济薄弱，抵御市场风险和自然灾害能力不强，“空心村”情况普遍，进一步弱化了农村的内生发展动力。

2. 自身能力贫困的因素。贫困的根本原因在于获取收入能力的“贫困”。目前，宿迁贫困人口的三大致贫因素是因病、因残和教育。以宿迁泗洪县为例，在全县低收入人口的致贫原因中，因病致贫的占比50.54%，因残致贫的占比18.01%，因学致贫的占比4.92%，因灾致贫的占比3.21%，四者合计占比高达76.68%。这些情况导致的贫困，突显了农民在获取收入能力上的欠缺。对于已经习惯了传统农业生产方式的农民而言，他们的文化水平通常不高，很少有机会接触新鲜事物，既缺乏获取现代农业信息技术的渠道，又缺乏足够的资金。自身抗风险能力差，不能承担因采用新技术失败带来的进一步损失，所以现实中会经常遇到贫困户对农业新技术或农产品新品种的抵制。

3. 现代农业发展与市场机制作用。农业在市场经济体系中天然处于弱势，所以农业现代化也必须依靠政府的倾斜扶持和有效干预。当前，各级政府普遍使用的“项目扶持”政策措施，通常有规模化的硬性要求。例如，2012年江苏省高效设施农业补助申报中，对设施园艺基地要求规模集中连片100亩以上，对规模畜禽基地规模要求生猪年出栏1万头以上，即使是多个养殖场共同申报，对单个也要求500头以上，等等。最终直接参与其中的往往是专业大户和工商资本，普通农户只能以务工的方式间接参与。

4. 基层组织与制度薄弱化因素。目前农村基层组织普遍“事权”大于“财权”，贫困片区的村集体经济和产业基础普遍薄弱单一。宿迁市188个经济薄弱村村均集体收入8.9万元，低于全市平均水平29.1万元，主要进行稻麦两季轮种，缺乏特色主导产业，难以对贫困户的经济发展起到拉动作用。经济薄弱村不仅集体经济发展滞后，而且普遍矛盾复杂，组织涣散，对有能力能干事的中青年干部缺乏吸引力，存在“能者看不上、弱者干不了”的现象。

二　目前精准扶贫实施中的主要问题

1. 贫困农户精准识别的准确度有待进一步提高。由于缺乏所有农户可靠的消费支出和收入数据，地方政府无法根据收入和消费支出识别贫困人口，而是在总指标控制下，主要采取民主评议的方式进行识别和建档立卡。从宿迁的实践看，贫困人口面广量大，识别工作主要由村一级来完成。因为没有可靠的收入统计，尽管有明确的贫困线标准，村两委也没有办法按收入来识别贫困人口，一定程度上还存在着底数不清等问题。

2. 扶贫帮扶的内容和方式有待进一步改进。目前“任务式”扶贫多侧重于资金补助和道路、桥梁等基础设施建设，真正通过创造就业岗位、提高就业技能的“造血式”扶贫相对较少。扶贫工作的流动性导致普遍存在方式单一、简单粗放，扶贫的针对性不强，多数结对帮扶工作人员习惯采用慰问、发放补贴的方式，扶贫实效不高。

3. 对低收入农户经济行为的认知存在偏差。目前在扶贫工作中，多数期望针对贫困人口的能力和素质弱点进行补强，缺乏对低收入农户的经济行为的理性认识。项目扶贫要充分考虑当前农户家庭经营的小规模农业依然有其独特的优点，比如经营灵活、不计劳动报酬、监督成本低等。

4. 扶贫资金的使用效率有待进一步提高。在扶贫实践中，绝大多数扶贫资金都投向了能够促进农户直接生产与创收的相关领域，有些地方以入股的方式将扶贫资金投向生产性的农民专业合作社。这样既不能有效发挥项目资金的扶贫作用，又无法避开农业生产“小生产、大市场”的风险问题，使扶贫效果大打折扣。

5. 社会组织在扶贫开发中参与不足。目前，参与宿迁扶贫开发的各类社会力量，包括社会团体、基金会、民办非企业单位等在内的各类社会组织，在扶贫中发挥的作用还不明显。

三　强化精准扶贫的对策建议

从当前宿迁市扶贫开发的实践来看，已经从消除绝对贫困转向缓解相对贫困、高水平推进全面小康建设的新阶段，面临十分艰巨而繁重的任务。除了继续完善识别建档、分类帮扶机制，强化扶贫工作队伍建设外，特别要重视抓好以下几点：

1. 充分认识小规模农业的现实意义，降低农户直接参与现代农业发展的门槛，着力提升贫困农民获取收入的能力。地方政府在扶贫帮扶中，应充分认识以农户为基本单位的小规模农业所具有的先天优势，以此为基础调整和构建现代农业发展的新思路，将贫困农户纳入现代农业产业链中，降低农户参与现代农业发展的门槛。一方面，将具有发展现代农业需求的农户组织起来，以成立专业合作社或土地股份合作社，或者以村集体经济组织的名义建设现代农业设施，然后以此为载体，分包给农户经营，充分发挥合作组织在统一经营层次上的组织、协调等职能。另一方面，调整现代农业奖补政策，根据不同类型农业对劳动力需求的不同，以及农户自身资本实力现状，确定进行奖补的适度规模，从而降低农户参与现代农业的规模要求。特别是那些劳动密集型农业产业，更应该鼓励和引导农户作为设施农业的投资主体参与其中，从而增加有保障的收入。

2. 加强扶贫资金风险防控，提高扶贫资金使用效率。一是突出

"一户一策"，用好到户奖补资金。对农户自主经营项目，要在现有经验的基础上，继续鼓励用扶贫资金购买山羊、树苗等"造血式"扶贫物资，发展适合家庭经营的小规模种养结合项目。对农户入股或合作经营项目，要将资金投向能够促进农户直接生产与创收相关的领域。二是优先发展物业经济，用好村集体发展引导资金。物业经济因有助于集体资产的快速形成和集体资产保值增值，经济风险相对较低，便于运营和管理，有助于形成稳定的收入来源，应成为经济薄弱村集体经济发展的优先选项。三是对扶贫资金进行全过程监管，提高扶贫资金使用效率。统一扶贫项目申报、审批，避免重复立项、立项不实、选项不当等情况的发生。对投向个人或大户领办的专业生产合作社项目进行严格审查，最大限度降低资金风险。

3. 发展村级集体经济，提高基层组织公共服务能力。一是加强村集体经济经营管理人才的发掘和培养力度。在项目扶持集体经济薄弱村发展集体经济的过程中，优先从村干部中进行发掘，使相关人员全程参与项目申报、立项、落地等各个环节的工作，在干中学中逐渐培养和锻炼经营管理能力。二是建立集体经济帮扶项目的长效监管和扶持机制。在加大集体经济帮扶力度的同时，建立一套集体经济帮扶项目的长效监管和扶持机制，尤其是项目完成之后的监管和扶持工作，更需要制度化和长期化。三是增强村组织在村庄公共事务管理力和公共服务供给方面的能力，提供生产生活性公共服务，如修路、发放补贴、开展关爱留守儿童和留守老人等活动。村级组织在探索集体经济多元发展道路时，要尽量避免直接涉足生产领域。要认识到，土地股份合作、农业生产经营合作等形式所展现的愿景虽然美好，但大多数经济薄弱村目前尚不具备实施条件。

4. 凝聚社会扶贫合力，健全社会组织参与机制。一方面，民政部门出台具体实施方案，明确社会组织参与扶贫的具体方式和渠道，进一步动员、支持和鼓励社会组织参与精准扶贫，探索建立社会组织参与扶贫开发共赢机制，实现可持续扶贫。政府有关部门要加强对社会组织在参与扶贫开发的指导，引导、支持其更多地针对造成贫困的根源采取行动。

课题负责人： 陈法玉　宿迁市社科联副主席
课题组成员： 杨殿闯、朱卫东、王云、黄好、夏长宝

农村土地"三权分置"与农民增收*

冯淑怡

［内容提要］对江苏省 11 个市 128 个村 1156 个农户调查数据的分析表明，当前农村土地"三权分置"下土地经营权流转对农户的增收作用只得到部分发挥：土地经营权流转有效促进了转入户农业收入和总收入的增长，但并未起到提高转出户非农收入和总收入的作用；土地经营权流转对总收入低且仍以农业收入为主的转入户的增收效果更为显著。基于此，要充分发挥农村土地"三权分置"对农民的增收作用，需要重点抓好以下方面：一是健全农村土地流转中介服务体系，降低土地流转交易费用；二是尊重农户土地流转自主权，警惕"资本下乡"与民争利；三是完善农村劳动力市场，提高农户非农职业技能。

课题组基于对江苏省 11 个市 128 个村 1156 个农户的调查，对土地经营权流转对农户整体以及不同收入组农户的增收效果进行综合分析，在此基础上提出若干建议。

一 "三权分置"下土地经营权流转与农户收入的现状与特征

1. 农地流转市场较为活跃，且流转规模化特征明显。江苏省农

* "聚焦富民"决策咨询报告系列之八。

地流转市场较为活跃，近半数被调查农户参与了土地经营权流转，而且农地流转的规模化特征明显。据调查，参与土地经营权流转的农户有492户，占总户数的42.6%，其中转入土地的农户比例为25.2%，转出土地的农户比例为17.4%。而且，转出土地的201户农户中，60.7%的转出户将土地流转给了种植大户、家庭农场、农民合作社、农业企业等规模经营主体，促进了农地的规模化流转。

2. 农村当地非农就业比例较高，非农收入成为农户增收的关键。江苏省农村劳动力整体非农就业较为普遍，86.2%的被调查农户参与了非农就业，其中转出土地、未参与流转和转入土地的农户中分别有85.4%、87.0%和87.1%实现了非农就业，且选择当地非农就业的农户比例明显高于外出务工的。非农收入已成为江苏省农户收入增加的主要来源，在被调查的农户中，非农收入占总收入的比重为86.2%，且农户收入水平越高，其收入能否提高越取决于非农收入有无增长。随着收入水平提高，农户的非农收入占比由20.0%增至89.2%，且除低收入组外的其他收入分组农户的非农收入占比都超过60%，表明绝大部分农户能否增收的关键在于非农收入有无提高。

3. 转入土地农户的经营规模明显扩大，且其收入显著提高。农户转入土地后扩大了土地经营规模，促进了土地经营权的优化配置，提高了农业收入和总收入。据调查数据，转入土地的农户平均实际经营耕地面积为15.0亩/户，相对家庭承包耕地面积（5.5亩/户）扩大了近2倍。而且，转入土地农户的年户均农业收入为17359元，是未参与流转农户的2倍（8065元）；转入土地农户的年户均总收入（80154元）也显著高于未参与流转的农户（71709元）。

4. 转出土地农户的非农收入未能显著提升，总收入增长有限。与未参与流转的农户（63074元）相比，转出土地农户的年户均非农收入（71403元）虽有所提升，但统计上的组间差异并不显著。而且，转出土地农户的年户均农业收入（5551元）相较于未参与流转的农户（8065元）显著降低。但是，由于转出土地农户的非农收入占总收入的比重达到92.2%，其年户均总收入（77452元）稍高于未参与流转的农户。

二 “三权分置”下土地经营权流转对农户的增收效果分析

1. 转入土地农户实现了农业收入和总收入的增长。从农户整体看，土地经营权转入对农户的农业收入和总收入增收效果显著。与未参与流转的农户相比，转入户通过转入土地不仅扩大了经营规模，还降低了耕地细碎化程度（块均耕地面积由转入前的1.4亩增加为转入后的2.1亩），从而实现了规模效益，提升了农业收入。这种增收效果在中等收入的农户家庭中体现得较为明显，而且原来收入水平越低的转入户增收效果越显著。

2. 转出土地农户未能增加非农收入，且总收入不增反降。与未参与流转的农户相比，转出户的非农收入没有显著差异，但农业收入显著降低，导致其总收入偏低。可能有两方面原因：一是江苏省农户整体非农就业较为普遍，其中转出土地的农户有85.4%参与了非农就业，而未参与流转的农户也有87.0%实现非农就业，所以两者之间的非农收入差异不显著；二是部分地方政府为了发展规模经营而主导和推动农地集中流转，使得农业生产能力高或非农就业能力弱的农户被动员转出土地（如调查发现，将土地转给规模经营主体的转出户中，有34.5%转出土地并非自己所愿）。前者转出土地后因种植收入损失大导致农业收入降低，而后者转出土地后因难以实现劳动力非农转移而未能增加非农收入，最终导致总收入不增反降。

综合来看，江苏省“三权分置”下土地经营权流转对农户的增收效果只得到部分实现。土地经营权流转有效促进了转入户农业收入和总收入的增长，但并未起到提高转出户非农收入和总收入的作用。

三　促进“三权分置”下土地经营权流转发挥增收作用的对策建议

1. 健全农村土地流转中介服务体系，降低土地流转交易费用。土地经营权流转对（尤其是低收入）转入户的增收效果显著，因此应该建立健全农村土地流转中介服务体系，降低农户参与土地流转可能面临的交易费用，提高农户转入土地的收益预期，进而扩大从转入土地获益和增收的农户群体。结合江苏实际，建议建立以村集体经济组织为主的农地流转中介服务体系，充分发挥村集体经济组织在农地供给方和需求方之间的媒介和桥梁作用。通过村集体经济组织提供土地流转信息发布、项目推介、协调关系等服务工作，节约农地流转的交易成本，提高农户的流转收益，进而扩大和增强土地经营权流转的增收效果。

2. 尊重农户土地流转自主权，警惕“资本下乡”与民争利。地方政府基于各种利益考虑（如加快发展现代农业），可能主导和推动农地集中流转，并且引入工商资本下乡经营农业。一方面，不具有非农就业优势的农户被动员转出土地，损失农业种植收入的同时又难以实现非农就业，最终增收困难；另一方面，农业生产能力高的农户不具有下乡工商企业的资本优势，能够承受的土地租金更低，进而可能被排挤在农地流转市场之外而难以扩大规模和增加收入，甚至被动员转出土地而遭受更大的损失。因此，需充分尊重农户在流转中的意愿和主体地位，应由农户自主决定承包地是否流转、流转给谁、价格如何确定、形式如何选择；同时，建立严格的工商企业租赁农户承包土地的准入制度，并且加强对进入农业生产领域的涉农企业和工商资本的跟踪监管，防止工商资本和基层权力联合起来与民争利，使得处于弱势地位的农户遭受权益损失。

3. 完善农村劳动力市场，提高农户非农职业技能。目前土地经营权流转未能充分发挥促进农村劳动力释放和农户非农收入增长的作用，考虑到非农收入仍是农户增收的关键，因此如何提高农户的非农收入将是江苏政府制定富民政策时亟待破解的问题。结合调查实际（农村劳动力非农就业已经较为普遍），政府继续完善农村劳动力市场，不仅要考虑农村剩余劳动力的非农转移数量，更要关注农村劳动力的非农就业质量，如非农就业是否稳定和非农收入高低。在引导农村剩余劳动力非农转移的过程中，政府应根据非农就业岗位的实际要求，定期向农业转移人口提供各种非农职业教育和技能培训，提高农户的非农职业技术素质和非农工作能力，增加农户的非农就业机会和收入来源，提高农户的非农工资水平，进而为农地流转和农户增收创造条件。

（作者冯淑怡，南京农业大学教授、博士、青年长江学者）

加强对返乡、下乡人员创业引导扶持的对策建议*

刘爱军

[**内容提要**] 当前江苏的富民政策以及为促进返乡、下乡人员创业而制定的一系列意见，贴近民心，符合现实需要。然而，在推进政策落地、实现创业富民的过程中，各地仍存在难以规避的现实障碍，如创业想法简单、模式粗糙，财税金融制度不匹配，创业孵化制度不完善，缺乏农民工创业风险保护机制，创业扶持、引导政策落实不到位等问题。为此建议：一是打造创新创业公共服务平台，在基层建立下乡、返乡创业工作服务站；二是加强返乡创业制度建设，扩大地方的制度创新权限；三是改进金融扶持政策，让农村创业享有与城市小微企业创业同等的待遇；四是建立风险防范机制，发展创业风险投资，实行跟踪式管理服务。

近年来，我省先后出台《关于支持农民工等人员返乡创业的意见》《关于促进返乡、下乡人员创业促进一二三产业融合的意见》，加大对返乡创业扶持力度，激发各类人员返乡创业的热情和积极性，在推动大学生、进城务工人员等返乡创业方面起到积极作用。

---

* “聚焦富民”决策咨询报告系列之九。

一 返乡、下乡人员创业存在的主要问题障碍

1. 创业想法简单、模式粗糙。一是返乡人员往往局限于当前的产业项目和自己擅长的产业，单纯在农业上做文章，满足于传统型农业，对农业的多功能性、价值链没有深度开发，而且有跟风的现象。二是创业类型简单，缺乏特色，不敢突破，多数农民创业纯粹走粗放路线，不注重外在包装，没有品牌意识，对于三产服务涉足少。三是很多创业项目缺乏论证，在初期缺乏深入分析，缺乏长远规划，盲目投资，造成资源浪费、成功率低。四是对于返乡、下乡者来说，能够回到县城创业的很少，除非是中等规模的企业，多数创业地点位于村镇。由于村镇掌握的资源少，很难获得建设用地指标，难以满足返乡、下乡人员创业需要。

2. 财税金融制度的不匹配。返乡、下乡创业多是创办小微企业，而小微企业融资一直困难。一是自有资金不足。早期返乡创业者多数只能以自有资金为创业的起点，流动资金不足是很多创业者需要跨越的"门槛"。很多创业者前期资金可能相对充裕，但后期容易资金链断裂，融资困难，导致创业失败。二是地方政府扶持弱。地方政府往往将目光集于大中型企业，忽视了小微企业的脱贫带动作用，把绝大多数的扶持资金用在了大中型企业的招引上。三是银行贷款困难。由于银行对农民创业信用评价相对较低，对小微企业贷款条件要求相对较高，程序相对复杂，因此小微企业很难从银行拿到小额贷款资金或贷款金额少、贷款时间较长。

3. 创业孵化制度不完善。一是返乡、下乡创业孵化制度并没有完全建立起来，镇村建起的工业功能区，配套条件差，乡镇管理服务跟不上，地位十分尴尬。有的园区只有几家企业，大片土地空置，而且缺乏后续扶持政策。二是在绝大多数地区，政府虽然提倡和鼓励创业，但由于资金有限，创业孵化园要么相对较小，要么与创业者所需不匹配。三是有些地区虽然建立了创业孵化园，但是入园要求相对较

高，多是提供给一些高科技产业、大学生创业等使用，对于农民工入园基本是拒之门外。

4. 缺乏农民工创业风险保护机制。不少有创业意愿的农民工因害怕失败最终放弃创业，也有部分农民工在创业过程中因出现风险最终导致企业破产。农村创业者购买保险的意识淡薄，不少人舍不得花钱购买保险，一旦出现风险损失巨大。农民对政策了解不够，在创业过程中遇到困难得不到及时有效的解决，导致创业风险增加。

5. 创业扶持、引导政策落实不到位。一是用地政策方面，为解决返乡农民工创业用地问题，政策对创业初期用地及创业中后期用地都有相关规定，要求国土及规划等部门在制定城乡发展规划、新农村建设规划时将下乡、返乡创业用地纳入规划中。但在实际操作时，这些规划中的用地却留作他用。对有些创业成功的项目，因生产规模扩大而需要用地时，有关部门缺少项目落地前的积极性。二是手续办理方面，往往程序比较复杂，而且需要缴纳多项办理费用，最终导致一些创业者铤而走险，无证经营、"闭门生产"。

二　加强返乡、下乡人员创业引导扶持的政策建议

1. 打造创新创业公共服务平台。在基层建立下乡、返乡创业工作服务站，将村镇设立的返乡创业政策一并纳入对外服务平台，县乡推行"一站式"服务制度，实现公开化、透明化和规范化的管理。允许村镇制定有助于地方产业发展的返乡创业政策，可根据返乡、下乡创业所处的不同阶段、规模和行业，给予不同的资金和政策扶持，支持返乡、下乡人员"做多、做大、做强"。依托国家现代农业示范区、省级现代农业产业园区、农产品加工集中区等各类园区，搭建休闲观光农业、农村电子商务、农业产业化等发展平台，整合一批具有区域特色和产业特色创业创新基地，为返乡、下乡人员创业提供有针对性的创业辅导、政策咨询等服务，引导返乡、下乡人员优先到这些平台集聚发展。引导创业人员在生产生活服务、农产品加工、品牌创

建、网上营销、创意休闲等方面创业，按照全产业链、全价值链现代产业组织方式开展创业。

2. 加强返乡创业制度建设。一是完善返乡创业政策，面向广大创客，开放农村创业的共享资源，加大对返乡创业者的扶持力度，建立不同创业类型帮扶机制，实现以工补农、以城补乡，多角度扶持农村创业就业。二是扩大地方的制度创新权限，实行给予特定群体、特定领域、特定项目优惠的农村创业政策，如针对大学生进农村办电商等，构建一套切合地方实际的返乡创业制度体系。三是建立返乡创业转移支付制度。建议由省级层面统筹，根据小城镇的人口规模与经济基础，提高上缴的地方税收返还比例，用于支持一些经济强镇发展。四是加大就业培训和政策宣传力度。定期举办政策解读和辅导培训班、讲座、论坛等，向返乡创业者提供汇编扶持指南、创业创新指引、申报指南等手册。充分利用微信、短信、微博、创业微电影、公益广告等开展政策宣传。

3. 改进金融扶持政策。一是金融机构要拓展产品品种，加强营销力度。主动调查走访返乡、下乡创业者，了解其需求，并根据实际情况推出适合农民工返乡创业的金融产品。二是建立健全返乡创业农民工的授信评级制度。评级制度不能“一刀切”，应适当降低贷款门槛，延长贷款年限，并考虑建立扶持创业的定向金融制度。农村创业可以享有城市小微企业创业的同等金融优惠政策待遇，建立地方小额贷款与返乡创业者定向贷款制度。三是探索试点农村宅基地进入市场，向银行抵押贷款。推广小企业联保小额贷款，有条件的地方由财政提供担保贴息。同时，贷款流程“去繁就简”，简化审批程序和贷款手续。

4. 建立风险防范机制。一是大力发展创业风险投资。鼓励市县设立返乡创业投资引导基金，省级引导资金可按一定比例参股。鼓励返乡、下乡创业创新人员在创业地按有关规定参保，对初始创业失败后生活困难的可按规定享受救助；同时可以考虑政府对创业项目进行保险补贴，鼓励返乡、下乡创业企业投保，从而减少风险。二是建立项目审查报备制度，对于申请创业者进行逐一报备，对创业者和创业项目进行详细审核，实行跟踪管理服务，了解创业进展情况，出现问题及时帮助解决，提高创业成功率。

（作者刘爱军，南京农业大学经济管理学院副教授）

加快推进江苏新生代农民工就业转型*

张宏如　彭　伟　李　群

［**内容提要**］新生代农民工是江苏省“聚焦富民”战略的重要群体，其就业转型是江苏产业升级与推进人的城镇化都亟须解决的共同课题。江苏省新生代农民工比例已经接近农民工总数的50%，且就近就业的比重超过外出务工，就业范围集中在劳动密集型行业，近几年的工资收入增速下降。因此，要大力促进其由被动就业向主动创业、从劳动密集向技术密集、从城市务工向新市民转化。为此，需要进一步完善基于终身成长需求的现代职业教育体系；构建以教育机构为基础，企业主导服务、政府统筹服务、社会各界广泛参与的四层次供给动力新机制；建立就业创业素质提升的服务支撑体系。

一　江苏新生代农民工群体情况

江苏省统计局公布的全省农民工监测调查显示，2015 年，全省农民工数量为 1807 万人，占同期全国 27747 万农民工总量的 6.5%，其中新生代农民工 900 万左右。这表明，作为制造业大省，江苏为本省和外地农民工提供了较为充分的就业机会。

1. 就近就业人数比例高。在就业地点选择上，江苏农民工中选择家门口就业的人数超过外出就业的人数，分别占比 53.6% 与

* “聚焦富民”决策咨询报告系列之十。

46.4%。这和全国情况存在差异，2015年全国二者占比分别为60.8%和39.2%。

2. 就业主要集中在劳动密集型行业。受到文化程度低、职业技能水平差等因素的影响，江苏农民工就业大量集中在劳动密集型产业、技术含量较低的行业以及传统服务业部门，其中，制造业吸纳的农民工数量过半。目前，江苏新生代农民工在文化程度方面，高中及以下占到87.7%，没有实质性技术的占到56.9%，就业创业主要受制于学历与技能的占到63.6%，接受过农业和非农业职业技能培训的仅占33.7%。根据课题组在南京、苏州、无锡、常州进行问卷调查的数据，受调查的736位江苏籍新生代农民工，主要在服务业（30.4%）、制造业（36.7%）和建筑业（33.9%）等行业工作，他们来自徐州（21.2%）、盐城（19.3%）、南通（15.2%）、淮安（12.7%）等13个江苏市级行政区。

3. 月均收入不高，且增速放缓。根据调查问卷数据，接受调查的新生代农民工月平均收入为3496元，高于全国2016年3275元的月均收入，以及东部地区务工3454元的月均收入，但离小康的标准仍有很大差距。国家统计数据也显示，2013年至2016年，农民工月均收入增速分别为14%、9.9%、7.2%、6.6%，增速连续四年回落。从农民工月均收入增速变化可以看出，其内在的职业素质局限与外在经济转型下行巨大压力对新生代农民工的影响非常直接。

二　精准突破新生代农民工就业转型的重点难点

1. 优化心理资本，促进其由被动就业向主动创业的转型。课题组抽样调查发现将近40%的新生代农民工的理想职业是“自己当老板”。然而，与浙江、广东相比，我省新生代农民工创业意愿偏低，40%想当老板的新生代农民工真正开始准备创业的不到15%，创业活动活跃度明显不够。当前亟待提升个人创业精神，开发新生代农民工个体心理资本，激发创业内驱力。具体而言，一要营造容错氛围，对于创业失败者，应该建立最低生活保障机制，以此降低新生代农民工创业失败带来的风险，鼓励我省新生代农民工强化创业意识。二要发展“互联网 +”移动终端培训系统，开设专门针对培养新生代农民工创业创新能力的网络课程，形成线上线下相结合的新生代农民工创业能力培训体系。省人社厅已提出“十三五”期间力争使有创业意愿的新生代农民工都有机会接受一次创业培训，但这项工作的对象是动态变化的，任务非常艰巨。三要建立完善返乡农民工自我创业机制，营造有利于新生代农民工自我发展的环境，同时发展农村非农产业，增加新生代农民工返乡创业的吸引力和创业会。四要减税费负担，落实创业担保贷款政策，优化贷款审批流程，进而降低创业门槛；同时，可以依托现有的产业园区、开发区，专门为新生代农民工提供创业园区，为新生代农民工创业提供便利条件，建设有助于“草根创业”的创业生态系统。

2. 提升人力资本，促进其由劳动密集向技能密集的转型。省人社厅已计划在“十三五”期间培训 50 万新生代农民工，但相对于我省 900 万左右的新生代农民工，培训比例仍然太小。更重要的是，新生代农民工都很年轻，大多正处于职业探索阶段，应根据这些阶段性特点分段做好新生代农民工职业生涯辅导。一方面，要通过高职院校、社会化技能培训机构等，有效掌握他们的兴趣特长等基本情况，协助新生代农民工发现、建立和发展自己职业锚，帮助他们解决就业的瓶颈问题。另一方面，要完善就业岗位与职业技能培训对接机制。搭建新生代农民工就业与企业用工岗位供需对接平台，开展新生代农民工订单式、定向式岗前培训，畅通人力资源有效供给渠道。在充分发挥企业开展职工培训的主体作用时，可由社会主体组织实施，政府与企业购买服务，最终形成整体性立体支持网络：辅导职业生涯、提升就业驱力，加强培训关怀、提升职业能力，实施深层激励、提升创业助力，从而构建新生代农民工人力资本开发“新常态”，提升新生代农民工的“获得感”。

3. 建构社会资本，促进其由流动农民工向稳定新市民的转型。

目前新生代农民工在同一单位稳定就业三年以上的仅占16.8%。过于频繁流动的新生代农民工很难培育“工匠精神”，所以应积极构建多方协同参加的就业创业社会资本支持网络。第一，促进新生代农民工提升技能，就业方向向技能密集型转移，就业领域向现代服务业拓展，增强其就业的稳定性。而就业相对稳定能够促使新生代农民工在相对稳定的工作环境、生活环境中拓展社会资本网络，使其由频繁流动新生代农民工向相对稳定新市民转型。第二，加快完善财政、土地、社保等配套政策，到2020年基本建立与“两个率先”进程相适应、有效支撑社会管理和公共服务、以人为本、科学高效、规范有序的新型户籍制度。推进居住证制度覆盖全部未落户城镇常住人口，充分发挥居住证在人口服务管理中的功能与作用，缩小居住证持有人与户籍人口享有的基本公共服务差距。坚持自愿、分类、有序原则，加快推进新生代农民工市民化。第三，完善省以下财政管理体制，加大对吸纳新生代农民工较多地区的财政奖补和支持力度。各地应建立财政转移支付同新生代农民工市民化挂钩机制。分配一般性转移支付要充分考虑吸纳新生代农民工带来的增支因素，分配专项转移支付要逐步按照常住人口口径计算，切实缓解一些城镇因吸纳新生代农民工而造成的财政支出压力。

三　积极构建江苏新生代农民工就业转型的结构体系

1. 建立基于终身成长需求的现代职业教育体系。课题组抽样调研发现，目前已有65.1%企业对包括新生代农民工的企业员工进行职业培训，但是职业培训的效果却不尽如人意，仅有18.2%的员工认为培训对自己的工作有帮助，这主要是因为培训缺少针对性和实用性。建议科学借鉴德国等经验，突破传统的以正规学校职业教育体系为主体的观念，将新生代农民工职业培训正式纳入江苏现代职业教育体系，建立新生代农民工职业教育体系，构建包括“思想道德”“法律意识”“文化水平”“技术水平”“经营管理与产业开发能力”“主体意识与发展能力”六大方面的新生代农民工就业素质体系。

2. 建立开放灵活的四层次供给动力机制体系。结合江苏省实际，建议构建以教育机构为基础、企业主导服务、政府统筹服务、社会各界广泛参与的四层次供给动力新机制。提供更加灵活的培训方式。盘活教育资源，破除入学门槛，灵活合理安排授课时间，让新生代农民工能够边打工养家、边上学培训。对没有条件参加现场授课的，提供更加丰富实用的网络授课模式。参考连锁经营模式，由高校等在新生代农民工相对集中区域，开设集中教学点，采用夜校或周末教学的方式进行职业培训。构建更加灵活的学分制度。采用更有弹性实用的评价机制，使得新生代农民工在获得就业创业技能的同时，通过学分累计获得学历。

3. 建立就业创业素质提升的服务支撑体系。目前已有劳动、农业、教育、扶贫开发及其他政府部门，都在以不同方式介入新生代农民工的培训，各层级、各部门之间培训的具体内容、培训方式、技能认证等缺乏有效协调，这不仅造成培训资源的利用率和效率偏低，也让新生代农民工面对各式培训不知如何选择。基于此，应加强对我省现代职业教育体系建设的组织领导，实现城乡职业教育与培训的统筹发展，完善各地市职业教育体系建设的领导机构，实施“学分银行”制度，实现职业素质培养质量标准与评价主体、使用主体的有效衔接。建立“就业创业服务跟人走”制度，由输入地、输出地政府和省政府三方按相应比例共同承担，构建劳动力公共服务机制转换的保障体系。

（作者张宏如，国家与江苏石油石化发展战略研究基地专家，常州大学商学院院长、教授；彭伟、李群）

江苏省新型职业农民培育的问题与对策研究*

宋华明

[内容提要] 新型职业农民培育是推动现代农业发展、解决“三农”问题、实现富民增收的重要举措。江苏在培育新型职业农民上虽取得了一定成绩，但仍面临着严峻的现实挑战，如培育新型职业农民存在协调沟通机制缺乏、培育投入相对不足、尚未形成统一的培育考核标准、考核方式以及培育主体结构失衡等问题。为此，建议新型职业农民培育应坚持内生外引；优化整合培育资源，充分发挥农业院校的引领作用；建立和完善新型职业农民培育的政府扶持政策清单；健全新型职业农民培育的法律、制度、社会保障环境；推进农地流转、创新农村金融，实现新型职业农民规模化生产经营。

为了解江苏省新型职业农民培育实际情况，助力富民增收，课题组分别于2014年4月、2015年7月、2016年11月对苏州市常熟市、常州市金坛区、泰州市姜堰区、淮安市金湖县、宿迁市泗洪县所辖部分乡镇开展进村入户调研。

一 江苏省新型职业农民培育存在的问题

1. 政府部门之间、政府部门与其他培育主体之间缺乏协调机制。

---

* “聚焦富民”决策咨询报告系列之十一。

在常熟市、泗洪县、姜堰区，49%的受访农民认为“管理混乱”，33%的受访农民认为“内容重复”。这主要是由于参与职业农民培育的部门过多，培训多以行政手段推动，责任分散，难以形成合力，可能导致培育资源闲置或浪费。由于涉农职业培训存在公益性、弱质性等特点，降低了企业、社会组织等其他培育主体参与新型职业农民培育的积极性，市场作用发挥不够好。在金坛区、金湖县，农民接受培育的主要渠道中，政府占比42%、民间企业26%、专业合作社25%、农业院校只占7%，高端培育比例甚少。

2. 培育投入仍相对不足。虽然相当一部分农民表示“愿意接受一定程度的费用”，但受制于经济条件和小农思想，更多的农民认为“政府投入力度不足”，并希望政府加大财政支持。但事实上，培育资金来源单一，基本上都来自财政拨款，而自农业税取消后乡镇级财政收入相对较低，苏北有些经济欠发达区县市难以承担相应的农民教育培训费用。在培训费使用过程中，缺乏有效的制度保障，常因某些原因而“缩水”。

3. 尚未形成统一的培育质量考核标准、考核方式。现阶段的培育评估主要是统一考核和自愿参加的职业技能鉴定，主要考核评估多由政府部门自身进行，缺乏统一的考核标准，缺乏独立的第三方专业考核机构监督。

二　江苏省新型职业农民培育的政策建议

针对当前江苏省新型职业农民培育工作中存在的不足，结合江苏省农村农业发展所处的新阶段，为使更多有志青年农民留在农村创业就业，让农民从身份称谓回归职业称谓，建议：

1. “内生外引”催生新型职业农民持续涌现。一是内生主导。注重对现有农业从业者的培育，包括种养大户、家庭农场主、农业企业经营管理者等农村能人，通过职业理想指引、创业培育支持、助农资金帮扶等措施，促使其向新型职业农民转化，形成示范带动效应。二是外引推动。营造适宜的培育环境，吸引、鼓励农科类大学生、青年农民返乡创业。推动城乡公共服务均等化，为城乡要素的双向自由流动创造条件，形成劳动力转移与“新农民”到农村务农创业耦合互动。创新培育方式，通过与农业院校、涉农企业合作，采用青年农场主培育模式、创新创业推动型培育模式等，提高各类返乡创业人员的经营管理能力、适度规模经营能力、电子商务营销能力，培育更多生产经营型新型职业农民。

2. 优化整合培育资源，充分发挥农业院校的引领作用。政府部门作为培育主体和主要管理服务者，充分发挥协调服务作用，与其他培育主体（如农民专业合作组织、农业院校、涉农企业等）建立完善的沟通协调机制。各级农广校、农民教育培训中心作为新型职业农民的专门培育机构，承担公益性、基础性、制度性工作，在新型职业农民培育中理应发挥主体作用。农民合作社、农业企业、社会化服务组织在新型职业农民培育工作中具有平台、资源优势，在新型职业农民培育中应发挥辅助作用。农业院校应强化其社会服务职能，创新农业人才培养模式，采用“校企共建”等模式创新培育内容和方法。

3. 建立和完善新型职业农民培育的政府扶持政策清单。一是完善新型职业农民培育的公共财政投入机制。政府要拓宽融资渠道，在资金筹措中引入竞争机制，一主多元，以政府为主导，鼓励高等学校、社会培训机构等参与培育工作，在竞争中降低培育成本。政府也要严格规范资金的使用，加大监管力度，确保把有限的资金用在刀刃上。二是完善基建配套。大力推进农副产品物流基础设施改建，尤其要加快对涵盖农产品采购、储运、加工、销售等全过程的冷链物流体系的构建，深化落实农村信息化建设，推动农副产品进城及消费品、农业生产资料下乡，提升职业农民的“触网”能力，实现农民在键盘上增收，农业在网络上增效。三是优化农业补贴激励机制。实施差异化农业补贴政策，并明确农业补贴金额、条件、途径，以涉农示范工程为抓手，大力支持新型职业农民的发展。四是健全产业支持。因地制宜做好农业产业布局规划，增强企业与新型职业农民之间的利益联结，开展品牌创建、产品认证，打造农业产业联盟或农资联合采购平台，使新型职业农民在更为广阔的空间范围内组合农业生产要素。

（作者宋华明，南京农业大学公共管理学院教授）

“聚焦富民”研究报告观点摘编*

刘兴远等

编者按：“聚焦富民”是一个大课题，需要多视角协同研究。为提高决策咨询的针对性和效率，由于篇幅所限，我们在选择11篇研究报告独立编报的同时，从其余近20篇研究报告中，选取一些有代表性的问题和视角，进行编辑整理，围绕聚焦富民的形势策略分析、居民增收的主要路径和保障措施等三个方面，形成综述。

一　关于聚焦富民的形势和策略分析

江苏省统计局副局长刘兴远等对江苏居民收入翻番进展情况与实现时序进行了测算，认为：总体上看，江苏居民收入翻番取得阶段性进展，但后续增长的难度越来越大。2016年，全省全体居民人均可支配收入为32070元，与2010年相比年均实际增长8.2%。以到2020年实现全省全体居民收入实际翻番计算，2016年完成进度为80.2%。考虑到未来几年受经济转型等多方面因素影响，居民收入增速可能出现放缓的客观现实，到2020年实现全体居民收入的实际翻番将存在一定难度。分城乡看，城镇居民收入翻番目标完成进度略逊于农村居民，翻番面临的挑战更大。2016年，江苏城镇居民、农民人均可支配收入分别为40152元、17606元，年均实际增长7.4%、8.7%。按实

* “聚焦富民”决策咨询报告系列之十二。

际翻番计算，完成进度分别为76.7%和82.5%，预计城镇居民收入实现实际翻番将会比较困难。从收入增长来源看，居民经营收入成为翻番基础的“短板”。2016年江苏居民人均工资性收入、经营净收入、财产净收入、转移性净收入分别为18664元、4724元、2880元、5802元，工资性收入在居民收入中所占份额由2010年的56.3%提高到2016年的58.2%，而经营净收入所占份额由17.1%下降到14.7%。

省社会科学院副院长吴先满提出，实现“富民”目标，要运用宏观微观双重夹击策略。江苏聚焦富民，在宏观层面，要牢牢抓住目前国际、国内、省内的经济景气循环回升阶段这一重要机遇，加强经济综合调控管理，把新一轮景气循环建立在创新驱动的深刻基础上。在微观层面，需深化调整改革、创新与攻坚。一是毫不动摇地坚持以公有制为主体、国有制经济为主导的多种所有制经济发展，进一步发展壮大和提升民营经济。二是加快国有经济的混合所有制改革，引入民营资本参与经营、发展与管理，提高国有经济的效能、效率与效益。三是进一步发展壮大与新产业、新业态、新模式等双创经济，最大限度挖掘全社会民众特别是科技与知识青年的潜能。四是深化收入分配制度改革，进一步调整特别是优化调整企业中的收入分配关系，增加劳动者收入比重，加大对社会弱势群体的政策保障，等等。

泰州市委党校副校长景云祥教授分析“大众创业、万众创新”的三大瓶颈，提出相关建议。一是市场准入中“降槛难”，“放权”不够。工、商业房地产之间变换用途的“住改商”等优惠门槛政策，在现实审批中存在不确定性。对社会中介放权不够，而政府代办制、帮办制存在“角色错位”并会带来法律风险。二是政策支持不均衡、落实不到位。对双创的政策优惠主要面向实体经济主体，推广到网上经营主体上还不够。新兴产业创投引导基金偏向给予高端双创更大幅度政策扶持，区域之间运作达效差别大、对社会投资的撬动作用未充分显现。在地方操作层面，一些企业在申报高新技术企业获得补贴后，不得不放弃税收优惠。三是载体建设中缺乏“内核”，资源分散，“活力”不足。双创服务模式单一，双创基地、园区公共服务平台运作存在“行政化”问题。创客空间作为高端的孵化器，存在“遍地开花”现象，难以产生集聚效应。建议在政策支持方面，注重机会创造，以政府对小微企业、民营企业新技术、新产品、新服务的采购为其提供成长机会，提升政策扶持众创的“精准度”。

二　关于城乡居民增收的主要路径

江苏农业现代化研究基地耿献辉教授强调以农产品品牌促农民增收。在“互联网+农产品品牌”成为农产品营销的大趋势下，江苏的特色农业品牌存在多而杂、小而散的现象，缺乏类似浙江省“丽水山耕”、东北三省“中米商城”的农产品区域公用品牌。建议政府加强统筹规划，有序推进品牌农业建设。调整和优化农业产业结构、品种结构、品质结构，加快推进农业规模化生产，形成若干产业优势，进而开发知名品牌。加大品牌整合力度，加强品牌与地域文化、旅游开发的联系，落实品牌运作主体，形成统一标识。加强农产品品牌维护，逐步实行农产品市场准入和可追溯制度，推进品牌农业向更高层次发展。推进江苏省具有市场发展潜力和竞争力的优势特色农产品的商标注册、原产地认定，一个地区重点打造一个品牌，努力做到“发展一个产业，叫响一个品牌，致富一方百姓”。

南京大学教授、长江学者黄贤金提出生态富民的实现路径。生态资本是人类社会财富体系的重要组成部分，开展生态资本经营是实现生态富民的重要途径。生态资本经营形式，主要有四种：生态经营富民、生态补偿富民、生态空间富民、生态治理富民。建议：一是以生态资本核算为抓手，量化生态资本价值；二是以自然资源产权制度改革为契机，保障居民生态资产产权；三是创新流域、区域及各类资源环境产权要素的生态补偿机制；四是创新自然保护区管理运营方式，构建融入社区参与的生态养民新机制。

南京农业大学王翌秋副教授等提出，要深化农村产权改革，提高城乡居民财产性收入比重。2016 年，财产性收入在江苏城乡居民收入中占比分别为10.3%和3.4%，相比工资性收入，具有较大增长空间。一方面，支持银行、保险、信托等机构，加强金融产品和金融服务创新，大力发展普惠金融，推出适合大众需求，投资小、风险低的金融理财产品，培育和发展信用高、实力强的专业理财机构，引导家庭资产分散化，促进居民财产保值增值。另一方面，加快以农民宅基地、承包地经营权为核心的农村产权改革，实现农民财产的入市与增值。推进农村集体土地使用权和农民住宅所有权进行抵押贷款的试点，实现农民财产向资本转变；引导农民规范有序流转承包土地的经营权；全面推进确权赋能，稳步推进农村改革试验区工作。

江苏现代信息服务业研究基地黄卫东教授强调，要完善农村物流配送体系，助力农村电商富民。农产品作为典型的非标准化产品，不易存放，对流通配套要求较高。且受制于农户分散生产方式，农产品流通主要依赖本地批发市场，产地仓储建设滞后，绝大多数未能对农产品进行分类、分级处理，没有农产品标准化分级保障。因此建议建立完善农村物流配送体系和配套服务体系，一是做好县乡村三级物流仓储规划，科学布局物流配送的"最后五公里"；鼓励平台电商与现代物流企业合作，激活或优化建设仓储、配送渠道资源。二是建立县级层面物流资源整合平台，整合各类快递配送订单，深挖配送网络的规模效应；提升农产品尤其是生鲜农副产品的配送能力，建设现代化的包装、仓储、配送体系。三是做好物流冷链主干网建设规划，加快布局区域重要节点大型冷库仓储，鼓励新型农业经营主体参与田间地头的冷库建设，鼓励生鲜电商参与建设地铁站、社区的冷柜配送服务设施。四是通过设立农村电商产业园、孵化基地、电商创业服务中心等形式，完善配套服务体系。

江苏省社会科学院金高峰副研究员提出要把乡村旅游发展为真正富民的产业。一是快慢结合推进可持续发展。在乡村旅游总体规划及基础设施建设上加快步伐，在发展理念上更多地把乡村旅游看作一种"慢"的生活方式，通过发展乡村旅游带动农业发展、民俗经济、农民就业，进而促进农民增收。二是注重营造不同社区文化。借鉴台湾地区做法，充分挖掘具有个性化的乡土文化，让乡村旅游有故事，留得住乡愁，留得住游客。三是加强非政府行业组织建设。引导乡村旅游经营业主成立行业协会，互相监督，互相学习，不断提升经营能力。四是构建多方参与协同发展机制。吸引更多有意愿参与乡村建设的人士加入，让返乡精英能创业，让艺术人士发现美，让规划人士构蓝图，浙江丽水做法可以借鉴。五是推进旅游合作与利益共享。通过组建乡村旅游社区股份合作社提升竞争力，或通过股份合作组织与社会资本合作，不断完善利益分享机制，让农民有持久收益。

江苏省社会科学院副研究员张立冬提出，完善医疗扶贫政策破解因病致贫返贫。江苏建档立卡农村低收入人口因病致贫问题突出，截至2016年年底因病致贫比例平均高达49.13%。建议立足省情市情并充分吸收借鉴省外医疗扶贫的有益探索，提升农村医疗卫生服务能力，构建“普惠+特惠”相结合的医疗扶贫政策体系，通过最低保障发挥对因病致贫返贫农村低收入人口的兜底作用。

三　关于城乡居民增收的保障措施

江苏城乡一体化研究基地杨光飞教授提出，要警惕“下乡资本”带来的背农、伤农现象。很多“资本下乡”是冲着农村的土地而来，对于农民的收益只在于土地租金和少量的就业机会，“下乡资本”和“三农”的关联性不强，未能有效建立起公司（企业）和农民之间的利益连带机制。基于此，我们必须建立健全严格的工商企业租赁农户承包地准入和监管制度，避免下乡企业长时间、大面积租赁农户承包地；完善土地流转制度、农业经营转化机制以及地方政府的问责机制等，避免“下乡资本”目标短期化；加强对“下乡资本”经营状况的评估与监管，实现资本与农村发展协调共进。

南京农业大学林乐芬教授强调，创新政策性农业保险，解除创业后顾之忧。目前江苏省农业保险已基本实现了“四个涵盖”，但传统的农业保险主要着眼于小农经营，产品体系单一，难以满足现代农业发展过程中新型农业经营主体多层次的风险管理需求。建议：一是针对新型农业经营主体农业生产需求，细分市场，开展满足其特点的专属性农业保险产品研究，积极探索收入保险、"保险+期货"、天气指数保险等新型保险试点。二是扩大符合各市农业特色的创新型险种试点范围，给予一定试点奖励，提高符合条件的农户试点参与积极性。三是尝试收取差异化保费设定相应理赔点，即对新型农业经营主体按需收取不同层级的保费，在不同层级保费下设置相应理赔点，满足不同规模的新型农业经营主体理赔要求。

江苏理工学院黄瑞玲教授针对促进失地农民可持续就业，提出建议。对于失地农民，目前采用一次性货币安置的地方达到了90%以上，这种安置方式能让失地农民得到暂时的喜悦和满足，但在很大程度上具有不可持续性。为使失地农民实现可持续性就业：一是建立就业保护制度。制定严格规范的企业招工用工制度，保护失地农民平等参与就业的权利。二是建立失业保险制度。可由城镇失业保险管理机构运行管理，保险经费从政府土地财政收入或土地补偿款中划拨。三是建立就业保障金制度。由政府、集体、失地农民三方共同出资，建立失地农民就业保障金。政府出资部分从国有土地出让收入和增值收益中列支或安排专项财政拨款，集体缴纳部分从土地补偿费和集体经济积累中提取，失地农民个人承担部分可在安置补助费中扣除。四是建立对困难群体再就业援助制度。建立援助退出机制，加强就业援助政策评估，制定就业援助服务行业标准。探索招工安置、土地入股安置、留地安置等多种安置办法，广辟就业渠道。

江苏职业教育与终身教育研究基地崔景贵教授、马建富教授分析了现行农村职业教育培训体系的弊端，强调健全"三业"教育、优化现代职教富民增收新格局。城乡职业教育资源布局结构不合理，优质职业教育资源主要分布在以城镇为中心的圈层内，主要培养的是非农类人才；涉农类专业大多在远离城镇的外圈层农村职业院校培养，学校的优质教育资源明显不足。建议：一是推进现代职教服务指导就业。建立全省统一的就业服务网络和就业服务平台，各职业院校充分利用相关平台和资源开展面向在校生和社会人士的就业指导服务。二是推进现代职教引导实践创业。开发针对不同群体的创新创业课程，依托各类职教集团、职教发展联盟、创新创业孵化基地、大学科技产业园等机构，为各类实践创业活动提供良好的环境。三是推进现代职教发展幸福产业。江苏旅游、文化、体育、健康、养老、教育培训等领域的转型升级滞后于消费变化，突出表现为高品质产品和服务有效供给不足。现代职业教育应积极投身相关幸福产业建设，加快职业院校专业结构调整，打造一批幸福产业特色学校，同时开展第二产业中相关专业与幸福产业知识结合的工作，推动传统专业向现代服务专业转变。各职业院校主动针对幸福产业特点开展社会服务，为老年人、留守儿童等不同群体提供文化、保健、体育等方面的高品质服务。

南京大学社会学院陈友华教授提出江苏社会保障制度改革方向的建议。一是逐渐提高农民与城市居民的养老金待遇，逐步向低保水平靠拢，在部分地区开展建立国民年金制度试点。二是完善家庭友好型社会政策体系，加大对标准化托儿所、幼儿园建设运营的政策资金支持力度，降低家庭“养小”压力。三是鼓励提供社会保障类服务的社会组织走规模化、集约化、专业化、规范化、连锁化的发展道路。四是推动社会福利显性化，杜绝社会福利输送中的不规范行为，鼓励适当的市场竞争。

南京理工大学刘米娜认为，扶贫开发与社会保障衔接不够顺畅。一是扶贫区域与社会保障发达程度的区域倒置，规模压力大。在较为贫困的苏北地区，社会保障兜底与精准扶贫有效衔接的需求及财政矛盾更加突出。全省124万残疾人中的约75%生活在农村；农村老龄化水平超过城市且老龄化水平仍在不断增加，老年性贫困问题突出。二是社会保障对象甄别与精准扶贫对象识别过程不同步、标准不统一等。目前大部分地区的贫困人口统计工作是由各部门分开进行的，缺乏沟通协调，信息难以共享，底数不清，管理上存在漏洞。三是扶贫开发资金排斥产生逆向激励问题。扶贫资金或用于具有普惠性质公共基础设施项目，或用于产业开发资金。而对于没有劳动能力的低保户等需要社会保障予以帮助的群体，他们无法获得这些扶贫资金，也无法参与扶贫项目，扶贫资金的效果无法惠及社会保障对象。四是社会保障政策设计的程序缺位易造成救助滞后。比如，新农合以及社会救助的一个明显特征是以控制支出为政策设计的原则，大多数都是院后救助，治疗与救助不同步，容易导致贫困人群被排斥在救助制度之外的现象。五是社会保障政策制度缺陷产生负激励，滋长了部分贫困者"福利依赖"思想。两项制度衔接不畅也一定程度上产生贫困者寻租或养懒汉的"福利陷阱"等负向激励，不利于扶贫效果的"精准考核"的实现。

苏州大学周义程副教授提出推进基本公共服务标准化面临一些问题。一是理论和政策准备不足。省级层面尚未出台推进措施，也没有针对不同类别的公共服务建立相应的标准体系，导致基层对公共服务标准化的探索相对分散，缺少系统性。二是服务标准的科学化程度尚待提高。现有质量管理体系文件与实际工作有差距，造成具体执行时不适应、不到位乃至有冲突等现象。三是缺乏有效监督管理。对公共服务标准化考核不够明晰，考核方式缺少明确规定，考核内容和方法不够科学，考核结果的运用尤其是追责相对虚化。四是社会公众参与度不足。江苏基本公共服务标准化主要依靠政府主导推进，社会公众参与的广度和深度都不够，公众监督和评价作用发挥不足。

从产业集聚向创新集聚：开发区转型的必然选择*

张二震　马明龙

［内容提要］开发区的转型发展需要改变核心竞争力的要素来源，即从以往依托低端和通用生产要素，逐步转向依托高端和专用性的创新要素参与国际分工，实现转型发展。但目前江苏不少开发区普遍存在“路径依赖”、园区功能定位不清、体制机制“回归”现象凸显、创新氛围不够浓厚等障碍。为此建议：（1）注重创新的多维性，分阶段、分区域因时制宜、因地制宜推动创新；（2）为创新要素提供便利的“创新熟地”和事业平台；（3）推广苏州工业园区开放创新综合试验经验，构建开发区治理新体系；（4）优化集聚创新要素的配套环境，着力形成良好创新生态系统。

作为开放发展的引领区，开发区的转型发展不是要脱离全球分工体系，而是要改变核心竞争力的要素来源，即从以往依托低端和通用生产要素，转向依托高端和专用性的创新要素参与国际分工，逐步实现向创新集聚区转型的目标。

---

* 围绕筹备召开全省开发区改革创新会议，江苏省社会科学联合会组织省内知名专家学者开展调查研究，形成系列决策咨询报告。此为开发区建设决策咨询报告系列之一。

一　江苏开发区从产业集聚向创新集聚区转型的主要目标

开发区是江苏对外开放和经济发展的主要载体。全省 131 家国家级和省级开发区创造了全省 1/2 的地区生产总值和一般公共预算收入，完成了全省 4/5 的进出口总额，吸纳了 3/4 的实际使用外资，成为江苏经济发展的增长极、新兴产业的集聚区、外商投资的密集区、改革创新的先行区和迅速崛起的新城区。总体来看，在前一轮发展过程中，开发区主要依托特殊的体制安排和低端生产要素所形成的低成本优势，在各种政策红利的作用下，通过与发达国家跨国公司的资本和成熟技术相结合，承接全球产业链和价值链中低端环节的梯度转移，推动了中低端制造业“平推式”快速发展，实现了开发区产业集聚。但近年来开发区所依托的土地、环境、劳动力等传统低成本优势正在逐步丧失，相对优势正在日渐弱化。从外部环境看，美欧国家纷纷实施“再工业化战略”，信息产业为主导的国际产业转移已经接近尾声。一些更具低成本优势的国家和地区逐渐加入全球竞争中来，我省依托开发区承接的全球价值链中低端劳动密集型环节和生产阶段，不断向东南亚以及我国中西部等地区转移，原有发展路径已经走到尽头，从产业集聚区向创新集聚区转型，成为必然选择。

1. 依托创新要素的集聚，实现先进制造业和现代服务业协调

发展。包括两层含义：一是将新技术融入传统制造业，通过对传统制造业进行改造而实现转型升级，即在原有制造业领域进行深耕，推动传统制造业向精致化、精细化和高品质化方向发展；二是依托技术创新包括开拓性技术创新，发展战略性新兴产业和高新技术产业。需要强调的是，实现开发区制造业向先进制造业方向转型升级，绝不是制造业自身“单兵突进”，还需要实现与服务业特别是生产性服务业的协调发展，尤其是高级生产性服务业活动。

2. 依托创新要素的集聚，建成创新驱动和绿色集约发展的示范

区。创新总是具有不确定性，并具有一定的风险。为尽可能地避免风险和不确定性，一是建立一定的“特区”和“平台”，从而对创新活动发挥支持和引导作用；二是搭建更易于交流合作的创新平台，营造浓厚的创新活动氛围，使得作为创新活动主体的企业更易于实现创新。这就要求开发区在推进自主创新和高技术产业发展以及绿色发展等方面先行先试、探索经验、做出示范。

3. 依托创新要素的集聚，将开发区打造成开放型经济体制机制创新和新动能强劲的引领区。在体制机制上不断创新，是我省开发区不断发展的重要保障。经过多年的发展和不断努力，我省开发区在开放型体制机制创新上已经取得了一些成绩和经验，涌现出苏州工业园区、昆山高新区、南京高新区等一大批先进典型。进入新阶段后，我省开发区普遍面临开放型经济发展新动能不足的问题，需要激发作为创新主体的微观企业的创新活力，发挥创新要素的创新作用。与一般生产要素作用相比，创新要素的作用发挥，需要更加完善的体制机制以及适宜的创新环境和制度保障。

二　江苏开发区创新发展面临的主要障碍

1. 开发区普遍存在“路径依赖”现象。限于发展理念和认识上的束缚，江苏开发区在长期的发展过程中形成“路径依赖”，不能适应创新驱动发展战略的新形势和新需求。大部分开发区（包括高新区）发展思路仍然是依靠引进内外资项目，带动大量资源投入，较少考虑如何才能把创新的环境营造更好点，把创新的平台搭建更好点；较少考虑如何才能吸纳集聚创新要素，有效利用创新要素；较少考虑如何依托创新驱动来推进经济转型。即便是新发展起来的“高新区”，有不少偏离了“集聚高端要素，发展高新技术产业”的初衷，创新思维不足。

2. 园区功能定位不清。各级各类的开发区由于功能定位不清，导致引进和入驻的企业侧重考虑政府主导下的“政策租”等效应，而不是基于关联企业空间集中的产业集聚效应选择，最终导致企业空间上的集聚并非原本意义上的产业集聚。正因如此，目前开发区中的一些高新区、经开区、综合保税区等尚未真正形成自己独特的创新优势、产业优势和功能特色。

3. 存在体制机制“回归”现象。例如，开发区的法律地位问题一直未能解决，开发区党工委、管委会作为当地党委、政府的派出机构，并非一级行政主体，在行政审批、社会管理和执法等具体工作上存在模糊地带。由于对开发区的授权不够充分，导致开发区办事环节增多、协调难度增大、行政效能降低，无法实现“区内事务、区内办结”，等等。

4. 创新氛围不够浓厚，不利于创新生态系统的构建。总体来看，全省大多数开发区尚未摆脱加工业集中区的属性，传统产业和一般制造业比重较大，代工较多，产业链条相对较短，企业关联度较低，自主创新能力还不够强，创新氛围不够浓厚。受当前产业层次、配套设施、营商环境、生活环境、生态环境、体制机制等现实瓶颈约束，我省开发区创新要素集聚能力还十分有限，尤其是对高端人才吸引能力不足，甚至存在着优秀人才流失的现象。作为教育大省的江苏，南大、东大等名校云集，但许多优秀高校毕业生更多选择去北京、深圳、上海等地发展，江苏成了“北上广”的高级人才输出地，很多科技成果也在“北上广”开花结果。苏南地区开发区招商、经发、规划等业务部门的骨干甚至包括管委会层面的干部外流现象也较为普遍。

三　开发区向创新集聚区转型的对策思路

1. 注重创新的多维性，分阶段、分区域因时制宜、因地制宜推动创新。创新的多维性一方面是指创新不仅包括原始创新，也包括引进、消化、吸收再创新以及集成创新等，另一方面是指创新活动在不同地区和不同开发区之间应具有差异性。在开发区向创新集聚区转型的过程中，一是应明确核心功能，即创新发展的策源地，注重集聚创新要素，发挥创新要素在引进、吸收和再创新以及集成创新中的作用。二是立足我省各类开发区存在着明显区域发展差异的基本情况，对于已经基本走完“利用低端要素优势，吸引并与先进生产要素相结合，形成产业集聚”发展历程的开发区，注重集聚创新要素实现自主创新；而对于尚未走完上述历程的地区和开发区，则应继续发挥原有比较优势，巩固原有产业集聚效应和优势，构筑完整产业体系，打造梯度产业链。

2. 为创新要素提供便利的“创新熟地”和事业平台。良好的平台不仅能够有效降低集聚和使用创新要素成本，同时也更有利于创新成功概率和创新活动收益的提升。为此，开发区在转型发展过程中，应结合自身产业特色和优势，重点抓好创新载体和平台的布点落子，积极推进各类园区的标准厂房和孵化器建设，打造“众创空间—孵化器—加速器—创业园区”科技创业孵化链条，着力构建产学研金介政“六位一体”的协同创新平台，发展以创新创业为内生动力，高密度技术、高素质人才、高价值服务为引领的创新平台发展模式，提升开发区对创新人才等高端要素的吸引力和承载力。

3. 推广复制苏州工业园区开放创新综合试验经验，构建开发区治理新体系。苏州工业园区特别强调新形势下开发区的“特”字，赋予特别功能，简政放权、流程再造，创造了很好的经验。借鉴苏州工业园经验，应明确开发区转型发展所要解决的不是“放管服”这种简单的行政管理便利化问题，不能停留在原有物理空间上的“特区”概念，而是要从虹吸和集聚创新要素的现实需求出发，研究创新遇到的瓶颈障碍，研究如何通过打造创新制度高地，降低创新成本、提高创新效率。针对开发区的创业创新，要给予高端要素和创新要素以更具有吸引力的特殊优惠政策安排。比如做生物制药，划定生物研发的特殊区域，以方便国外血液制品的流入流出；设立放宽各类管制的“小特区”，降低国际化人才信息搜索等成本，促进创新要素尤其是高端人才的流入。伴随开发区向创新要素集聚区的转型，“特殊政策”也需要相应转型，即在原有领域继续完善政策创新的同时，优惠政策要不断向微观主体尤其是创新要素本身倾斜。

4. 优化集聚创新要素的配套环境，着力形成良好创新生态系统。与一般生产要素作用相比，创新要素的作用发挥，需要更加完善的体制机制以及适宜的创新环境和制度保障。一是要深化科技体制改革、加大科技创新力度，优化制度安排；二是要完善配套，合理布局金融、商贸、教育、医疗、体育、休闲、娱乐等公共服务功能和配套设施，规划建设开发区商业综合体、新型邻里中心和消费品综合市场等，着力提升城市能级、品质和现代化水平，提供更加舒适方便、和谐宜人的创业、生活环境。“种下梧桐树，便可引凤凰”。在开发区向创新集聚区转型发展阶段，要让具有孵化能力的凤凰在此扎根，打造有利于创新的“花园”与“森林”。

课题负责人： 张二震，南京大学商学院教授、省经济国际化研究基地首席专家；马明龙，省商务厅厅长

课题组成员： 崔　健、倪海清、戴　翔、张晓磊、王原雪

江苏亟需打造集聚全球创新资源的空间载体*

刘志彪

［内容提要］ 载体创新是江苏集聚全球创新资源的核心基础。当前，虽然江苏在载体建设和功能的发挥上取得了一定成果，但仍存在载体功能尚未完全显现、境外研发合作规模和层次较低、跨国公司主体示范作用不强等问题。为此建议：借鉴深圳引进硅谷 HAX 等的经验，全方位引进国外一流的创新平台；在海外建立孵化器研发中心，积极搭建海外科技合作创新载体；借鉴深圳、北京等地经验，鼓励建立以海外研发人员为主要对象的市场化科研机构；借鉴硅谷银行模式，探索设立专业性科技银行和各类功能性载体平台；建设具有公益性、基础性、战略性的科技基础平台，推动沿“一带一路”创新载体协同发展。

载体创新是新时期深化产学研合作、加快集聚和配置全球创新资源的主引擎，是深入实施创新驱动发展战略的核心基础。江苏要实现聚力创新目标，在世界范围内集聚更多的高端创新要素，就必须打造和推出一批具有更强吸引力的空间载体平台，为创新要素和人才集聚提供更加便利的“创新熟地”和事业平台。

---

* 开发区建设决策咨询报告系列之二。

一 江苏打造集聚全球创新资源空间载体的现状问题

当前，新一轮科技革命和产业变革正在重塑世界经济结构和竞争格局，创新要素开放性、流动性显著增强，利用创新载体，吸取全球创新资源为我所用，已成为经济转型发展的主要方式。江苏为此已经率先发力，苏南自主创新示范区和南京江北新区成为国家级平台，2016 年苏南自主创新示范区全社会研发投入占比达 2.8%，接近发达国家水平；省产业技术研究院“示范田”作用不断显现，3 年多来已建立 27 家专业研究所，累计转移转化技术成果近 1000 项，衍生孵化科技型企业约 260 家；构建了优质高效的创新服务体系平台，建设省技术产权交易市场，积极探索“1 + N”的交易平台运营模式，推进省科技服务示范区、科技服务业特色基地建设等。截至 2016 年，江苏外资研发机构总数达 400 余家，其中世界 500 强设立的外资研发机构达 53 家，成为高效配置国际创新资源的重要载体。虽然江苏在利用创新载体集聚全球创新资源方面不断有新的突破，但放在全球的坐标系上去衡量，放在江苏发展新阶段性特征中去分析，差距和问题依然突出。

1. 制造业大而不强，创新载体功能尚未完全显现。江苏在由制造业大省向制造业强省转型过程中，面临科技成果转化不畅、创新资源碎片化、产业协同创新不畅以及创新载体的资源集聚功能不强等问题。一是科技管理条块分割，创新资源投入相对分散，创新载体比较散乱，不利于创新载体的功能形成和作用发挥；二是产业协同创新体系尚不完善，创新机制尚未真正形成，主导创新方向的龙头企业缺乏，创新载体主导者仍以政府为主，高校和科研院所成果转化机制尚未真正建立，产学研协作不紧密，成果市场化困难，投融资渠道不畅；三是各地创新载体建设速度过快，同质严重，层次不高，国际化程度不够。

2. 境外研发合作的规模和层次较低，境内外资研发载体作用未充分释放。目前江苏企业境外研发机构的主要职能是进行技术跟踪和搜索、技术本土化以及围绕公司的技术创新战略提供辅助性研发，进行基础研究的海外研发机构非常少，层次相对较低，从总体上仍处于初级阶段。在利用外资研发载体提高创新能力方面也存在一些问题，比如，设立研发机构程序比较烦琐，周期较长；中外合作成立的研发机构在研发组织和成果收益等方面存在矛盾；各级科技计划对外资企业和研发机构开放程度有限，外资研发机构享受到税收等优惠政策的覆盖面较窄。

3. 具有创新能力的跨国公司较少，主体示范作用不强。跨国公司是配置全球创新资源主体，江苏缺乏具有跨国能力的跨国公司。北京拥有联想、百度等，上海拥有上汽、复星等高技术跨国企业。2016年华为公司一数学研究中心落户法国，成为该公司在国外建立的第16个研究所。中兴通讯在日本东京设立研发中心，全球成长最快的独角兽科技创业公司之一柔宇科技也在硅谷设有研发中心。深圳光启集团在以色列设立国际创新总部，总投资3亿美元建设光启全球创新共同体基金与孵化器。相比之下，江苏在国际上知名的本土创新型跨国企业屈指可数，协调和利用国际创新资源能力有限，“走出去”构建研发载体的能力较弱，主体示范作用不强。

二　积极打造集聚全球创新资源空间载体的建议

1. 全方位引进国外一流的创新平台。相对中国资本直接到海外建孵化器，国外孵化器在引进技术项目、整合国际资本、专业化管理等方面更具优势，一旦直接成体系地与中国对接，成果转化的速度会非常快。可借鉴深圳引进硅谷 HAX 的经验，通过引进国外运作成熟的集投资与创业孵化于一体的美国的创客空间、YCombinator，大型公司管理的集孵化与转化于一体的英特尔和谷歌等创新平台，直接将在海外孵化的技术拿到国内产业化，或者与跨国公司合作将其存量专利、技术在江苏进行转化，全方位引进国外一流的创新平台。

2. 积极搭建海外科技合作创新载体。一是在海外建立孵化器，将孵化成果引到省内进行转化和产业化，并以基金方式对其中有前景的项目进行投资，采取“海外孵化 + 江苏资本投资 + 国内产业化”一体化的方式，将重大原创性技术快速与江苏产业对接。二是在海外直接建立研发中心。可借鉴华为在欧洲、美国、以色列、印度、俄罗斯等地建立研发中心的经验，选择到世界不同地方建立研发中心，或利用当地高水平设计人才，或瞄准当地数学人才、软件人才等。三是利用平台机构推动国外有专长的中小公司与国内产业链对接。通过平台机构在合作双方建立公信力，为国外技术能力强但缺乏中国市场经验的小企业和中国企业提供系统性服务，促使双方的技术和创新方面的交流合作，这是开拓江苏现阶段集聚全球创新资源的一条重要途径。

3. 鼓励建立以海外研发人员为主要对象的市场化科研机构。放开和不断发挥民间市场化创新载体的力量，全力吸引海外研发人员进入，为双方的对接提供支持和帮助。借鉴深圳、北京等地推进以海外研发人员为主要对象的市场化科研机构建设经验，在新能源、新材料、医疗技术、信息通信等领域，为海外人才提供市场化运作的科研平台，并按国际规则设定技术成果转化权益，促进归国科研人员国外研究成果的产业化。

4. 创建功能性创新载体。一是打造研发类功能性创新载体。围绕科学前沿探索领域，在掌握前沿技术和设施的基础上，抓紧建设由江苏高校和相关科研机构组成的科学研究中心，发挥其试验研发功能和技术溢出效应，形成世界一流水平的科研能力。围绕产业技术创新，集聚研发、产业、投资等海内外各方资源，尊重市场化机制和力量，打造世界级研发机构。二是建设共性技术研发服务功能性平台。加快推进江苏产业技术研究院发展，突出智囊、载体、桥梁和枢纽定位，加强共性技术研发与服务，同时关注和培育新型研发组织与范式，发展第三方研发服务载体，深化应用型科研院所改革发展。三是发展一批非研发类功能性载体。针对科技创新和成果转化的“脱臼”现象，加强创新服务体系建设。围绕技术转移服务功能，建立国内外合作资源网络和技术转移服务载体。大力发展专业化、市场化、社会化的技术转移和知识产权服务机构。围绕科技金融结合，做好科技信贷服务和科技金融信息服务平台建设。借鉴硅谷银行模式，探索设立专业性科技银行。

5. 推动沿“一带一路”创新载体协同发展。一是以建立共享机制为核心，以科技创新资源系统整合为主线，建设具有公益性、基础性、战略性的科技基础平台，搭建一站式服务与共享平台，实现与“一带一路”沿线国家及地区的无缝对接。二是结合江苏现有产业基础和战略性新兴产业的发展需求，加快建设一批高水平的重点实验室和重点科研基地，与“一带一路”沿线国家及地区开展共建重点实验室培育基地和企业重点实验室建设，引导重点实验室与国际接轨。三是成立“一带一路”沿线国家的科技合作联盟，作为开放、共享的公益性服务平台，推动成员间协同创新与科技成果产业化，通过建立数据库整合“一带一路”相关信息，对沿线重点国家国际科技合作及相关政策、法律法规实时发布、解读，助推江苏引领“一带一路”沿线国家科技创新合作以及相应技术标准研发。

课题负责人：刘志彪　南京大学教授、长江产经研究院院长
主要执笔人：孙　军　淮海工学院商学院副教授
姜彩楼　南京信息工程大学经济管理学院副教授

跨江共建园区的制约因素与突破路径*

成长春

[**内容提要**] 创新“飞地经济”合作机制，推动跨江共建园区发展，对于提升江苏沿江城市整体能级具有重要意义。目前，江苏沿江城市跨江共建园区成效明显，但仍面临多重制约：体制机制有待完善；合作层次有待提升；创新资源的辐射带动有待加强；观念、土地、政策等瓶颈有待消除。为此建议：一要提升发展理念、加强顶层设计；二要整合优势资源、拓展合作领域；三要集聚高端要素、打造产业集群；四要加大政策支持、释放政策红利；五要完善共建机制、激发共建活力。由此，推动跨江共建园区不断提质增效，助力扬子江城市群融合发展。

6月6—14日，南通大学党委书记成长春教授带领江苏长江经济带研究院课题组，赴宁、镇、扬、苏、锡、常、通、泰等沿江八市，通过与市委市政府主要领导、部门、园区和企业负责人座谈和实地考察等形式，深入了解扬子江城市群建设背景下跨江合作园区的现状和问题，提出对策建议。

一 江苏沿江城市跨江共建园区的现状问题

探索政府引导、企业参与、优势互补、园区共建、利益共享的

---

* 开发区建设决策咨询报告系列之三。

“飞地经济”合作，推进跨江共建园区，是21世纪以来江苏从战略层面推动区域协调发展的创新之举，不仅为跨越行政区的资源优化配置和空间整合创造了条件，而且增强了城市间的耦合度和利益趋同性。当前，苏中与苏南或上海合作共建园区13家，苏北地区南北挂钩共建园区38家，苏中与苏北结合部经济相对薄弱地区南北挂钩共建园区7家。江苏跨江共建园区已经成为长三角其他经济体争相效仿的跨域经济合作模式。

1. 政府搭台推进，但体制机制有待完善。沿江城市跨江共建园区大多由政府推动。比如：江阴靖江工业园、苏通科技产业园、锡通科技产业园，以及苏中与苏北结合部经济相对薄弱地区的南北挂钩共建园区，大多是由政府推动共建，虽然取得明显进展，但由于行政管理等体制机制未同步跟上，导致园区发展面临着两地政府产业规划与园区产业规划不协调、园区领导频繁更迭影响园区发展的延续性等影响共建积极性等问题。

2. 共建势头良好，但合作层次有待提升。当前，苏中地区各家共建园区在制定园区发展规划、建立和完善园区共建工作管理体制机制、成立园区投融资平台、推进招商引资、加快产业发展等方面取得积极进展，但是产业层次和技术水平不高，各家共建园区产业层次总体呈现“三为主”特征，即产业层次以传统产业为主、产业结构以重工业为主、产品结构以原材料加工为主，并与周边地区其他园区存在较为严重的同质化竞争；企业发展质量有待提升，园区企业基本上还是靠资源、廉价劳动力等传统生产要素推动发展，自主创新能力不强，经营管理水平不高；合作共建领域亟待拓宽，共建园区中，能够发挥土地空间大、生态优良比较优势的现代农业、生态旅游、农产品加工等共建项目较少。

3. 创新资源丰富，但辐射带动有待加强。苏南地区是国家高新区最密集的地区，是我国发展高新技术产业和战略性新兴产业最重要的基地。跨江共建园区的一个重要功能，在于将苏南国家自主创新示范区区域创新体系的整体效能，通过跨江共建园区传递到通泰扬三市，增强其发展后劲和竞争优势。但由于缺乏有效的集成整合机制和统筹协调机制，当前苏南国家自主创新示范区内的各家高新区仍然主要保持独立运作态势，相互间尚未形成合力创新的一体化布局，尚未实现人才、技术、成果、资本等创新要素的一体化统筹，对跨江共建园区的带动辐射能力有限。

4. 合作意愿强烈，但瓶颈制约有待消除。沿江各市对通过跨江共建园区实现苏南“腾笼换鸟”和通泰扬三市“筑巢引凤”的意愿较强烈，但深入推进共建园区还面临诸多制约。在共建理念方面，偏于“只算小账、不算大账”，囿于局部利益，缺乏整体观念。在土地方面，省、市未单列安排跨江共建园区土地利用指标，上级政府层层下达至园区的土地利用指标十分有限，导致园区加快发展中的用地需求与用地指标矛盾突出。在政策方面，园区普遍认为政府在土地、税收、财政扶持等方面的支持力度还不够，缺乏持续性，针对园区在吸纳优秀人才、鼓励科技创新和对外贸易等方面的奖励措施也不多。

二　深化江苏沿江城市跨江共建园区的建议

1. 提升发展理念，加强顶层设计。加快出台推动扬子江城市群融合发展的指导意见，对推进沿江两岸合作共建园区作出战略部署。统筹发挥苏南地区在资金、管理、人才等方面的优势和通泰扬三市在土地、劳动力、自然资源等方面的优势，以共建园区为纽带，推进跨江两岸城市发展战略协同、错位竞争。在摸底调查的基础上，尽快出台鼓励跨江转移的产业目录与细则。在北岸地区，要紧密围绕省委、省政府关于打造扬子江城市群的战略部署，对跨江共建园区的阶段安排、空间布局、基础设施配套、产业发展方向、组织管理模式等作出具体规划，并在省政府统筹协调下，使规划在江苏整个沿江、沿海经济大布局中更具有科学性、合理性。在苏南地区，要以共建园区为载体，加强制定创新链和产业链跨江延伸发展规划，积极搭建创新资源共享服务平台，与通泰扬三市协同拓展市场和发展空间。

2. 整合优势资源，拓展合作领域。苏南国家自主创新示范区要打破地区分割和行政体制机制障碍，加强创新合作与产业整合，并从整体上加强对接上海具有全球影响力的科创中心建设，引导示范区内高新区与加强跨江合作，通过挂钩支持共建园区，推动园区产业向高端攀升，实现苏南创新资源效益最大化。发挥通泰扬三市农业用地多、生态环境良好的优势，大力推进与苏南在现代农业、农产品加工领域的合作，延伸涉农产业链条，做强通泰扬三市生态农业，推动沿江两岸错位发展，共建现代农业产业园，提升跨江共建的“富民”效应。立足通泰扬三市丰富的生态旅游资源，积极开展与江南著名景区或旅游集团的对接与合作，引入江南成熟的景区管理体制、品牌和资金，推动沿江城市旅游景区共建，做大、做强沿江城市旅游产业。

3. 集聚高端要素，打造产业集群。积极对接长江经济带世界级制造业集群建设。依托共建园区，以联合打造长江经济带世界级产业集群为方向，在电子信息、高端装备、汽车、家电、纺织服装等产业领域，加强重大关键技术攻关、重大技术产业化和应用示范，提高综合集成水平，将共建园区打造成集聚程度高、研发实力强、知名品牌多、技术水平领先、具有核心竞争力的重要载体。做大做强特色产业集群。围绕特色产业，加强专业招商队伍建设，突出项目质量、社会效益和产业升级导向，着力招引产业引领型、配套补链型、科技创新型项目，不断延伸和完善产业链。制定共建园区特色产业发展规划，改变共建园区目前主要依靠资源投入取得产业规模效应的发展模式，坚决淘汰落后产能，积极培育壮大龙头企业，拉长拓宽延伸产业链，放大特色产业集群规模效应。加强高端人才支撑。在共建园区复制推广上海自贸区创新成果，鼓励共建园区和企业设立高端人才发展专项资金，推出岗位绩效、技术入股、项目合作等形式多样、针对性强的高端人才优惠政策，将共建园区建设成为创新型经济发展的重要载体和平台。

4. 加大政策支持，释放政策红利。在财政政策上，对苏中与苏北结合部经济相对薄弱地区的南北挂钩共建园区，适当延长省财政奖补政策时限，提高补助标准。其他共建园区相关财税扶持政策已经到期的，省政府应进一步深化系列扶持政策。在投资政策上，在省级战略性新兴产业发展扶持资金项目、技术改造项目、科技成果转化项目以及各类创新平台项目等各类扶持项目方面，加大对共建园区的支持力度。在融资政策上，创新融资模式，在共建园区基础设施建设中推广运用 PPP 模式。支持符合条件、有意愿进行产业转移的苏南企业发行企业债券，用于企业向通泰扬三市共建园区搬迁改造。支持商业银行在共建园区内设立分支机构。在土地政策上，对共建园区的用地需求，在编制下达年度土地计划时适当倾斜。在安排用地计划时，对重点共建园区的用地计划进行单列，并在土地色块调整和土地指标分配方面给予重点倾斜。对入驻共建园区的大项目，由省级政府实行土地点供指标。

5. 完善共建机制，激发共建活力。完善市场化运作机制。完善园区行政管理体制，减少领导更迭对园区发展延续性的影响，实行公司化运营管理，广泛吸收有意愿、有实力、有技术的企业集团、科研机构、金融机构参与园区共建。支持通过特许经营、政府购买服务等方式，将园区事务委托给第三方运营管理，条件成熟地区可探索园区管理与日常运营相分离。完善利益分配机制。以园区投资主体投入资金、土地进行股权确认，按投资比例进行利润分成。园区共建方在现有法律框架下，协商签署具有法律效力的区域合作协议，明确双方利益共享及补偿机制、履行模式、违约责任、纠纷解决机制和有效期限等，并制定实施细则。完善整合、退出机制。开展苏中现有共建园区、省级工业园区的调研与评估工作，逐步建立统一的评估、考核机制。逐步打通省内各类园区壁垒，开展多领域、多层次的合作，允许兼并重组，积极盘活园区存量，用好增量。做好园区监管工作，做好产城融合，防止园区地产化。

课题负责人： 成长春　南通大学党委书记
江苏长江经济带研究院院长
课题组成员： 杨凤华　江苏长江经济带研究院副院长
陈为忠　南通大学地理科学学院副教授

加快存量用地更新推动工业园区转型*

张京祥

[内容提要] 创新体制机制，促进存量用地更新，是推动江苏工业园区发展转型的重要引擎和抓手。但由于江苏工业用地缺乏系统的制度保障、明确的实施细则和有力的推动措施，且存量用地更新大部分采用政府统一征收再“招拍挂”转让的形式，导致工业园区存量用地更新严重滞后。借鉴珠三角等地区的成功经验并结合江苏实际，创新存量工业用地更新机制，建议：(1) 积极与国土资源部沟通，争取获得城市更新试点的政策支持；(2) 结合江苏省情实际，制定出台存量工业用地更新条例，建立系统更新保障机制；(3) 建立引导+倒逼双重机制，激发存量用地更新动力；(4) 根据工业企业生命周期，实施土地弹性出让，降低未来城市更新成本；(5) 划定工业用地红线，保障实体经济发展，避免城市更新中过度逐利。

对于工业园区而言，其最大的资产是大规模存量工业用地，最大的转型难点也在于存量工业用地。因此，创新体制机制，促进存量用地更新，成为推动工业园区发展转型的重要引擎和抓手，也是事关江苏发展全局的战略性问题。

---

* 开发区建设决策咨询报告系列之四。

一　江苏城市工业园区存量用地更新严重滞后

近年来，随着园区经济的大发展，园区工业用地也在急速地扩张，目前江苏城市中工业用地占建设用地总量的比重普遍都达到35%—40%，有些中小城市甚至超过了50%，远超国家城市规划规范中的建议指标。特别是在过去大规模招商引资时代，各园区几乎都是以低地价甚至是零地价来吸引制造业企业入驻，许多企业入驻后开发强度低，大量工业用地被“圈而不开”，造成极大的闲置浪费。近年来，国家对城市新增建设用地的管制越来越严，许多城市都已经划定了城市增长边界、基本生态控制线、永久基本农田线，锁定了城市用地拓展的“终极规模”，如何“在有限的空间上实现无限的发展”，充分盘活、用好城市的存量用地，就成为决定一个城市可持续发展能力的关键所在。

相比于珠三角、上海等地区，江苏虽然出台了有关促进城市低效工业用地更新的指导意见，但缺乏系统的制度保障、明确的实施细则和有力的推动措施。实践中江苏城市对于存量工业用地的更新，几乎都是采用政府统一征收然后再“招拍挂”转让的形式，这样会导致原工业用地企业认为自己在未来的更新再开发中无利可图，缺乏动力与积极性；对于政府而言，则要拿出大笔资金来征收闲置工业用地，资金代价难以承受，而且在当前经济不景气的情况下，一些闲置工业用地征收后也难以再引进新的好项目，导致土地、资金双重沉淀，成本高昂。这样，工业园区存量用地的更新就处于两难局面，陷入死结，导致园区的转型发展举步维艰。

二　珠三角工业园区存量用地更新的经验做法

珠三角在改革开放以后通过“三来一补”实现了工业经济的飞速发展，近年来产业转型加剧，传统制造业的升级提升、工业用地的“退二进三”态势十分显著。究其原因主要是过去十年，珠三角大力推进制度创新，将城市更新尤其是工业用地更新作为城市转型发展的关键突破。在国土资源部支持下，珠三角普遍实施了“三旧（旧厂、旧镇、旧村）改造”工程，构建了政府、原企业用地者、新市场投资主体共同合作的更新模式，共同分享城市更新收益，实现多赢。

以深圳为例，近年来深圳城市工业用地更新进展顺利，造就了诸如“天安云谷”等大批成功的更新案例，极大程度上支持了深圳转型提升发展。这是因为深圳制定了一系列促进城市更新的政策规章，原工业企业地主看到了再开发的利益从而产生了强烈的更新动力，企业与政府协商、共同编制规划、补缴地价来获得土地再开发的权力，或者与新市场投资主体合作开发，政府在其中获得一定比例的公益性用地，收获更新后的经济效益、社会效益、环境效益。这种完整规范的制度体系，促进了深圳从过去的低端制造业城市迅速向中国创新经济引领城市转变。

三　江苏需大力创新存量工业用地更新的机制

借鉴国内其他地区成功经验并结合江苏实际，需要大力推进以下5个方面的创新：

1. 积极与国土资源部沟通，争取获得城市更新试点的政策支持。中国过去的城市土地利用政策总体上是基于一种外延式、扩张型发展的供给导向，面对城市更新、存量用地再开发则缺乏成熟的经验。近年来，国土资源部急切地想从地方实践探索中寻找实现这种转变的路径。江苏作为经济大省、工业大省，面临着转型发展、引领中国新经济增长的重大责任，因此积极主动地与国土资源部沟通，争取成为城市工业园区存量用地更新的试点，获得更多、更大的制度创新空间，显得尤为必要。

2. 结合省情实际，制定出台存量工业用地更新条例，建立系统的更新保障机制。结合江苏省情实际，在充分调研的基础上拟定城市园区存量工业用地更新条例，通过省人大立法的形式明确下来，并且授权地方政府根据实际制定更为具体的实施细则（江苏省内区域间发展差异巨大，不同层级城市之间发展差异也很大，不宜采取简单的一刀切方式）。可以借鉴珠三角尤其是深圳的经验，诸如设立专门的城市更新机构（城市更新局）来整合、联动相关的政府部门，制定完善规范的规程规章以保障更新工作顺利实施，充分发挥政府、企业、市场力量来很好地统筹动力与公平的关系，等等。

3. 建立“引导 + 倒逼”的双重机制，激发存量用地更新动力。为了能够让低效企业、僵尸企业积极地支持、配合存量工业用地更新，须采取两手并举的方式：一是通过设定合理的激励机制，让企业看到积极参与存量用地更新的收益所在，从而主动要求更新；二是要通过对企业的绩效考核及税收、环保等政策措施，促使低效企业、僵尸企业主动要求退出，从而让政府在土地征收中占据更为有力的位置。

4. 根据工业企业生命周期，实施土地弹性出让，降低未来城市更新成本。在全球资本高速流动时代，企业的地方根植性大大减弱，有资料表明全球制造业企业在一个地方的平均生命周期不到 15 年，而根据调查，即使在苏州中新工业园的企业平均生命周期也不到 8 年。因此，必须改变当前工业用地全部简单采用 50 年租期的出让方式，要根据企业的实际产业类型，采取短期、中期、长期等不同年限的灵活多样批租方式。对一些用地需求大的企业，可根据实际发展情况采取“先租后让”的方式，以此来避免将来企业转移后造成新的土地闲置浪费，减小未来存量工业用地更新的阻力和代价。

5. 划定工业用地红线，保障实体经济发展，避免城市更新中过度逐利。中国当前正面临着实体经济不振的危机，城市更新可以有效提高城市土地开发价值，但如果处理不好，则会进一步加剧产业“脱实入虚”的局面。实体经济发展对于中国、江苏都极其重要，为了确保存量工业用地更新不要走入另外一个极端——全部转化为追求短期高利益回报的房地产、三产服务业用地，必须根据城市长远发展需要，合理划定城市长久的“工业用地红线”，在工业用地红线内只允许“退二优二”，以确保满足实体经济发展需要。

（作者张京祥，南京大学建筑与城市规划学院教授，江苏省区域发展研究会副会长）

以体制创新推动开发区转型升级*

黄建洪

［内容提要］开发区是江苏经济发展的强大引擎、对外开放的实践载体和体制机制创新的先行区。但江苏开发区面临优惠政策终结、土地调控力度加强、劳动力成本上升、节能环保压力增大等挑战和优质项目招商吸引力不足、同质化竞争严重、绿色集约度偏低、发展特色不够鲜明以及营商环境改进迟缓等诸多问题。创新治理体制机制、促进开发区转型升级，迫切需要：（1）回应开发区的综合性新城发展需要，加快政区一体化体制建设；（2）全力提升开发区的整体性治理，构建回应性组织体系；（3）开展政务服务的供给侧结构性改革，促进服务一体化升级；（4）探索外资利用方式的多样性路径，促进产业与金融服务相结合的资本化升级；（5）营造根植性的创新系统，及时调整开发区治理的着力点。

开发区是江苏经济发展的强大引擎、对外开放的实践载体和体制机制创新的先行区。江苏是全国创办开发区时间早、发展快、规模大、效益优的省份，目前拥有各类国家级开发区 61 家、省级开发区近 100 家。在新阶段，深化开发区发展建设，要牢固树立和坚定落实新发展理念，适应和引领经济发展新常态，当好开放型经济转型升级的主阵地、稳定经济增长的“压舱石”、推进供给侧结构性改革的示

---

* 开发区建设决策咨询报告系列之五。

范区。

一　江苏各类开发区面临的挑战和问题

目前江苏各类开发区发展面临优惠政策终结、土地调控力度加强、劳动力成本上升、节能环保压力增大等严峻挑战。经济下行的压力在开发区得到最直接的反映，部分企业发展困难，少数企业关停并转，众多企业面临转型升级。同时，一些开发区仍面临着优质项目招商吸引力不足、同质化竞争严重、绿色集约度偏低、发展特色不够鲜明以及营商环境改进迟缓等诸多问题。

从生命周期看，省内开发区大都处于高速成长之后的转型升级期，但转型动力不足与升级方向不够明确的问题突出；从开发模式看，以政府主导模式为主，通过开发建设类平台公司进行开发区项目的融资、投资、建设和运营，但在中央政府对地方政府负债以及地方平台公司融资限制、地方开发建设公司的融资规模受到控制的背景下，地方政府正面临着初期开发资金紧张的难题；从建设内容看，土地一、二级开发做得较实，而更高层次的招商引资、产业发展以及升级版的园区服务则相对薄弱。这意味着开发区治理正持续不断出现新需求，回应这种新需求的新供给尚未完全成型，特别是如何走出工业化时代的官僚制管理模式、构建从工业经济向与"第三产业革命"接轨的"中国新经济"转轨时期的契合性治理体系，尤为急迫。因此，持续创新治理体制机制、全力促进开发区转型升级，成为当下及今后相当长一个时段内着力深化改革创新的重要领域。

二　创新体制机制，促进开发区转型升级的对策建议

1. 回应开发区的综合性新城发展需要，加快政区一体化体制建设。一是单一的管委会不具有完整政府职能的管理体制，要向能够同

时承担经济开发职能和社会管理职能的新体制转变，开发区与所在或邻近的行政区融合或成为独立的行政区，建立一级政府，向公共服务型政府快速转型。二是按照民主和法治的要求，一体化解决开发区管理机构法律地位不明、区域经济社会管理中缺乏行政主体地位和行政执法资格等问题，强化经济职能之外的社会、文化、生态等方面的管理服务职能。三是建立完善经济社会发展规划、城市发展规划、土地利用规划、生态环保规划“四规融合”的新型现代化城区规划管理新体制。推进多规融合、产城融合、建管融合，优化中央商务、科教创新、高端制造、国际物流、总部经济、旅游度假等板块功能布局尤为重要。四是建立以经济、政治、文化、社会和生态指标为主的行政绩效综合评价体系。整合规范行政执法主体，建立质量技术监督、食品药品监管、知识产权、工商、税务等领域跨部门、跨行业综合执法的综合监管体系。健全完善社会信用体系建设，实施信用分类管理，建立企业诚信管理制度。

2. 全力提升开发区的整体性治理，构建回应性组织体系。一是深化大部门制改革。形成大规划建设、大环境保护、大交通运输、大文化管理、大市场监管、大社会保障的治理格局，突破碎片化治理。采用“三张清单、一张网”模式，即政府权力清单、责任清单、负面清单，形成公共管理服务网络。二是撤并乡镇改为街道建制。在建成区产业和人口集聚度高的开发区内，采用街道方式让服务下沉，形成经济事务的“政府—街道—市场”和涉民事务的“政府—街道—社区”的界分治理。三是建议在各开发区管理层面设立“一带一路”促进办公室。面向陆路丝绸之路、海上丝绸之路和空中丝绸之路，形成全面立体对接国家“走出去”重大战略的实施力量。四是发展和完善以开发区管理服务部门为主要依托的区域府际协调合作。将开发区的建设发展，协调整合到长江经济带发展战略、长三角城市群发展规划、江苏沿海开发战略，以及扬子江城市群建设、宁杭生态经济发展带和宁宣黄成长带建设等重大战略和布局之中。研究成立“长三角国家级开发区转型升级联盟”“长三角国家级开发区绿色发展联盟”

“长三角国家级开发区协同创新联盟”等载体，促进区域高阶、联动、一体化发展。

3. 开展政务服务的供给侧结构性改革，促进服务一体化升级。一是在服务内容上，构建助力企业产业升级和园区创新转型的立体体系。横向上拓展包括人才、法务、税收、IT系统等功能性服务，纵向上创新包括研发中介、融资、销售展会等在内的跨产业链服务，实现以增值服务为中心的开发区运营与服务能力优化。二是在服务机制上，加速政务服务的规范化、品牌化建设。通过加快行政审批制度改革实现政务服务提速增效，夯实“放管服”结合，在“一证一码”“三证合一”“五证合一”等方面形成更便捷高效的服务。探索“一窗式受理、一站式审批”的综合审批服务运行模式，推行并联审批，探索试验全程电子化登记和电子营业执照管理。三是在服务方式上，形成多元化的公共产品与服务供给模式。整合政府主导型、市场主导型、社会志愿型等多种供给模式，优化使用市场化（如BOT、BOO、PPP等）、工商化和社会化等治理工具，形成政府、市场、社会三方力量有机结合的服务力。目前，尤其要注重完善政府购买服务机制，鼓励社会资本和各类NGO、NPO广泛参与，构建区产城融合背景下的以项目为导向的公共服务机制。

4. 探索外资利用方式的多样性路径，促进产业与金融服务相结合的资本化升级。现阶段，省内开发区大多进入到模式创新和服务升级期，更加需要优质快捷的金融服务全面助力产业的快速转型。如让产业园区的开发和运营商提供金融中介和企业融资服务的同时，引导其向投资业务拓展，突破以绿地投资为主的单一利用外资方式和依靠低成本的单一引资模式，同时鼓励本土企业与跨国公司构建战略联盟。摆脱单向度的融资投资模式，创新利用外资方式和管理体制，以金融活态激发开发区转型活力。同时，围绕业已在开发区的公司企业进行具有产业升级导向的二次招商，引导既有经济体的总部型升级以及区域外总部企业的迁移入驻，做实做优“腾笼引凤、拆笼引凤、借笼引凤”。

5. 营造根植性的创新系统，及时调整开发区治理的着力点。一是载体上，加速向“一区多园、创新集群”方向转变。在既有基础上，形成诸如创意产业、国际科技、纳米城新材料、生物产业园区等创新集群。通过打造“创新社区”中的集成式深度创新，实现“产业散点—产业链条—产业集群—产业集网—类产业化”的梯级累进。二是内容上，要注重做价值、做品牌、做产业链（而非简单的要素集聚）、做行业标准，引导集约型和集群式的发展。一则“双面向”，即面向深度工业化和面向服务智能化，全力发展新产业、新技术、新业态、新模式“四新经济”。二则“双机制”，探索企业转型升级促进机制和战略性新兴产业聚焦发展机制，主动对接“中国制造2025”，在新能源、节能环保业及新材料、电动汽车等新兴产业方面寻求新突破，持续打造足以支持新兴产业发展的“集成孵化器”和服务加速器。三是内涵上，“品质开发区”建设至关重要。江苏开发区要走好特色发展、高端发展、绿色发展之路，形成优化发展质态。

（作者黄建洪，苏南政府治理与社会治理现代化研究基地骨干专家，苏州大学教授）

大运河文化带江苏段建设的调查与建议

贺云翱

［**内容提要**］为贯彻落实习近平总书记关于大运河文化带建设的重要批示精神，沿线北京、浙江、河北、河南、山东等省市先后召开高规格的大运河文化带建设会议进行部署。江苏段在整个大运河文化带中的地位至关重要，理应担当率先建设成全国运河文化带示范段的使命。为此，建议：尽快召开全省大运河文化带建设会议，构建江苏大运河文化带建设协调管理机制；全力加强大运河江苏段文化遗产保护和生态环境的保护；推动编制整体性的《大运河文化带江苏段建设规划》，尽快制定出台《大运河文化带江苏段建设规范》；加快推进大运河文化带江苏段沿线基础设施建设；依托运河文化资源，大力推进大运河文化带江苏段新型经济带建设；落实和推动大运河文化带文脉建设、文化展示和宣传推广工作。

编者按：2017年7—8月，围绕江苏省社科联年初设立的“江苏大运河文化带建设研究”课题，江苏历史文化研究基地首席专家贺云翱教授带领相关研究人员，历时15天，沿大运河8市进行深入调查，形成专题研究报告，供省领导参阅。

2017年2月，习近平总书记考察北京大运河森林公园时强调，“要古为今用，深入挖掘以大运河为核心的历史文化资源”，“保护大运河是运河沿线所有地区的共同责任”。6月4日，习近平总书记再次专门就大运河文化带建设作出重要批示，“大运河是流动的文化”，要“保护好、传承好、利用好”大运河这一祖先留给我们的宝贵遗产。张高丽、刘延东、刘奇葆等中央领导同志也就大运河文化带建设做出批示。大运河文化带建设已经成为打造展示中华文明的金名片、彰显文化自信的地标性工程、传承中华文脉的重要系统工程。为贯彻落实习总书记重要批示精神，沿运省市动作不断，北京、浙江、河北、河南、山东等省市以及国家文物局已先后召开大运河文化带建设会议，积极落实中央要求，推进本省市大运河文化带相关工作。

江苏省委省政府对江苏大运河带建设高度重视，李强书记、王燕文部长先后做出重要批示。江苏是大运河的起源地，是大运河河道路线最长、流经城市最多、运河遗产最丰富、列入大运河世界遗产点段最多的省份。千年流淌的人工大运河把江苏境内的大江、大河、大湖、大海联通，构成水乡江苏、繁荣江苏、生态江苏、文化江苏、美丽江苏的骨干网络。在国家推进大运河文化带建设工作中，江苏有充分条件发挥示范带头作用，以大运河为核心，以运河遗产资源为支撑，以运河沿线城镇、湖泊、重要支河为节点，打造纵贯江苏南北的文化带、生态带、城镇带、经济带、发展带，在运河全线率先建成具有江苏特色的大运河文化带。

一　充分认知大运河文化带建设对于江苏的重大意义

1. 这是落实中央号召，建设中国大运河文化带的重要战略行动。大运河曾经是历史上沟通我国北方政治中心与南方经济中心的通道，是连接海上丝绸之路与陆上丝绸之路的纽带，在中华文明的统一、持续发展中，占据着难以撼动的地位，是当代复兴中华优秀传统文化的重要切入点。在历史发展进程中，大运河形成了内涵独特的交通带、城市带、经济带、供水带、文化带，尽管今天其交通地位有所下降，但是沿线长期积累的文化资源具有巨大的现代传承、串联、开发、发展意义。大运河江苏段还是我国南水北调东线水源地所在，生态文明建设的价值重大。大运河文化带与当前国家“一带一路”建设、长江经济带战略、京津冀协同发展三大战略有直接联系，尤其江苏是“一带一路”的“交会点”，应从国家高度认识江苏大运河文化带建设的战略性意义。

2. 这是提升大运河作为世界遗产和国家重点文物保护单位的保护与利用水平的重要机遇。2006 年，大运河列入国家重点文物保护单位；2014 年 6 月，中国大运河成功列入《世界遗产名录》。如何做好这一超大型线性活态遗产的保护利用，成为摆在江苏各级党委政府和文化文物部门面前的重大课题。通过实地调研发现，大运河沿线遗产保护工作还存在不少问题，有的地方遗产保护意识淡薄，有些重要遗产点环境差，存在重申报轻保护的现象。部分运河河段堤内分布有密集的小码头、堆栈、货场、酒店饭馆等，河床漫滩上有大量坟地，不仅影响泄洪和河道安全，而且也是对运河遗产、环境与景观的破坏，部分城市运河堤内甚至分布有成片房屋以及不同部门建造的各种构筑物等。这些问题牵涉到大运河江苏段管理部门众多的问题。由于长期存在“九龙治水”的现象，加之运河属于活态遗产，大运河文化带涉及的直接管理部门除了水利、航运、文化文物等部门外，还有环保、国土、渔政、农业、建设、规划、城管、园林、旅游等多个部门。一些具体的运河遗产点也是分属不同部门管理，有的是文物部门直管，有的是建设、园林、宗教部门管理，还有的甚至是企业在管理，管理头绪较为复杂。借助国家及我省大运河文化带建设契机，可以完善大运河遗产保护利用长效机制，解决过去长期存在的问题，大力提升大运河沿线文化遗产保护利用水平。

3. 这是推进运河全线及周边地区协调联动、实现区域均衡发展的重要抓手。大运河江苏段纵贯江苏全境，全长约 700 公里，连通了长江、淮河两大河流，太湖、高邮湖、洪泽湖、骆马湖、微山湖等五大湖泊。沿线拥有全省 60% 的人口、66. 3% 的经济总量。江苏提出的“江淮生态大走廊战略”与大运河存在空间上的重叠，两者具备协同发展条件。其中，大运河所经的苏北地区是江苏扶贫开发重点攻坚区域，也是南水北调东部工程的主要通道，应借助大运河文化带建设机遇和相关项目实施，加大基础设施以及沿线城镇的经济、社会、文化、生态的投入，推动区域产业转型升级、水环境治理和文化特色资源开发，进一步实现各大功能区均衡发展的目标。同时，发挥运河干流、支流及与其互通的长江、淮河、沿海等水体和文化空间，串联扬子江城市群、沿海经济带、江淮生态经济区及淮海经济区，助力实现省委提出的“1+3”功能区战略构想。

4. 对发挥运河遗产有多重价值，推进江苏文化强省建设有重大战略意义。大运河文化带不仅将江苏的楚汉文化、淮扬文化、吴文化、江海文化等传统地域文化有机串联起来，也将陆上丝绸之路和海上丝绸之路联系在一起，形成了兼收并蓄、包容多样、独具魅力的江苏运河文化系统，是富含江苏文化特质的传统文化大宝库、爱国主义教育的大走廊、文化创新转化发展的大空间。大运河是活态的，不仅是历史的也是当代的，除了丰厚的运河历史文化保护利用外，在文化带建设中，还应加大现代公共文化、生态文化、文化产业、文化旅游业等领域的投入，提升运河沿线城市、集镇、乡村文化建设水平和能力，为实现文化强省目标提供新途径、新动力。

5. 对“精彩江苏”文化旅游品牌战略的实施具有支撑作用。江苏大运河沿线8市在运河文化旅游业方面展现出较大的热情，基本树立了各自的运河文化旅游形象，如苏州有“东方威尼斯”之称；无锡为“民族工业起航地”；常州有“东坡遗韵、名仕青果”；镇江有“江河交汇、城市山林”；淮安称“运河之都”；宿迁为“生态运河、湿地交响”；徐州有“汉韵辉映、清明上河”之称等，已经分别开发出苏州古城、无锡清名桥、镇江西津渡、扬州双东历史街区、淮安古城及清江浦、泗阳妈祖文化园、宿迁项王故里、新沂窑湾、徐州户部山等较为成熟的运河文化旅游集聚区以及洪泽湖古堤悬湖景观带、宿迁中运河景观带等。当然还有一些重要文化资源有待发掘利用。通过当前大运河文化带建设，既有利于改进目前存在的苏南区域运河旅游的组织和效益明显好于苏中和苏北的现状，打造江苏省运河文化名城旅游带，也有利于进一步发掘资源，规划项目，整合力量，吸引投资，提高档次，弥补空缺，让江苏特色的、多样的、丰厚的地域文化能够成为整个中国大运河文化带上区域文化的绚丽部分。

二　大运河江苏段文化带建设的定位和设想

1. 积极落实习近平总书记批示精神，将大运河文化带江苏段率先建设成为全国大运河文化带示范段。大运河江苏段在中国大运河体系中占据着极其重要的地位。建议江苏省在大运河文化带建设过程中，深入落实习近平总书记及国务院有关领导批示精神，以率先建设成为全国运河文化带示范段为目标，以若干重大建设项目和工程为支撑，以文化建设为引领，带动大运河江苏段经济、社会、生态文明等相关建设上水平，使之成为彰显江苏地域文明特色和深厚人文底蕴的标志性工程。

2. 以大运河江苏段为坐标轴，把河道本体和依托河道的村、乡镇、县、市作为建设重点，通过导示系统的设立，全面展示运河文化风采、文物古迹和非物质文化遗产的保护成就。通过导示牌等实体和运河文化空间导示信息系统建设，使沿运的河段、堤、闸、桥、码头、庙、碑刻、名人遗迹、水利遗产、村、镇、城以及相关各类文化遗产，一切历史性的、文化性的建筑物、构筑物、设施等，都具有清晰、科学、标准的内容表达，让人们真正感受到大运河江苏段文化的积淀深厚、历史悠久、形态多样、科技高超、价值独特、意义深远。

3. 打造江苏“运河文化名城、名镇、名村带”，构建“一河了解中华文化精华”的核心空间。把大运河江苏段穿过的8座地级市及邳州、泗阳、盱眙、洪泽、宝应、高邮、丹阳、吴江等县区市作为文化带辐射地域，展示沿运城市各具特色的文化形态和文化成果，展示这些城市有代表性的运河地域文化，推进特色城市、城镇和美丽乡村建设，使之成为大运河特色城市城镇带。

4. 江苏省在大运河文化带建设中，要注意多线空间的表达，同时重视沿运湖泊、支河的节点打造，将运河文化带建设辐射全省。大运河在江苏境内并非是一条南北单线，而是呈多线、复线带状分布。列入国保单位或世界遗产点段的隋唐宋时期的通济渠故道通过盱眙一线连通安徽运河段，元明时期的古黄河段通过徐州一线连通河南运河段，清代开通的京杭运河通过邳州一线连通山东运河段，稳定的江南运河连通浙江运河段。多线运河并存格局是江苏大运河文化带建设的重要特色，也是省际联动的文化载体，尤其是跨省结合部应重点协同打造。此外，江苏大运河在发展过程中，沿线有胥河、老通扬运河、浏河、六塘河、太浦河、盐河、苏北灌溉总渠等，这些运河支道以及长江、淮河将江苏沿海城市和诸多海港与大运河紧密连为一体。应重视这些河段与运河节点及延展部分的通畅、环境整治和文化景观建设。应将微山湖、洪泽湖、骆马湖、高邮湖、邵泊湖、太湖等与运河直接连通的湖泊及环湖地区与大运河文化带进行一体化打造，大幅提升江苏整体文化建设和生态文明建设水平，建设多样而一体、传统文化与现代文明高度结合的现代化新江苏。

5. 大运河文化带江苏段建设的主要内容包括沿河的文化遗产带、文化景观带、公共文化带、生态文化带和文化旅游及创意产业带建设，把运河文化资源串联起来，放大运河文化效应。大运河文化带建设过去都是以点状项目建设为主，比如扬州、淮安、苏州、徐州等都着眼于自己的项目。目前大运河文化带建设应更加需要全局观，既重视样板城市，也推进大运河沿线所有城市、乡镇一起行动，互联互通，把运河沿线文化亮点串起来，让人们充分体验到江苏大运河文化的丰富性、多样性、共通性，让大运河文化带建设造福于江苏沿运乃至全省。

三　大运河江苏段文化带建设重点工作建议

1. 尽快召开全省大运河文化带建设会议，构建江苏大运河文化带建设协调管理机制。建议江苏省尽快组建“江苏大运河文化带建设”领导机构，适时召开大运河文化带建设工作会议并形成常态化工作机制，确定牵头部门，加大运河管理部门之间的沟通力度，统筹协调运河文化带建设相关工作。沿线城市需在地方党委政府的主导下，组织发改、国土、水利、航运、农业、建设、规划、文化、文物、旅游、教育、宗教、园林和社科联等部门参与大运河文化带建设工程。建议组织“江苏大运河文化带建设专家委员会”作为智库，确保大运河文化带江苏段建设在调查、论证、评估方面的科学运行。

2. 全力加强大运河江苏段文化遗产保护和生态环境的保护。习近平总书记强调要保护好大运河，其核心和基础就是运河遗产和运河环境的保护。属于国保级列入世界遗产名录的大运河江苏段在文化遗产保护方面，要严格执行相关国际公约和国内法律法规，保护和展示好世界遗产，继续做好大运河相关文物的考古、研究与认定工作，把现存历史文化遗存无一例外地保护下来。对近年来新发现的遗址、遗迹依据价值评估和保护需求应尽快公布为文物保护单位，对运河沿线的非物质文化遗产及历史地名加强调查和定级，确保大运河沿线文化遗产得到有效保护。继续发挥设立于扬州的大运河遗产保护管理办公室的作用，加强沿运世界遗产点段的日常检查、保护监督和问题整改。

生态环境方面，要把“还河于民、造福于民”作为运河综合保护的根本出发点和落脚点。通过对威胁运河遗产安全和环境的沿岸住宅、各类生产单位进行就地整治，在河身之内的应列入搬迁计划。持续开展针对违章建设、违规排放和小码头、小砂场、小企业等综合环境整治工程，恢复运河的生态、文化功能，创造宜人的滨河环境，让市民群众能亲近运河、游览运河、品味运河。要加大运河环境景观控制力度，分段明确整治目标和责任，并形成长效管理和监督机制，确保大运河遗产和生态环境得到持续有效保护，再现“千年运河”的丰富内涵、独特风采和文化底蕴。

3. 推动编制整体性的《大运河文化带江苏段建设规划》，尽快制定出台《大运河文化带江苏段建设规范》。大运河文化带建设是系统的社会工程，需要集中社会各方面力量、从不同文化视角切入。根据此次中央关于大运河文化带建设的总体目标与江苏的实际需要，推动编制整体性的《大运河文化带江苏段建设规划》，时限为2017年至2030年。同时编制《大运河文化带江苏段旅游发展规划（2017—2030）》及若干子规划，形成江苏大运河文化带建设的整体思路和科学引领，通过“整体保护、积极创造”，实现大运河文化的系统整体保护与合理传承发展，让大运河文化更好融入现代生活，推动形成具有世界广泛影响力的江苏大运河文化带，复兴彰显中华文化的魅力。

为防止无序开发和同质性建设，建议按照江苏大运河沿线城市城镇的优势和不同特色，以世界遗产及国家重点文保单位管理标准为基础，参考水利、交通、环保、景观、旅游等相关法律法规，制定大运河文化带建设规范。一方面在宏观层面提出倡导性建议，鼓励各地发挥主动性创造性，推动大运河文化带建设呈现多姿多彩的局面；另一方面列出负面清单，树立底线思维，防止变味走调、景观臆造、互相模仿甚至搞破坏性开发。

4. 加快推进大运河文化带江苏段沿线基础设施建设。首先，加大对运河故道的修复工作。如明清运河故道作为世界遗产地，目前河内长满了树木、农作物、杂草等，基本已经淤积成为陆地，建议恢复成为河道遗迹湿地状态，保持古运河的基本形态；再如作为元明时期运道的古黄河（也是古泗水遗迹），从长远来看，应进行打通，根据实际情况实现全线或部分河段通水通航，并做好沿线景观及文化资源开发利用。其次，尽快实施大运河两岸陆路交通的贯通工程，打通断头路，改造提升现有道路标准，建设高标准车、步道，尤其应重视省际、市际、河流交叉点河段的道路设计与建设标准，实现运河两侧或单侧堤岸沿线车道贯通，让大运河江苏段全线堤岸可以互联互通，有利于社会开展自助旅游。

5. 依托运河文化资源，大力推进大运河文化带江苏段新型经济带建设。建议尽快制定《大运河文化带江苏段新型经济带建设五年行动计划》，明确大运河新型经济带的发展空间以及鼓励发展的业态类型。以沿运水利风景区、历史街区、名镇、工业遗产区、重点文化景观区等为依托载体，充分调动相关产权管理机构的积极性，发挥各类市场主体作用，在加强运河文化品牌建设和保护的同时，培育和发展沿线现代新经济带，包括文化创意、设计、休闲、健康、旅游、体育、信息经济、科技研发等新型科技文化经济业态，促进运河文化创意品牌、科技品牌、旅游休闲产业品牌等建设的跨界融合，打造一个具有国内领先地位的大运河现代新型经济带。

大力推进大运河江苏段运河文化特色旅游产业的发展，助力“精彩江苏”品牌建设。江苏大运河沿线旅游资源十分丰富，包括运河河段、水利工程、古桥及码头、历史城市及镇村街道、历史建筑及园林、古遗址、名人遗迹、宗教遗产、传统工艺美术、传统美食、文学艺术遗产、中外文化交流遗产等。建议重点建设由大运河串联的吴文化、淮扬文化、楚汉文化、江海文化旅游体系，结合相关新型业态，加强整体设计和科学规划，高标准建设。设立“江苏省运河文化带国际旅游节”，在运河沿线城市轮流举办，在取得成功经验后，建议上升到国家层面，成为“中国大运河文化带国际旅游节”。沿运河两岸规划建设运河文化生态旅游区，组织运河主题旅游、健身和体育赛事。可合作成立全省性大运河文化带旅游公司，企业化运作，实现我省大运河全域旅游联动，把运河文化旅游业做大做强。

6. 落实和推动大运河文化带文脉建设、文化展示和宣传推广工作。建议加强基础性研究和运河遗产调研，实施“大运河江苏段文脉整理工程”，全面挖掘梳理大运河相关古籍、地方志、古地图、考古报告、文化遗产调查成果、经典历史文化研究成果等相关资料，形成运河文化文献集。加大运河沿线城市的运河专题博物馆建设，全面展示与大运河文化相关的各类历史文化成就，到“十三五”末，基本形成大运河文化主题博物馆群（带）。同时，建设“虚拟无界大运河”数字化展示工程，将古运河沉淀的历史资源与当今社会的信息化结合起来。宣传、文化部门应加大大运河文化带宣传平台的构建，推动建立沿运城市联动的日常性运河文化宣传推介体系，让源远流长、内涵博大、造福中外的大运河文化走向全国，走向世界，走向未来。

研究基地：江苏历史文化研究基地

首席专家：贺云翱、龚　良、刘庆柱

课题负责人：贺云翱　南京大学文化与自然遗产研究所所长、教授

课题组成员：干有成、陈思妙、路　侃、万圆圆、万联佳、费和平

借鉴世界流域管理经验构筑江淮生态大走廊

黄贤金

［内容提要］江淮生态大走廊流域面积占江苏土地总面积的40%，但创造的GDP仅为江苏全省的1/4；同时，长期以来生态保护功能定位不够。根据《江苏省生态红线区域保护规划》，该区域一级、二级生态管控区面积仅为19.69%，低于全省22.23%的占比。结合莱茵河生态治理、田纳西河流域地区综合开发、爱达荷州河流经营计划、魁北克资源开发区建立等国外流域治理经验，提出了以保有河流自然属性为根基、强化流域综合管理为抓手、实现流域生态资产保值增值为目标、探索社区参与机制为重点的流域生态与区域协同发展新机制，为江淮生态大走廊建设提供借鉴参考。

人类社会因流域而生存和繁荣，流域生态是“山水林田湖生命共同体”的重要组成部分，是人水关系最为集中的体现。国内外发展实践均表明，流域生态与区域发展的协同，是流域生态健康的基础。江淮生态大走廊要构建生产发展、生活富裕、生态良好的人地关系格局，需要以探寻流域生态与区域发展的最大绿色公约数为前提。

一　保有河流自然属性，构筑流域生态与区域发展新空间

人与流域关系发展历经了膜拜自然、破坏自然、协调自然三个阶

段。经过一段时期人类通过对自身能力过高估计的“试错”，不断探寻流域生态与区域发展的最大绿色公约数。莱茵河曾是“欧洲最浪漫的臭水沟”，2002 年，联合国教科文组织将莱茵河中游即德国宾根到科布伦茨 65 公里长的河段列为世界文化多样性景观自然保护遗产。莱茵河生态治理，着重协调国家及国家内部地区之间关系，达成实现莱茵河流域生态治理的整体性统一认识，并针对裁弯取直、束窄河道的整治工程、洪泛区侵占与湿地排干以及沿河地区经济社会发展等对于河流自然生态系统的影响，依据莱茵河流域生态环境容量，采取了削减莱茵河流域污染排放、恢复自然生态系统特征的生态治理措施，实现了流域生态与区域发展的协同，成为世界上各大流域生态管理的样板。

江淮生态大走廊，连接长江、淮河以及有关湖泊等生态走廊，其规划建设要基于这些生态走廊的内在关系以及相互影响，按照生态伦理的理念，充分凸显河流自然属性特征，注重保护自然生态特征的整体性以及重点水生态系统节点，如重要湿地空间、重要渔业资源保护空间、水源地区域等；同时，要统筹经济社会发展的需要，以流域以及不同河段的生态环境容量为“底盘”，合理布局重大基础设施、重要城市及产业发展，探索人水和谐的平衡空间。

二　强化流域综合管理，构建可持续增长的流域经济体系

让流域综合管理成为推进流域经济社会发展的重要举措，是实现流域生态与区域发展的关键。田纳西河流域位于美国东南部，全长 1600 公里，是俄亥俄河流域流程最长、水量最大的支流。20 世纪 30 年代初，该流域是美国的低收入水平、低城市化发展区域，其收入水平及城市化人口分别为全美平均水平的 1/2，洪涝灾害、水土流失严重。作为应对经济危机重要措施，罗斯福政府提出田纳西河流域开发战略安排。1933 年，美国联邦政府机构田纳西河流域管理局成立，

承担规划、开发、经营、管理流域职能，全面协调流域经济社会发展与水资源利用保护，以及各州与有关部门之间的关系。经过半个多世纪综合开发，田纳西河干流上兴建了具有防洪、航运、发电、供水、灌溉、旅游、渔业、环境保护等综合功能的水利体系，在有效推进工业化、城市化发展的同时，带动了旅游业发展。国家、州、地方（市县）和私人在田纳西河流域河湖之滨、山间林中建设1100多个公园、自然保护区、国家森林、公用娱乐区、商业性游息疗养地等，形成高品质的旅游休闲度假区。

江淮生态大走廊是南水北调东线水质安全的重要保障，长江经济带东部地区最重要的生态安全走廊，以及淮河入江水道整治的重要工程所在地。这一走廊区域所涵盖的扬州、泰州、淮安、宿迁、徐州等5市，是江苏省经济正在崛起发展的新空间。要通过对江淮生态大走廊区域的统筹规划管理，实现生态共建、环境共治、发展共同，从全流域协同不同区域、不同部门之间相互关系，实现流域生态与区域发展的总体平衡，全面提升生态大走廊区域经济社会可持续发展能力。

三　实现流域生态资产保值增值，构建绿水青山国土新空间

流域生态资产的保值增值是流域开发的前提，即在流域区域发展中，不断改善流域生态系统，提升流域可持续发展能力。流域生态系统的修复、恢复或重构的过程，也是一个生态产品需求的创造过程。美国爱达荷州一河流经营开发公司实施“河流经营计划”，创造出州内第一条鲑鱼可以产卵的都市河流，并将其与房地产开发项目结合起来，营造出河流清澈、青草繁茂、小湖遍布、野生动物栖居的良好生态环境，成为爱达荷州渔牧管理部门修复都市河流的样板工程。

江淮生态大走廊要建设南水北调东线清水走廊，拥有微山湖、洪泽湖、骆马湖、高邮湖等湖泊生态板块，是重要的生态空间带。根据南京大学完成的《江苏绿色发展评价报告（2015）》，该区域自然资

本总价值3.66万亿元。因此，江淮生态大走廊建设，需要结合自然资源负债表制度的试点示范，构建符合江淮生态大走廊区域特征的生态资产价值核算体系，以生态资产保值增值为目标，打造推进江淮生态大走廊区域可持续发展的“金山银山”。

四　探索社区参与机制，构筑生态富民的生态大走廊

生态资本不断增值以及人们对于生态资本需求的不断增加，使得生态经营效益持续增长。生态环境治理投入不断增加，以及流域生态补偿机制日益完善，将改变生态脆弱区或保护区城乡居民的生计方式，实现有效生态富民。从1978年开始，加拿大魁北克省开始通过建立资源开发区实施资源保护。第一个资源开发区由地方社区管理，主要提供狩猎和捕鱼等服务，之后又相继建立大西洋鲑鱼资源开发区和水鸟资源开发区。每个开发区都由一个非营利性公司专门管理，其与政府签订合约，通过对使用者收费发展休闲业，帮助监控鱼类和其他野生动物的数量和种类。一开始政府投入前期运行费用，到后来每个资源开发区都能依靠自己的收入运行。随着经营收入不断增加，资源开发区不断改善野生动物的生存条件，野生动物数量不减反增。

江苏省现有各类自然保护区30个，有15个在江淮生态大走廊区域。进一步建设湿地或自然保护区，需要改变“画地为牢”式的管理体制，让社区或当地居民融入自然保护区的建设管理，探索流域生态治理保护的社区参与机制，为生态富民提供制度保障，不断提高自然保护区建设效率，为改善居民生态福利、促进生态富民提供积极支撑。

（作者黄贤金，南京大学教授，教育部长江学者）

江苏民营企业参与精准扶贫需要注意的几个问题

卜　海

[内容提要] 随着脱贫攻坚关键战的深入进行，江苏省越来越多的民营企业参与精准扶贫，并取得较大成效。但依然存在奉命扶贫现象突出、碎片化资助方式居多、“扶强不扶弱”的马太效应明显、造血式扶贫相对滞后等问题。主要是因为参与精准扶贫的认知存在偏颇、主动精准扶贫的积极性发挥不够、多元扶贫主体联动机制不够紧密、激励民营企业精准扶贫的政策力度不大等。建议：加大宣传民营企业在精准扶贫中的地位和作用；赋予民营企业精准扶贫项目的决策管理权；完善和发挥多部门精准扶贫联动机制的引导作用；实施更大力度的民企精准扶贫差别化激励政策。

随着脱贫攻坚关键战的深入进行，江苏省越来越多的民营企业参与精准扶贫。但是，在民营企业参与精准扶贫取得较大成效的同时，也存在着一些问题，要予以足够重视，并采取相应的解决措施。

一　江苏民营企业主动参与精准扶贫的情况和主要问题

开展“百企帮百村”精准扶贫行动以来，全省民营企业一共落实帮扶项目661个，投资总额5.46亿元，帮扶贫困村580个，帮扶贫困人数5.97万人。2016年，全省民营企业投入各类帮扶资金3.09亿元，4.67万贫困群众受益，其中还有145家民营企业开展异地帮扶，落实各类帮扶资金2.57亿元，帮扶贫困人数1.3万人。

1. 奉命扶贫现象突出。部分民营企业在参加“百企帮百村”精准扶贫活动中，存在“奉命扶贫”的现象。一些民营企业家坦言，政府号召和主导精准扶贫，要积极响应，但钱投出去了，却没能形成与被帮扶对象的良性互动。因此，部分民营企业在投入资金方面比较“保守”，大多以企业当年利润的5%—8%为限。

2. 碎片化资助方式居多。总体而论，江苏民营企业积极参与精准扶贫的投入资金总额不少，但碎片化资助的方式较多。不少企业习惯于在节假日开展走访贫困户和捐助物品等送温暖活动，开展精准扶贫工作时主要以捐助资金为主，缺少对帮扶对象整体产业升级的谋划和实施。在扶贫方式上，侧重经济扶贫，参与贫困地区健康扶贫、教育文化扶贫的程度不够。

3. “扶强不扶弱”的马太效应明显。民营企业目前积极参与精准扶贫，主要以省级经济薄弱村为单位进行开发式扶贫，具体方式有产业扶贫、新村扶贫、劳务扶贫等。但是，由于经济薄弱村中住户本身客观存在的差异，往往会形成具有较强能力的相对贫困住户受益较多，而绝对贫困的住户受益较少。这种情况的累积，使民营企业在开发式扶贫背景下的项目进村，往往会产生“扶强不扶弱”的马太效应，甚至形成对绝对贫困户的严重排斥。

4. 造血式扶贫相对滞后。有些民营企业在精准扶贫过程中也重视培育贫困地区的自我发展能力，开展“造血式”扶贫，以形成省级经济薄弱村脱贫的长效机制。但是，也有相当一些民营企业仍是简单地“给钱脱贫”，注重“输血”而忽视必要的扶“智力”、扶“志气”，以致造血式扶贫相对滞后，对部分省级经济薄弱村贫困户存在的等、靠、要“精神贫困”估计不足，出现一些扶贫后又重新返贫的现象。

二　江苏民营企业精准扶贫存在问题的原因分析

1. 参与精准扶贫的认知存在偏颇。一是相当一部分民营企业对参与精准扶贫的认知依然停留在捐钱和修路、建水渠数量层面，没有意识到精准扶贫与企业自身发展密切相关，更谈不上利用政策和自身优势进行涉农项目投资，创建具有带动示范作用新型产业发展格局。二是认为江苏是全国经济发达省份，绝对贫困问题不严重，贫困状况不突出，民营企业对省委省政府提出的新一轮扶贫开发工作目标了解不足、精神掌握不透。三是对江苏精准扶贫的目标认识简单，认为江苏已经提前实现中央提出的2020年全国扶贫标准，进一步完成“两聚一高”目标下的脱贫任务要求很简单。个别的民营企业家利用参与精准扶贫跟风做秀，将其作为获取自身利益和政府潜在政策支持的工具。

2. 主动精准扶贫的积极性发挥不够。目前江苏民营企业在参与精准扶贫方面，奉命扶贫的现象突出，主要原因是政府是扶贫工作中最为重要的主体，在贫困的识别、帮扶、管理、考核等各个环节中，党委政府承担着主体责任。有些民营企业参与了精准扶贫的项目开发，但选择目标主要以当地党委、政府的建档立卡为导向，自己的想法与当地政府和被扶贫对象之间难以达成共识，出现走过场现象，如在考察项目、投入资金、出席签字仪式等活动中现身，之后则放松对扶贫项目的后续管理，任其发展。

3. 多元扶贫主体联动机制不够紧密。江苏的精准扶贫工作开展以来，总体上是有序推进不断深入的，在省委省政府领导下，民政、财政、人社、税务、教育、卫生等部门共同参与扶贫工作。但是，多元化的部门扶贫主体之间缺乏经常有效的沟通，联动机制不够紧密，甚至出现重复扶贫，不仅造成有限的扶贫资源浪费，也使得民营企业在响应省委省政府号召主动参与精准扶贫时，面对各个部门的指导和要求无所适从，既难以准确地帮助贫困对象有效脱贫，又在一定程度上挫伤其参与精准扶贫的积极性。

4. 激励民营企业精准扶贫的政策力度不大。精准扶贫是一项系统工程，大多数民营企业积极参与精准扶贫，与其回馈家乡邻里、履行社会责任的意识相关，也与其通过精准扶贫，拓展企业发展空间、实现“两个健康”的考量密切关联。当前精准扶贫先期投入较大，而得到的利益回报相对较小，需要在政策上对民营企业参与精准扶贫的行为给予一定激励。江苏省2014年出台了《关于组织民营企业开展村企挂钩，扎实推进社会扶贫工作的指导意见》，明确在尊重民营企业自主权、不搞行政干预的基础上，落实优惠政策，建立激励机制等政策，引导企业主动参与精准扶贫。但不少参与精准扶贫的民营企业家认为，目前的激励政策导向力度不大，有关部门应该联合制定一些力度更大的导向性激励政策。

三　进一步激励民营企业参与精准扶贫的政策建议

1. 大力宣传民营企业在精准扶贫中的地位和作用。民营企业在扶贫开发中的作用和地位，经历了自发、自觉的变化。民营企业作为市场经济发展的主体，能够将贫困人口的发展需求与企业的发展能力有效对接，催生贫困地区发育新经济组织，提高自我发展能力，有利于促进企业形成多元平衡和高效运作的开放型运营机制，创造出更高更好互利共赢模式。可见，民营企业在政府扶贫、市场扶贫、社会扶贫三维联动的精准扶贫大格局中任重道远，应大力宣传民营企业在精准扶贫中的地位和作用，促进全省精准扶贫工作的开展。

2. 赋予民营企业精准扶贫项目的决策管理权。贫困地区要及时发布其经济和社会发展情况，公布地区产业发展的政策指导，尤其是在选择和确定精准扶贫的产业化开发项目过程中，要倡导和形成平等协商、坦诚相待的宽松环境，共同规划和实施促进发展的最佳路径与措施。精准扶贫的产业化开发项目建设和运营要遵循市场规律，尽可能借鉴和发挥民营企业的管理优势，使民营企业形成高度的使命感和责任感。

3. 完善和发挥多部门精准扶贫联动机制的引导作用。要在省市县三级形成参与精准扶贫的民营企业与民政、统计等部门合作机制，通过建立社会扶贫资源信息交流共享平台，多部门多主体共享贫困人口、贫困村、贫困地区的信息资源，建立统一的贫困人口识别系统和瞄准机制，为实施精准扶贫提供准确的基础资料，降低精准扶贫产业项目选择和决策成本。梳理调整各扶贫主体已经出台的优惠和激励政策，提高政策针对性、有效性和操作性，避免交叉和重复。

4. 实施更大力度的民企精准扶贫差别化激励政策。一是要区别民营企业的公益性扶贫和产业造血的功能性扶贫，重点激励民营企业实施功能性造血的扶贫项目，在执行现有的企业年度利润总额12%的公益性扶贫支出抵扣应纳所得税额的基础上，将企业用于功能性造血支出抵扣应纳所得税额占年度利润的比重提高到20%。二是要借鉴其他省份激励民营企业参与精准扶贫的措施，对现有的激励政策力度适度加大，如根据国家相关税收优惠政策，明确规定民营企业在精准扶贫中开发符合国家鼓励发展产业指导目录的项目，且其主营业务收入占企业收入总额70%以上的，按减13%—15%的税率征收企业所得税。对民营企业实施精准扶贫促成的大众创业园、众创空间建设等载体，可以按孵化成功的企业数量，每家企业给予固定补贴。对于民营企业在扶持农村电子商务及农村旅游经济发展的产业项目，可按上浮20%的标准发就业补贴，并提供优惠贷款等。

研究基地：江苏民营经济研究基地

首席专家：蒋伏心、何昌林、沈　越

课题负责人：卜海　南京师范大学教授

江苏推进大运河文化带建设的思考

方标军

［内容提要］习近平总书记对保护、传承、利用好大运河文化做出重要批示。沿运省市迅速行动、加快落实。江苏是全国首个提出在大运河沿线城市全面建设大运河文化带的省份，一直注重文化遗产、文化产业和文化旅游并举，有能力、有基础把大运河文化带江苏段建设成为全国示范带。为此，建议：建立大运河文化带江苏段建设工作领导小组或联席会议制度，出台《大运河江苏段生态修复和文化传承规划》，制定《大运河江苏段保护条例》；高标准建设扬州、苏州文化名城；策划打造大运河文化活动品牌；设立大运河江苏段保护开发基金。

一　学习贯彻习近平总书记批示精神，大运河沿线省市迅速行动

中央领导同志关于大运河文化带建设的批示通知下达后，北京、天津、河北、河南、山东、安徽、江苏、浙江等省市高度重视，积极研究部署辖区内大运河文化带建设工作。据 2017 年 7 月 3 日《北京日报》报道，北京市委书记蔡奇就推动大运河文化带保护利用工作调查研究，市委副书记、代市长陈吉宁一同调研。蔡奇指出，北京作为全国文化中心，责无旁贷，应当做出应有贡献，起到带头示范作用。蔡奇强调，要本着保护、传承、利用的总原则，聚焦修缮文物、挖掘

内涵、整治环境、提升品质等环节，分别列出遗产类、挖掘类、环境类、水系类、文创类等项目任务清单，制订五年行动计划。7月18日，河北省长许勤主持召开联席会议，强调要高标准高质量地抓好大运河文化带建设重点工作，完善推动机制，建立大运河文化带建设联席会议制度，成立相关专职工作小组，制订科学细致的工作方案，把落实总书记重要批示精神的总体思路、工作重点、重大项目、资金安排等明确下来。

二　江苏两年前率先提出建设大运河文化带

大运河江苏段纵贯江苏全境，全长690公里，自北向南流经徐州、宿迁、淮安、扬州、镇江、常州、无锡、苏州8个设区市，沿线拥有全省60%的人口、66.3%的经济总量。作为中国古代最重要的南北交通大动脉和水利枢纽，大运河深刻影响了江苏的自然环境、人口分布、城镇布局和交通路线。今天的大运河江苏段仍是大运河全线通航里程最长、货流密度最大、运输效益最好的黄金水道，不仅将江苏的楚汉文化、淮扬文化、吴文化等地域文化有机串联起来，也将陆上丝绸之路和海上丝绸之路联系在一起，形成兼收并蓄、包容多样和独具魅力的江苏运河文化。大运河江苏段是大运河全线富有内涵特色的文化遗产带、具有观赏价值的文化景观带和最有发展潜力的文化产业带。物质和非物质遗产资源丰富，有149处全国重点文物保护单位、101项国家级非物质文化遗产，有遗产河段325公里、遗产区7个、遗产点22处，有10座国家历史文化名城、19座中国历史文化名镇、7座中国历史文化名村。沿线8市均为国家园林城市和中国旅游城市，以扬州瘦西湖为代表的5A级景区16处，国家级旅游度假区4座，4A级景区、省级旅游度假区占全省70%以上。现有8个国家级文化产业示范基地，4个国家级动画产业基地、影视基地，2个国家级文化和科技融合示范基地。

2015年7月，省政府在淮安召开大运河文化带建设座谈会，统筹谋划大运河文化遗产保护、文化产业升级和文化旅游发展，明确提出，以遗产资源为支撑，以沿线城市为节点，在大运河江苏段全线率先建成具有江苏特色的大运河文化带的工作目标。

近两年来，大运河江苏段沿线城市都建立了大运河专题展馆，从而有效增加了大运河遗产公共文化服务供给能力，提升了城市形象。淮安里运河、扬州双东历史街区、镇江西津渡、常州运河五号、无锡清名桥、苏州古城等具有大运河特色的文化景观，成功探索了运河遗产、文化创意和文化旅游等相结合的新的经济增长方式。作为大运河申遗工程的牵头城市，扬州建成了大运河扬州段遗产数字管理平台和遗产监测预警系统。从总体上看，江苏完全有基础、有条件、有能力把大运河文化带江苏段建设成为全国示范带。

三 做好江苏大运河文化带生态保护和文化传承的若干建议

1. 建立大运河文化带建设工作领导小组或联席会议制度。大运河文化带江苏段建设是一项重大的系统工程，涉及多个职能部门和行政区域。建议领导小组或联席会议由省政府主要领导任组长，省委、省政府分管领导任副组长，成员单位包括省委宣传部、省发改委、省文化厅、省文物局、省水利厅、省交通厅、省环保厅、省旅游局、省社科联等相关部门和大运河沿线 8 市人民政府。

2. 全面开展资源调研，研究出台《大运河江苏段生态修复和文化传承规划》。规划建设大运河文化带，要以文化建设为引领，以运河遗产为核心，带动沿线城市经济社会文化协调发展。建议省委省政府组织力量，对大运河江苏段主干河道和沿线城市的生态环境和遗产资源进行普查和摸底，研究制定生态修复和文化传承总体规划，和江淮生态大走廊、文化遗产保护、文化产业发展、文化旅游发展等方面的专项规划。建议借鉴新苏伊士运河、巴拿马运河旧貌换新颜经验，突出大运河文化带建设的江苏和沿线城市地域特色，达到“俯仰古今江苏文化精华”之效果。

3. 高标准建设扬州、苏州文化名城。中央办公厅调研室课题组提出可考虑选择北京、天津、洛阳、济宁、扬州、苏州、杭州等城市作为首批文化名城示范城市的建议，扬州、苏州两市要乘势而上，着力突出古代文化和现代文明交相辉映特色，用文化智慧让大运河“活”起来，在全国真正起示范带动作用。要充分挖掘全省和沿线城市大运河文化研究资源，有关部门加大支持力度，推进大运河文化更深入、更系统，为江苏省大运河文化带建设提供坚实的学理支撑。

4. 策划打造大运河文化活动品牌。发挥大运河申遗工程牵头城市所在省份影响，于明年上半年在扬州召开首届大运河文化带建设高峰论坛，争取由国家有关部门主办并永久落户于江苏。由江苏省文化厅、江苏省旅游局和沿线城市人民政府共同主办江苏大运河文化旅游节，待规模影响扩大后，可升格为省政府和中央有关部门共同举办。同时策划组织江苏大运河文化海外展演、展览等活动。

5. 设立大运河江苏段保护开发基金。作为中华文明的金名片，大运河在新的历史时期承载着通航、景观和展示等功能。将大运河江苏段污染的水域恢复过来，将损毁的重要文化景观修复起来，将现存的历史文化遗存保护下来，以及发展大运河文化产业、旅游产业，均需要加大投入，建议省政府设立百亿元以上专项基金予以扶持。

6. 制定《大运河江苏段保护条例》。作为大型的线形遗产，大运河的生态修复和文化传承需要国家层面的大规划，也需要沿线各地的大协作。建议江苏率先在省级层面研究制定专门的地方性法规，为国家最终出台《大运河保护条例》积累经验。

（作者方标军，江苏省文化厅副厅长、研究馆员、江苏文化强省建设研究基地首席专家）

提升南京特大城市辐射带动力的路径研究

安智宇

［**内容提要**］南京与其他中心城市相比，存在城市功能定位弱化、国土空间和人口规模偏小、经济综合实力偏弱、区域开放门户地位不突出、区域一体化发展水平偏低等问题。顺应新一轮全球中心城市发展趋势，为提升南京特大中心城市的辐射带动力，建议：(1) 确立建设国家中心城市目标，优化和拓展城市空间布局；(2) 加快推进南京都市圈建设，拓展特大型中心城市辐射腹地；(3) 加快跨市域重大基础设施建设，强化特大型中心城市枢纽地位和功能；(4) 打造产业科技创新中心和先进制造业基地，提高创新引领和经济辐射功能；(5) 加快扩大对内对外开放，提升长江经济带门户城市地位。

一　全球特大型中心城市发展的前沿趋势

近年来，全球特大型中心城市发展呈现新的趋势特征，主要表现为：一是模式演进从资源配置转向创新驱动。过去传统的城市竞争主要是以吸引资本、争取投资作为关键策略的“资源配置”模式，在这种模式下，上海、香港等城市脱颖而出，成为全球城市。未来全球城市的发展将从资源配置向“创新驱动”转向，城市竞争策略将转向内生性的科技创新能力培育。二是动力变化突出碳政治与城市再工业化。传统的“世界工厂”发展模式将难以为继，低碳经济成为金融危机后恢复经济的新增长点。“第三次工业革命”方兴未艾，欧美大城市提出“城市再工业化”，“制造”将与“智造”并举，弹性城市、信息化城市、智慧型城市等理念成为全球城市的主流趋势。三是生态环境日益成为城市核心竞争力。纽约2030年战略规划对环境质量投以特别关注，提出拥有全美大城市中最清洁的空气质量等目标。悉尼因其高品质的环境质量，拥有比东京更多的跨国公司总部。上海提出“绝不能再走破坏环境、再治理环境的路，宜居城市首要的是好的环境”。环境因素正从传统观念上的“约束条件”转变为“竞争实力”的关键之一。四是多元需求催生文化繁荣与软实力培育。文化成为城市繁荣的重要源泉，文化生产能够提升城市知名度，保持城市活力，培育地方归属感和自豪感。以伦敦、纽约为代表的城市纷纷将文化创意产业作为下一步发展战略产业的培育重点，佛罗里达强调城市竞争力提升的关键在于吸引创意阶层。

二　南京中心城市辐射带动作用的差距和不足

与其他中心城市相比，南京在城市辐射带动能力方面存在一些短板和不足。

1. 城市功能定位弱化。尽管2016年获批的城市总规明确南京是我国东部地区重要中心城市，但与长江沿线已获批建设国家中心城市的上海、重庆、武汉相比，在国家发展战略大格局中的地位还有明显差距。从长三角区域看，长三角城市群扩容以前，南京与杭州是长三角仅次于上海的次中心城市。长三角城市群扩容以后，合肥成为与南京、杭州并列的副中心，长三角由宁杭“两翼呼应”格局转向宁杭合“三星拱月”态势。特别是合肥获批综合性国家科学中心，确立米字形高铁网布局地位，行政区域进一步扩大，地位和潜力增强。在国家新的区域战略格局中，新的区域空间可能出现“漏斗效应”，南京的区域地位面临重大挑战。

2. 国土空间和人口规模偏小。城市规模特别是国土空间和人口总量是城市辐射带动能力的重要影响因素。与国内15个副省级城市和3个典型省会城市相比，南京的市域面积和常住人口规模都偏小。在市域面积方面，南京6587平方公里，仅高于深圳、厦门、海口三个城市。在市带县体制下的真正广域市中，南京市域面积位居倒数第一。在人口方面，2016年南京市常住人口825万，在18个城市中排名第10位，与成都1200多万、武汉1000多万的人口规模相比，差距甚远。国土空间狭小、人口数量有限，不利于大都市区域影响力的扩散。

3. 经济综合实力偏弱。尽管南京已经迈入万亿元GDP俱乐部，但是经济规模仍偏小。2016年南京实现地区生产总值10503亿元，而成都、武汉、杭州GDP分别达到12170亿元、11913亿元、11050亿元。经济规模相对比重差距也很大，2016年，成都、武汉、杭州三市经济占本省经济的比重分别为37.2%、36.9%和23.8%，而南京经济占全省经济的比重仅有13.7%，远低于省内苏州的20.8%，经济上的中心地位和龙头作用不明显。从制造业发展看，南京制造业规模以上企业数量仅为苏州的1/4、上海的1/3、深圳的1/2，制造业产业发展辐射效应较小。科技创新创业对经济发展驱动作用不明显，全市高新技术企业1698家，远低于深圳的8037家，且缺少在全国全球有影响力的创新型企业。

4. 区域开放门户地位不突出。根据2016年《中国城市竞争力报告》，南京的全球可持续竞争力在全国城市中排名第20位，城市开放便捷程度居全国城市第30位，对外开放水平总体偏低。主要表现在：参与国际经济分工程度偏低，2015年进出口总额532亿美元，低于深圳的4425亿美元和杭州的665亿美元。国际高端要素集聚水平偏低，2016年实际使用外资33亿美元，而杭州、成都、武汉都超过了70亿美元；世界500强企业落户数为103家，而杭州、成都落户数分别为112家，278家。对外开放综合功能欠缺，广州、成都、沈阳的总领事馆数量已经分别达到54、17家和7家，远超南京；2016年南京禄口机场开通国际航线30条，低于广州、成都和杭州的78、48条和41条，机场吞吐量2236万人次，在全国居第12位。对外开放政策优势不明显，截至2016年年底，全国已经有11个自贸区，而南京目前尚未享受到自贸区有关政策。

5. 区域一体化发展水平偏低。宁镇扬区域是南京辐射带动的主要腹地，也是同城化发展条件最好的区域。与深莞惠、广佛等同城化区域相比仍有差距。从基础设施互联互通来看，深莞惠一体化已经基本实现“一小时生活圈”，广佛同城化中佛山也规划了九条地铁与广州八条地铁对接。宁镇扬目前尚没有开工建设城际轻轨，三座城市市中心之间的通勤距离仍在1.5—2个小时。从产业合作角度来看，南京重化工业比重较高，传统的化工、钢铁规模仍然很大，产业层次偏低，与镇江、扬州两市的产业梯度没有拉开，港口、化工等产业甚至存在同质竞争现象，协同效应较弱。在公共服务方面，医疗服务合作共建和医疗信息共享、社会保障体系、生态环境共保共治等方面还没有形成良好的衔接机制。

三　提高南京城市辐射带动作用对策建议

针对南京存在的问题，顺应新一轮全球中心城市发展趋势，要提升南京特大中心城市的辐射带动力，建议：

1. 确立建设国家中心城市目标，优化和拓展城市空间布局。目前，南京城市定位高于杭州，与上海的距离比杭州远，处于上海和武汉中间位置，在带动安徽和苏北发展方面具有更好的区位优势。建议抓住新一轮城市规划修编的机遇，积极与国家有关部委沟通衔接，争取国家中心城市功能定位。围绕建设国家中心城市的目标，建议南京未来城市空间拓展目标是构筑“双核支撑、三向延展”的网络城市群和大都市区发展格局。“双核支撑”就是确立老城和江北新区为城市发展的两个极核，主要承担城市以及南京都市圈的综合服务功能。“三向延展”就是按照三个方向重要廊道进行城镇空间和产业布局。东向拓展主要是沿312国道、宁句城际、宁镇城际和宁扬城际拓展空间，考虑与镇江、扬州共建产业新城。南向拓展主要是沿宁杭高速、宁溧城际、宁高城际方向拓展城镇和产业，重点打造宁杭生态经济带和溧水新城、高淳新城。北向拓展主要是沿过江隧道、宁和城际方向重点布局城市空间和高新技术产业，把江北新区建成相对独立、辐射带动苏北、安徽的重要增长极。

2. 加快推进南京都市圈建设，拓展特大型中心城市辐射腹地。以宁镇扬同城化为抓手，拓展南京辐射腹地。一是推进交通基础设施一体化建设。重点加大宁镇扬港口群基础设施建设，完善宁镇扬港口群之间的立体通道网络，规划建设沿江物流园区、产业、公铁水集疏运体系、公铁物流中转中心，打造多式联运大通道，促进协同发展。二是加大产业整合力度。推动南京化学工业园与扬州化工园区、镇江化学工业园实施产业整合，将上下游产业链衔接起来，推动产业升级，使其成为国家最大的化工产业基地。在仙林和宝华地区规划建设高科技产业园区，由南京、镇江两市合作开发，风险共担、利益共享。三是加快优质生活圈建设。交通方面争取城市中心交通半小时通达，民生方面加快推动三市统筹社保无缝对接、养老保险关系转移无缝无碍、社会保障卡医疗保险异地双向结算，尽快实现公共服务同等待遇。

3. 加快跨市域重大基础设施建设，强化特大型中心城市枢纽地位和功能。江海联运功能方面，推进长江深水航道整治，推动长江12.5 米深水航道实质性通达南京。加快港口码头基础设施建设，码头靠泊能力提高到第六代大型远洋集装箱船和 10 万吨级散货杂船。加速港区集疏运体系建设，尽快形成多式联运的基础条件。航空枢纽方面，推进禄口国际机场二期和中邮航二期机坪建设，推进六合马鞍机场建设，提升航空载运和服务能力。铁路枢纽方面，尽快启动研究并开工建设宁淮高铁、镇宣高铁，加快推进宁镇城际、宁扬城际、宁句城际建设，形成完善的都市圈高铁城轨交通体系。信息枢纽方面，建设覆盖宁镇扬地区的光缆骨干传输网，加快以南京为会聚节点的区域信息设施集约式建设。提升国际互联网基础设施水平，争取成为对接国际互联网的关口城市。加大信息基础设施提档升级，扩大无线宽带热点覆盖，超前布局下一代互联网和5G网。

4. 打造产业科技创新中心和先进制造业基地，提高创新引领和经济辐射功能。建议对2011年至2014年间南京成立的紫金科技创业特别社区进行提升，加强创业孵化功能，同时注重引进高科技企业，促进科技创新与产业发展融合。大力实施招才引智计划，更加注重以市场化手段引进人才，以高端领军型科技人才和创新团队促进科技创业创新。市级层面主要从政策领域对引进人才的方向、数量和质量进行宏观指导，不再对各区引进领军型科技人才进行硬性考核。积极发展科技金融，重点引进一批风险投资企业，为科技创业提供有利条件。加快提升江北新区产业技术创新功能，引进建设一批具有较强实力的产业技术研究院和中外合资科技创新园区，努力打造自主创新高地。

5. 加快扩大对内对外开放，提升长江经济带门户城市地位。更高水平建设综合保税区，提升综合保税区物流功能和港口功能，创新开放通道、平台、通关体系建设，促进服务贸易和保税物流提档升级。大力引进优质外资，重点引进跨国公司地区总部、功能性机构，实现与现代服务业互动发展。加快构建法治化、国际化营商环境，逐步形成与国际市场接轨的行事法则。拓展对外贸易和交流新空间，增加禄口机场直达欧美、日韩、东南亚和“一带一路”沿线国家主要城市的直达航班，争取开通更多中亚、中欧和东南亚沿线国家的班列，推动南京与全球城市的人流、物流和信息流紧密度更高、流动更便捷。

研究基地：江苏产业集群研究基地

承担单位：南京理工大学经济管理学院

首席专家：朱英明、佘之祥、方创琳

课题负责人：安智宇　南京理工大学副教授

苏北精准扶贫与农民增收面临的新问题及对策建议

刘宗尧

[内容提要] 苏北地区是江苏反贫困斗争伟大决战的“主战场”。当前，苏北地区精准扶贫与农民增收工作出现一些新矛盾、新问题：政策未能完全落地，扶贫项目效益不高；精准识贫存在漏洞，急躁冒进禁而未绝；精准帮扶植根不深，“输血”“造血”仍需创新；农村公共服务滞后，农民脱贫动力不足。为此建议从以下四方面着手破解问题：（1）抓问责促落实，强化精准扶贫的政策效能及其监管机制；（2）抓发展促增收，强化产业扶贫的基础功能及其培育机制；（3）抓难点求突破，进一步解决好致贫返贫的突出问题和关键环节；（4）抓帮扶聚合力，进一步引导和推动全社会力量参与苏北精准扶贫。

自2015年年底实施新一轮扶贫开发、特别是省第十三次党代会以来，苏北六大贫困片区及其13个县区49个乡镇面貌改观，76.8万人口实现脱贫，占低收入人口总数的27.8%，涌现了一批精准扶贫与农民增收的新典型和新模式，苏北五市的脱贫效率与脱贫质量不断提高。但同时，经济下行压力加大，农户增收出现新困难、新挑战，苏北扶贫依然任重道远。

一　苏北地区精准扶贫与农民增收面临新矛盾、新问题

调查发现，近年来在苏北地区精准扶贫与农民增收工作中逐渐暴露出一些新矛盾、新问题，亟须高度重视、切实解决。

1. 政策未能完全落地，扶贫项目效益不高。调查表明，财政帮扶资金的使用普遍存在滞留闲置现象，去年部分市财政帮扶资金到村到户率不足20%，个别市滞压闲置中央和省财政专项扶贫资金达1.24亿元。低收入农户享受产业扶持和非农职业培训的比重不高，个别市参加扶贫项目的低收入农户家庭比重仅为10%左右。扶贫和低保政策衔接工作受到部门之间资源整合与协同配合的影响，落地见效不够理想。一些地方推进设施大棚和门面房建设的扶贫项目，由于管理维护不够、农村租金太低等因素，没有真正发挥扶贫资金效益，项目实际收益与预期有较大差距。

2. 精准识贫存在漏洞，急躁冒进禁而未绝。一些村反映精准识贫的统计口径和认定标准难把握，存在分配贫困指标问题；一些村干部采取分户拆户等方式将亲属纳入建档立卡对象，甚至出现扶贫扶出新矛盾的问题；有的县在认定已脱贫人口中，采取多记预期收益或在教育、医疗、住房“三保障”尚未落实情况下宣布提前脱贫。各地普遍存在建档立卡贫困人口基本信息不准确或不能及时更新的现象。一些已购买轿车、商品房的农户仍未退出，一些遇到特殊因素返贫致贫的农户没有及时建档立卡，群众对此意见较大。各地党委政府推动精准扶贫和农民增收的热情高、力度大，但一定程度上存在形式主义问题，短期内出效益的政绩诉求较为强烈，热衷于短平快的扶贫方式。不少地方把扶贫资源集中在龙头企业或合作社，片面地“垒大户”“造盆景”、树典型，导致脱贫不牢、返贫较易。

3. 精准帮扶植根不深，“输血”“造血”仍需创新。调查发现，

特色产业脱贫、劳务输出脱贫、资产收益脱贫、小额信贷脱贫、教育医疗脱贫、生态农业脱贫、社会公益脱贫等类型多样的精准帮扶模式，已经并正在发挥越来越重要的作用，但其针对性、精准性、持续性面临考验。一些部门反映扶贫带来了压力和负担，产生了敷衍应付的情绪；一些镇村认为挂钩帮扶有靠山有依赖，产生了资金项目不要白不要、困难矛盾不交白不交的思想；一些镇村不切实际上项目，使一批小散低甚至污染型项目以扶贫名义流入苏北。一些旨在“输血”的扶贫项目有待创新方式方法、提高成效。比如，产业脱贫存在如何解决丰产不增收的问题，就业扶贫存在如何解决异地城镇化与就地城镇化的问题，生态扶贫存在如何打造青山绿水的问题，资产收益脱贫存在如何解决公平与效率的问题，信贷扶贫存在如何解决风险与收益的问题，等等。

4. 农村公共服务滞后，农民脱贫动力不足。在苏北贫困地区凡是低收入人口居住集中的地方，一般都存在环境脏、村庄乱、设施差的问题，道路交通、农田水利、农民住房等条件落后，多数片区和贫困村镇公共基础设施十分薄弱，直接影响了减贫脱贫工作。从公共服务体系看，许多镇村仍存在教育资源短缺、医疗资源不足、社会保障滞后、养老水平较低等一系列农村公共服务短板问题，客观上加大了兜底脱贫的难度。有的小学一个教师要承担语文、数学、美术等六门课程。大量村卫生室条件简陋，医务人员老化稀缺，防病治病功能薄弱，有些农民“忍小病成大病、有了大病不要命”。社会保障和养老水平的城乡差距远远大于苏中、苏南地区。据调查，苏北地区因病残致贫、返贫率分别达43.3%和15.9%，已成为打赢减贫脱贫攻坚战面临的深层次矛盾。从苏北地区扶贫脱贫内外部动力机制看，一些低收入贫困户习惯于政府部门给钱给物给救济，自主脱贫致富的动力不足、精神不振、能力不强，懒于“吃苦发奋刨穷根”，有的地方甚至流传“贫困户，真有福，能有政府给帮扶”的思想观念，脱贫致富的价值导向和社会氛围亟待改进加强。

二　促进苏北地区精准扶贫与农民增收的对策建议

面对近年来暴露出的新矛盾、新问题，苏北地区要在2019年完成扶贫开发任务、2020年巩固提升成果，时间紧、任务重、压力大。为此，提出以下对策建议。

1. 抓问责促落实，强化精准扶贫的政策效能及其监管机制。坚持问题导向抓好三个环节。一是精心细致求准确。苏北各地应继续按照“六个精准”的要求，梳理检查各项政策措施贯彻落实情况，确保扶贫政策真正落实到村、到户。省各行业各部门应全面检查帮扶政策，进一步推动政策完善和措施落实。省有关部门应重点组织开展贫困退出评估检查和“回头看”。二是公开透明求公正。大力推进扶贫信息公开，严格项目公告公示，扩大群众知情权、参与权和监督权。运用信息化手段，让扶贫领域各项权力在阳光下运行，确保阳光扶贫、廉洁扶贫。三是严格监管堵漏洞。加大精准扶贫工作督查巡查力度，及时通报情况，督促整改落实。强化扶贫资金监管，开展财政专项扶贫资金绩效评价，加强扶贫小额贷款发放管理，确保扶贫资金安全、规范、有效使用。严格执纪监督，对落实“两个责任”不力，导致扶贫领域不正之风和腐败问题频发，或对突出问题查处不力、整改不到位的，严肃问责有关责任人员。

2. 抓发展促增收，强化产业扶贫的基础功能及其培育机制。推动苏北扶贫由“输血”向“造血”转变，关键在于培育和发展产业，推进产业扶贫行动。一是完善基础设施建设，改善产业扶贫环境。集中力量配套完善道路、农田、饮水、电力、电信等基础设施，加快改水改厕和农民住房建设改造步伐，改善苏北脱贫的生产生活条件。二是坚持产业项目选得准有后劲。根据各镇村资源禀赋和人才劳动力情况，鼓励发展劳动密集型产业，多在“农”字上做文章，发展特色种养业、农业服务业、乡村旅游业、农村电子商务等，通过一二三产业融合发展推动片区发展和农民增收。三是坚持产业扶贫同壮大村级集体经济相结合。重点推广资源开发型、资产经营型、产业发展型、服务创收型、股份合作型、联合发展型等多种集体经济发展模式；鼓励农村集体经济组织利用未承包到户的集体“四荒”地、果园、养殖水面等资源，集中开发或者通过公开招投标入股等方式发展现代农业及相关产业。四是坚持上下联动强化项目落地。省有关部门应针对苏北不同片区制定实施重点发展的扶贫产业清单、技术推广清单，进一步明确特色产业的重点、推广模式的重点和培育典型的重点；苏北五市及各县应积极组织农业技术人员和业务骨干深入基层一线挂钩，指导各地科学确定特色产业发展方向、明确低收入农户创收经营项目。五是坚持把风险防控机制融入扶贫产业链条。建立健全市场风险防范机制，扩大农业保险覆盖面，多渠道分散扶贫产业风险；推进股份制、股份合作制、土地托管、订单帮扶等措施，引导低收入农户与产业发展主体建立利益联结机制。

3. 抓难点求突破，解决好致贫返贫的突出问题和关键环节。各级政府应精准施策，集中解决苏北扶贫脱贫的共同难题。一是完善医疗保险和医疗救助制度，进一步提高贫困人口基本医疗保险和大病保险的保障水平；推进大病保险与医疗救助无缝衔接，加大医疗救助兜底力度；省级层面在医保资金统筹、医疗救助项目及资金安排上加大对苏北地区的扶持力度，并协调省慈善机构更多关注苏北因病致贫家庭。建立健全建档立卡低收入人口患病情况定期报告制度。组织力量对苏北各地乡村医疗卫生服务机构实行“一对一”对口帮扶。二是加强贫困学生资助工作，解决贫困学生“上不起学”问题。进一步扩大资助范围，提高资助标准，将极端贫困的建档立卡家庭学生全部纳入资助体系中，并在所有教育阶段给予生活补助；加大对家庭经济困难学生就读幼儿园、中职、普高的资助力度，重点向农村学生倾斜；建议将在县城、市区上学的农村家庭学生纳入营养改善计划。加强对经济困难家庭学生的创业指导和就业服务，促进创业就业，带动家庭脱贫。三是加大力度完善养老服务体系，解决好因老致贫返贫问题。苏北各地应把开展应对人口老龄化行动同破解贫困老年人口难题结合起来，加快构建居家养老、社区养老、机构养老服务体系，采取医养融合、“互联网+”和签约服务等多种形式，为农村贫困老年人提供更加周到的养老服务，对贫困老人实行兜底保障。

4. 抓帮扶聚合力，引导和推动全社会力量参与苏北精准扶贫。现在社会上有能力、有意愿参与扶贫的企业、组织、个人越来越多，社会扶贫隐藏着巨大潜力。一是加强平台机制建设，畅通社会力量扶贫渠道。省市各级应加快创新慈善事业制度，加快实现慈善事业与社会保障救助制度互补衔接；苏北各地应积极推动企业与村户结对帮扶；应总结和深化“大走访”活动在精准扶贫中的特殊功能与经验做法，广泛深入开展扶贫日、光彩行动等社会扶贫活动。二是加大省级资源整合力度，巩固扩大“五方挂钩”机制性建设成果。省级与苏北挂钩帮扶的部门单位及苏南相关发达县市，应创新合作机制，加强苏北扶贫工作队力量，集中优质资源和生产要素向苏北贫困地区倾斜；苏南相关县市应进一步强化南北挂钩协作，着力推进镇村层面结对合作，为苏北贫困地区帮钱帮物帮产业。三是充分激发强化苏北地区脱贫致富奔小康的内生动力。苏北各级党委政府应牢固树立扶贫先扶志的观念，教育引导广大贫困户解放思想、更新观念、振奋精神，满怀信心地依靠辛勤劳动脱贫致富；选好配强村级领导班子尤其是村支部书记，集中解决好经济薄弱村对扶贫脱贫带动力偏弱、组织水平不高的问题；在全社会树立脱贫致富光荣、扶贫济困光荣的鲜明导向和价值追求，大力宣传表彰扶贫脱贫的先进典型和先进事迹，凝聚起全社会开展反贫困斗争的强大正能量。

（作者刘宗尧，徐州市委宣传部副部长、市社科联主席）

加快发展海洋经济 提升增长内生动力*

沈坤荣

［内容提要］近年来，海洋渔业、海洋装备制造业、滨海旅游业等海洋产业在近海领域迅速发展，海洋经济成为拓展发展新空间的重要载体，为经济增长提供强大的内生动力。本文分析了江苏海洋经济三大产业部门的发展特点，提出发展江苏海洋经济的如下思路：统筹规划，优化沿海发展布局；突出生态要求，实现海洋经济持续发展；遵循海洋循环经济模式，加快海洋产业结构调整；注意环境保护节能减排，开发沿海区域绿色资源；加大资金政策扶持力度，营造创新投资良好氛围；主动融入“一带一路”建设，拓展发展新空间。

江苏沿海地区面向黄海，海岸北起苏鲁交界的绣针河口，南抵长江口，大陆岸线全长954公里，滩涂面积约为5100平方公里，拥有3.75万平方公里管辖海域，是长江三角洲的重要组成部分，具有独特的区位优势。科学开发利用海洋，不仅将成为江苏未来经济发展的新起点，也肩负着孕育中国东部经济新增长极的重任。

---

* 为配合江苏省委省政府“1+3”功能区战略与发展现代海洋经济新布局新部署，省社会科学联合会组织举办江苏青年智库学者“区域发展新格局”沙龙，把相关成果编辑形成系列决策咨询报告。此为“沿海与现代海洋经济”决策咨询报告系列之一。

一 海洋经济的概念和发展背景

1. 海洋经济的概念。海洋经济最早是美国学者杰拉尔德·J. 曼贡20世纪70年代初在《美国海洋政策》一书中首先提出。根据国内外研究成果来看，海洋经济具有以下几个方面的共同点：海洋经济以海洋资源为基础，是一种资源依赖性很强的经济活动；海洋经济表现为某些海洋产业开发或为其提供支持的产业活动，海洋产业是海洋经济的核心内容之一；海洋经济活动以一定的地域空间为载体，主要集中在海岸带地区、海上或海底。

2. 海洋经济的发展背景。世界各国对海洋资源的开发和争夺空前激烈，世界上许多沿海国家纷纷出台海洋发展计划：美国在2004年公布《美国海洋行动计划》，对落实美国《21世纪海洋蓝图》提出了具体的措施；欧盟于2006年6月颁布了《欧盟海洋政策绿皮书》；澳大利亚对海洋发展制定了战略性规划；亚洲的日本也计划在本世纪内建造2500座“海上城市”，提出要在海上寻求生活空间和生产空间。海洋俨然已成为当今世界各国资源竞争、经济增长的战略居高点。我国不仅是一个陆地大国，也是一个海洋大国。可管辖海域面积300万平方公里，是我国的“蓝色国土”。科学开发利用海洋资源，开发“蓝色国土”不仅对解决我国当前内需不足的经济不景气状态，更对我国经济的长期可持续发展具有越来越重要的战略意义。

二 江苏海洋经济发展特点解析

1. 海洋经济第一产业。包括集中在沿海三市和近海区域的海洋渔业、海洋种植业以及优质农产品种植加工。其中，东台海域系世界海洋中极为典型的半日潮海域，包括鳗鱼苗在内，是多种鱼虾蟹类产卵场和幼鱼育肥场；海州湾渔场是我国八大渔场之一，渔业资源丰富，拳头产品有中国对虾、中国绒螯蟹和条斑紫菜育苗；沿海三市在棉花、油菜、蚕桑、啤酒大麦生产具有特色优势，其中盐城拥有全省最强的农业综合生产能力，也是全国最大的农副产品生产基地和重要的粮食基地之一，大丰是我国棉花生产百强县，南通、射阳、东海的外向型农业综合开发区初具规模；连云港的条斑紫菜已经形成完整的育苗、生产、加工贸易产业链，是全国最大的紫菜生产加工和创汇基地。

2. 海洋经济第二产业。包括海洋船舶业、海盐和海洋化工业、海洋电力和海洋水利用业、海洋油气业、海洋矿砂业等。其中，海洋船舶业主要发展海洋机械制造业，建设集装箱项目，发展远洋船舶修造业，研制生产船用导航 GPS 定位系统和航道测量系统；淮北盐场是全国四大盐场之一；海洋化工以苦卤化工企业为基础，推广实施控速结晶新工艺，通过技术改造提高钾溴镁系列产品产量，提高纯碱生产能力，逐步向上、下游延伸，延长海洋化工产业链，发展海洋精细化工；海洋油气业包括海底石油和天然气的开发；海洋矿砂业主要是海洋多金属结核为代表的海洋新能源开采。

3. 海洋经济第三产业。包括海洋交通运输业、滨海旅游业、海洋医药业。其中，连云港位于中国沿海脐部，是公认的新亚洲大陆桥东桥头堡。通过陇海铁路西连中西部地区以至中亚，在连接南北、沟通东西中具有重要的枢纽作用；江苏海洋滩涂面积占全国海洋滩涂总面积的 1/4，主要集中在盐城，盐城建设了丹顶鹤国家级旅游度假区和麋鹿的国家级生态旅游示范区，打造湿地生态旅游地品牌；连云港近海岛屿有 14 个，大力开发滨海生态旅游、海岛度假旅游和海港观光旅游，海洋医药业居全国首位。

4. 新能源产业。沿海地区具有较好的自然资源，适宜布局能源工业，重点发展风电、核电、液化天然气发电和生物质能发电等新能源产业。盐城沿海地区风力资源丰富，占全省的 70%。

三　发展海洋经济的新思路

发展海洋经济是提高沿海地区海洋经济质量、缓解资源约束矛盾，以及应对新一轮贸易保护主义的必要出路。沿海开发区应当主动融入“一带一路”建设，力争将海洋经济打造成新的增长极，不断拓展发展新空间。

1. 统筹规划，优化沿海发展布局。应当从国家战略角度推动杭州湾区北延，跨省域纳入南通、苏州、南京、上海，再到杭州、宁波。可以借鉴纽约湾区模式，形成V字形的“一体两翼”湾区模式，以高度集聚的城市群为基础带动生产要素和高端要素集聚，弱化区域行政边界，强化经济边界。要摸清楚江苏沿海资源禀赋，将沿海经济带海洋经济发展的功能同江苏区域功能、空间、产业设计以及与全球在区位上的对接都呼应起来。在微观基础上，培育世界级企业，在沿海城市做一些类似于东方明珠这样的标志性的工程，以点带面发挥辐射作用。

2. 突出生态要求，实现海洋经济持续发展。低碳经济是当今世界发展的主题，在开发海洋的过程中需要站在生态系统的高度，坚持走海洋可持续发展的循环经济道路。构建有利于创新发展的体制机制，努力培育海洋新兴产业，加快海洋产业结构调整和经济发展方式转变，摒弃重产值轻污染模式，力争建立包括海洋生态工业、生态渔业、海洋生态服务业和环保产业的生态系统：生态系统内各企业综合利用清洁生产、资源和能源，延长生产链条，最大限度地利用可再生资源，实现企业内的小循环；建立海洋生态工业园，将园区内工厂或企业间投入与产出相互关联，实现废物交换、循环利用、清洁生产，形成生态工业链，建立起海洋发展的中循环；把海洋产业与陆地产业、生产与消费连接起来，建立海陆空大循环，即蓝色经济区。

3. 遵循海洋循环经济模式，加快海洋产业结构调整。按照离岸远近划分潮下带的深海区、潮间带以及潮上带的陆地地区，因地制宜，根据不同的海洋区域发展不同的模式。潮下带海洋产业主要有海水养殖业、海洋捕捞业、造船业、海洋交通运输业等。海水养殖走基地化、规模化道路，建设技术示范基地，以科技创新推动投资大、产出高、质量高的海水养殖业发展，重点扶持具有核心技术的产业如育苗等。潮间带区域的海洋产业除了养殖业，还有海盐业、滨海旅游业等，可以大力发展海水淡化和风电产业。潮上带区域内的海洋产业主要有水产加工业、造船业、海洋油气业，滨海旅游等，其中水产加工业是潮上带的重要产业，应积极推进与其他相关产业融合，如水产制药业，加大技术投入力度，向生物保健和生物化工靠拢，延长水产品的产业链。石化和造船产业链条较长，涉及较多行业，这两个行业的循环发展要注意能量、信息、基础设施物资的共享利用。利用海洋优势，集海洋养殖、观光旅游等于一身，产业间相互补充促进，城市化与工业化互动融合，集聚人才、科技、信息和金融等高端要素，打造海洋新兴产业发展综合平台。

4. 注意环境保护节能减排，开发沿海区域绿色资源。发挥科技创新在带动生态新兴产业兴起、清洁能源开发、节能减排工作以及生态环境有效治理等方面的优势，依靠科技创新推进沿海环境保护。加强海洋基础理论和前瞻性技术研究，推进海洋经济标准体系构建，研究海洋经济的发展特点和规律，合理利用海洋资源。根据各地经济特点布置产业结构，构建绿色产业体系，使沿海和腹地优势互补、互为依托，利用科技发展海洋循环经济，提高海洋资源的综合利用程度，形成资源高效循环利用的产业链，节约海洋资源，提高资源利用率。关于近岸重点海域的环境整治与生态修复，应当做到科技先行，发展绿色产业，控制海域污染物投向海洋的总量，逐步消除污染源。要科学有序地进行海洋渔业开发，建立沿海风光带和自然保护区，保护好典型海洋生态系统及珍稀、濒危海洋物种，不断提高海洋防灾减灾能力。同时，高度重视海洋生态文明建设。大力培植海洋生态忧患意识，加大环保科普工作，努力培养环保观念，逐步使海洋保护形成一种传统理念和思想，促使海洋开发走上长期健康轨道。建立健全沿海开发法律监管体系，加强入海河流水质监控，严惩沿海产业园区的污染物直排行为。

5. 加大资金政策扶持力度，营造创新投资良好氛围。一是加大海洋企业的资金投入力度，设立专项基金，促进科研机构与企业联合，培养高精尖的企业创新人才，从政府的层次促进成果转化，推动企业积极参与国际和国内市场竞争。二是给养殖企业提供适当的保险政策，让企业能够放心、大胆去养殖，提高企业经营积极性。三是加强海洋法律法规的制定和实施，出台鼓励发展战略性海洋新兴产业的政策建议，研究支持海洋经济的财政、税收、投融资等有关政策。

6. 主动融入"一带一路"建设，拓展发展新空间。坚持海洋经济的开放发展，主动融入"一带一路"建设。一是加强与海上丝路沿线国家水产养殖业合作，做大做强海外渔业产品深加工，延伸海洋养殖业的产业链，打造完整的海外渔业产业体系。鼓励中国企业开展远洋捕捞，共享国际渔业资源。二是与"一带一路"沿线国家共同搭建港口城市合作网络，构建航运物流服务体系，深化临港产业合作，提升通关便利化水平，开发跨境游轮旅游项目，逐步打造"海上桥梁"。建立双边或多边海洋产业园或示范基地，建设高效率的国际港口供应链，推进海上互联互通。三是在"一带一路"沿线构建绿色能源体系，鼓励光伏、风电等新能源企业"走出去"，向沿线国家推广光伏发电、风力发电项目，不断开拓国际市场。

（作者沈坤荣，南京大学商学院院长、教育部长江学者特聘教授）

“1+3”功能区战略背景下沿海经济带的功能定位与建设举措*

朱广东

[**内容提要**] 顺应“1+3”功能区战略，沿海经济带应从创意农业先行区、海洋新特产业示范区、沿海自贸区、海洋信息集聚区、先进制造业推进区这五大方向进行新的战略定位。在功能定位上，沿海经济带应主要承担以下四大功能：承接虹吸扬子江城市群“高端生产要素集聚”的创新功能；策应融合淮海经济区“市场一体化”的发展动能；共建共享“三湖”生态经济区“生态+”的绿色潜能；切实发挥沿海地区内部互联互通的联动功能。建议重点抓以下三个方面：一是建好一个载体，担纲沿海经济带发展中的龙头；二是培植两个新动能，谋求沿海经济带协调创新发展；三是打造新、特、绿三个产业集群，形成现代海洋经济竞争优势。

随着“1+3”功能区战略的深入推进，沿海经济带必须在江苏新的经济地理版图中明确战略定位，加强与扬子江城市群、淮海经济区、“三湖”生态经济区的互动融合，重新梳理建设举措，开创沿海发展新局面。

---

* “沿海与现代海洋经济”决策咨询报告系列之二。

一　沿海经济带在“1 +3”功能区战略中的定位

沿海地区土地资源丰富，耕地面积16171.5平方公里，占土地总面积的49.76%。滩涂面积1031万亩，约占全国沿海滩涂总面积四分之一。在“1 +3”功能区战略架构下，沿海经济带新的战略定位应是创意农业先行区、海洋新特产业示范区、沿海自贸区、海洋信息集聚区、先进制造业推进区。

1. 江苏沿海创意农业先行区。一是打造一批“互联网 +”特色农业产业集聚区。加快推进现代农业发展步伐，打造赣榆、东海设施蔬菜、灌云芦蒿、东台西瓜、大丰大蒜、射阳薹蒜、通州水芹等特色蔬菜，以及赣榆的大樱桃、东海的草莓和葡萄、射阳的日本梨、海安的柿等一批特色水果的绿色生产基地和信息平台。二是形成一批沿海特色“生态 + 文化”旅游区和“旅游 +”农业示范区。利用沿海滩涂资源优势和独特湿地风光，加快建设以农业生态景观、农业生产活动及农村文化习俗为主要内容，集生态、观光、休闲、科普、体验、生产、购物于一体，以回归自然、休闲度假、体验农味和观光旅游为特色的现代生态观光农业示范区。三是建好一批“第六产业”载体平台。重点推进蓝色农业产业带建设，着力打造绿色有机粮食、蔬菜、水果、水产、花卉苗木等特色农业全产业链，提升农产品附加值，构建一批基地平台、融资平台、招商平台，为沿海创意农业先行区建设提供有力支撑。

2. 江苏沿海海洋新、特产业示范区。江苏海洋传统产业比重过大，海洋渔业养殖、船舶修造、滩涂农牧业占江苏海洋总产值25%以上，而广东、福建、山东海洋传统产业比重已经下降到17%以下。应顺应产业集聚发展的趋势，着力推进海洋新、特产业建设。一是培育新医药、新材料产业。利用沿海海洋生物资源的独特优势，重点开发抗肿瘤、抗心脑血管疾病、抗病毒等海洋创新药物和保健产品，形成生化创新药、生态中成药、“蓝色”保健品、海洋医用新材料等新医药产品群。依托中复神鹰、江苏奥神等行业内具有影响力的40家新材料企业，打造以高性能纤维及复合材料、高分子材料、特种金属材料、生物医用材料等为主导的国内先进材料研发、生产、应用基地。二是大力发展新能源产业、海洋环保科技产业。放大盐城国家海上风电产业区域集聚发展试点效应，推动海上风电设备关键技术攻关，构建集技术研发、装备制造、风场应用和配套服务于一体的全产业链。推进以“风电水一体化”为主的海水淡化成套装备产业化进程，研发和生产风电、太阳能等新能源海水淡化设备、海岛用海水淡化及海水综合利用设备。三是重点发展智能海工、海洋工程装备制造业。依托南通海洋工程船舶及重装备制造产业基地、船舶及海洋工程产业基地、船舶海洋工程基地，瞄准智能海工目标，提高海工装备总装集成能力。着力开展节能环保型新型散货船、超大型集装箱船、大型液化天然气（LNG）船、液化石油气（LPG）船、游轮游艇等高技术船型的研发建造。重点开发深远海关键装备设计建造技术，加快提升海洋工程装备设计建造能力和规模，打造千亿元级海洋工程装备制造产业基地。

3. 江苏沿海先进制造业推进区。一是加快制造业向中高端环节迈进步伐。加速沿海地区汽车、纺织、船舶、海工装备等传统制造业改造升级，打造一批全国有影响、有地位的新产业标杆。二是重点建设中国沿海汽车城。抢抓市场机遇，加强品牌建设，推进技术创新，加快建设汽车及汽车零部件制造基地、新能源汽车产业基地、汽车试验检测基地。三是建成世界一流的船舶海工产业基地。逐层淘汰低端造船等滞后产能，实现从传统造船业向高端海工装备业转型升级，发展具有国际竞争力的船舶海工产业。

4. 江苏沿海自由贸易试行区。一是拓展经济增长的新空间。在沿海地区争取建立国家级自贸区，更好地发挥国家战略的引领、带动、辐射和示范作用，提升内陆和沿海区域联动的要素集聚能力。二是协调区域统筹发展。江苏实施沿海开发战略以来，沿海地区新建了多个港口。这些港口分担了本属于连云港港的本地货源，又争抢了连云港港中的西部货源。在中转的过程中，这些港口大多数也不愿意通过连云港港中转，进一步弱化了连云港港的竞争力。三是培育竞争新优势。2016 年，连云港港口货物吞吐量完成 2. 21 亿吨，外贸完成 1. 22 亿吨，而相邻的日照港货物吞吐量达 3. 83 亿吨，外贸完成 2. 57 亿吨。在外资招商难度加大的今天，急需要通过自贸区申报，来推进区域高水平双向开放。

5. 江苏沿海海洋信息集聚区。一是全面推进沿海信息基础设施升级换代。加快建设下一代互联网、新一代移动通信网、数字电视网等先进网络，构建高速传送、综合承载、智能感知、安全可控的信息基础网络。二是推进“无线沿海”建设。实施新一代宽带无线和移动通信网络建设工程，实现沿海市、县城区主要公共区域免费 Wi-Fi 全覆盖。三是实现“数字海洋”向“智慧海洋”转变。推动大数据与移动互联网、物联网、云计算的深度融合，提升海洋信息服务制造业水平，创新应用模式和商业模式，促进全省海洋经济发展转型升级。

二　沿海经济带在“1 +3”功能区中的响应功能

“1 +3”功能区战略背景下，沿海经济带必须进行思路再调整、功能再定位。

1. 承接虹吸扬子江城市群“高端生产要素集聚”的创新功能。“1 +3”功能区战略层面，沿海经济带要承接和虹吸扬子江城市群的创新发展高地、创新要素集聚区、高端生产要素集聚辐射，改变产业转移“接受者”、增长发展“追赶者”的固化形象，将沿海经济带建设成为长三角城市群同步发展的战略支点。当前的重点就是要在目前江苏沿海城区、港区点轴串联开发的基础上，重新进行“港产城”前瞻性规划、联动式建设和一体化发展。

2. 策应融合淮海经济区"市场一体化"的发展动能。淮海经济区地处"一带一路"交会区域，是"丝绸之路经济带"向东开放的前沿阵地。围绕徐州中心城市和各个城市之间的交往，发挥港口出海口的优势，做足向西开放和向东开放的文章，使沿海地区和内陆腹地形成互动效应，打造"陆海统筹融合区""蓝色版图出海口"和"共享发展互动区"，实现苏北和沿海洼地的崛起。

3. 共建共享"三湖"生态经济区"生态+"的绿色潜能。以宿迁与淮安地区的骆马湖、洪泽湖、高邮湖为节点的"三湖"生态经济区，北接淮海经济区，东连接沿海发展带，要全面推进连云港、盐城、宿迁、淮安以及苏中北部部分地区的绿色发展一体化进程，以构建沿海、"三湖"生态型产业体系为重点，统筹推进经济、社会和生态环境全面协调可持续发展，打造沿海、环湖生态城市群。

4. 切实发挥沿海地区内部互联互通的联动功能。以连云港为重点，联动盐城、淮安、宿迁三市，强化连云港"一带一路"交会点和新亚欧大陆桥经济走廊东方起点的先导、支撑作用。以南通为重点，联动泰州、盐城两市，发挥独特的黄金水道和黄金海岸叠加优势，加速建成具有国际先进水平的江海联动发展基地。以盐城为重点，联动淮安、宿迁、连云港、南通、扬州等市，凸显江淮生态经济区入海门户和沿海经济带中心城市的影响力。

三　沿海经济带在"1+3"功能区中的建设举措

沿海经济带建设要以新发展理念为引领，根据资源禀赋、发展阶段、功能定位、市场化发育程度和生态保护要求，做好建设一个载体、培植两个新动能、打造新特绿三个产业集群三个方面工作。

1. 建好一个载体，担纲沿海经济带发展的龙头。港口作为江苏沿海中部策应"一带一路"和长江经济带的重要节点，在重构江苏区域功能布局，推进沿海经济带的形成与发展起着龙头与核心作用。一是以连云港港口为核心，联合南通港、盐城港共同建设江苏沿海港口群，推动沿海区域内地方电子口岸信息数据互联互通和资源共享。二是在“港口、产业和城市一体化发展”的目标下，依靠政府推动、市场主导，以资本为纽带，通过行政手段和市场手段相结合，建立跨区域的港口资源管理体制及投资运营主体。三是选择一批技术含量高、产业关联度强、集约化程度好、带动作用大、事关长远发展的重特大项目和高新技术项目，集中力量发展一批具有国际先进水平的临港产业基地和产业集群。

2. 培植两个新动能，谋求沿海经济带协调创新发展。沿海经济发展步入“换挡爬坡期”，加快优化产业结构、加速培育新经济增长点，尤显迫切。一是培育生产关系领域内沿海发展的“软实力”及“隐性动能”，不断创造现代海洋经济发展和海洋强省的新机遇，认真研判沿海发展供给侧改革的要素和范围，加大有效投资力度，破除阻碍海洋经济发展的藩篱。二是加快推进创新体系建设，培植生产力领域内沿海发展的“硬实力”和“显性动能”，优化涉海新技术、新产业和新模式创新体系，不断积聚现代海洋经济发展新动能。着力实施创新驱动发展战略，加快推动沿海经济增长由要素驱动向创新驱动转变。

3. 打造新、特、绿三个产业集群，形成现代海洋经济竞争优势。一是建设海洋新兴产业集群，打造沿海经济带率先发展的“未来竞争力”。围绕打造长三角北翼先进制造业基地的战略目标，明确主导产业的选择，依托港口和临港园区发展装备制造、新能源、科技环保、海洋医药、新材料等拉力强劲的战略性新兴产业。二是建设海洋特色产业集群，打造沿海经济带差异化发展的“核心竞争力”。以涉海骨干企业和大项目为支柱，围绕骨干企业和重点配套企业，集聚周边产业发展新动能，加速海洋特色产业集群形成和壮大发展。三是建设海洋绿色产业集群，打造沿海经济带可持续发展的“生态竞争力”。坚持开发利用与保护并举、海洋经济发展与资源环境的承载力相适应。

严格执行沿海地区开发主体功能区规划，积极探索滩涂开发与保护、产业布局与产业联动的新机制。

研究基地： 江苏沿海发展研究基地
承担单位： 盐城师范学院沿海开发研究院
首席专家： 钱正英、梁学忠、崔　刚
课题负责人： 朱广东　沿海发展智库研究员、教授
课题组成员： 刘　波　沿海发展智库副研究员、副教授

江苏发展海洋经济要从特色化切入*

胡国良

［内容提要］与兄弟省份相比，江苏沿海地区城市功能弱，传统产业比重大，且受海洋地质特点局限，沿海线没有真正构成发展轴，在全省经济发展格局中的地位明显偏低，成为江苏区域经济发展的短板。根据江苏海洋地质特点和海洋产业发展基础，江苏海洋经济发展需要大力拓展支撑腹地，全面提升“L”形蓝色海洋经济带，拓展倒“E”形绿色海洋经济支撑带，推动淮海经济区域江苏沿海城市的互联互通。特别是要将特色产业、特色园区作为江苏海洋经济发展的突破口和切入点，走特色化发展的道路。

一　海洋经济是江苏经济发展的短板

1. 沿海城市功能较弱。从沿海兄弟省份的情况来看，由省城和沿海主要城市构成的空间格局基本上是经济发展主轴，如沈阳—大连、济南—青岛、杭州—宁波、福州—厦门、广州—深圳，集聚和汇通了省内最优质、最大规模的要素资源，同时支撑起了这些省份海洋经济发展广阔空间。与兄弟省份相比，江苏的经济发展主轴基本上是由沿沪宁线、沿江线构成，而沿海地区三个城市的历史文化底蕴、经济实力、要素集聚与辐射功能、科技教育水平以及风景名胜的吸引能

* “沿海与现代海洋经济”决策咨询报告系列之三。

力等明显偏弱，对海洋经济特别是高端海洋产业发展支撑力度不足，在全省经济发展格局中的地位也明显偏低，沿海线目前还没有真正构成发展轴，沿海城市经济竞争力也亟待提升。近年来，沿海引进的产业项目层次不高，百亿元级以上的基地龙头型大项目偏少，海洋新兴产业比重不到10%。

2. 海洋经济总量偏低。海洋经济总量发展滞后于周边沿海省份。我省海洋经济总量和广东、山东相比差距很大。海洋经济生产总值比广东少7000多亿元，不到广东一半，是山东的一半略多。海洋生产总值占地区生产总值比重只有9.2%，远远落后于沿海周边省份，见下表。

2016年沿海5省市海洋经济占地区生产总值比重

省 份	海洋生产总值（亿元）	地区生产总值（亿元）	海洋生产总值占GDP比重（%）
广 东	15500	79500	19.5
山 东	13000	67008	19.4
上 海	7311	27466	27
浙 江	6700	46000	14.6
福 建	8003	28519	28
江 苏	7000	76086	9.2

3. 海洋传统产业比重过大。传统海洋渔业养殖、船舶修造、滩涂农牧业占江苏省海洋总产值25%以上，而广东、福建、山东海洋传统产业比重已经下降到17%以下。江苏省沿海地区海洋工程装备、海洋生物医药、海水综合利用、海洋新能源等新兴产业的集聚效应低，港口物流等关联产业发展水平不高，海洋旅游资源缺乏成熟的盈利模式，对沿海经济的带动作用不足。长期以来，江苏省经济重心集中在沿江及苏南地区，沿海发展相对薄弱。

4. 海洋地理特点的局限。就江苏周边沿海省份来看，山东、浙江的岩基型海洋和深水港湾，决定了山东、浙江的海洋经济的基本特征是：深水贸易港—临港产业园—沿海城市的一体化发展的海洋经济业态。江苏主要是平原海岸，由江、河汇入海中的泥沙，经浪、潮搬运堆积于大海湾的平原海岸，外缘有南黄海辐射沙脊群与古扬子大三角洲。长江口以北的江苏省岸线长达888.945km，而基岩岸线为8.36km，分布于北部连云港地区，沙质海岸线1.775km，主要在赣榆地区，而余下的878.81km岸线是粉砂淤泥质平原海岸。江苏属于淤积型和侵蚀型海岸，决定了江苏海洋地质环境的基本特征是滩涂地貌和缺少深水大港，因而无法复制周边沿海省份海洋经济发展模式。

二　江苏海洋经济发展需要大力拓展支撑腹地

1. 全面提升“L”型蓝色海洋经济带。充分发挥长江下游深水航道与海洋相连接的独特优势，统筹规划沿海、沿江两大区域经济发展，实现江海联动，全力打造以沿海地区为纵轴、沿江两岸为横轴的“L”型特色海洋经济带。

2. 拓展倒“E”型绿色海洋经济支撑带。依托沿江港口群、沿淮河绿色经济带、临陇海线以及沿海高等级公路、沿海铁路，形成三横一竖“E”形海洋经济产业支撑带，促进产业集聚，重点发展石化、钢铁、汽车、船舶、新能源、新材料、新型高端装备、海洋生物医药等临港产业，提升海洋渔业和滩涂农林牧业发展水平，加快现代港口物流、海洋科技文化、涉海金融和涉海商务等生产性服务业发展步伐。长江经济带、淮河经济带、陇海线经济带，共同构成我省海洋经济发展的内陆腹地和产业支撑。

3. 推动淮海经济区域江苏沿海城市的互联互通。徐州作为淮海经济区中心城市，要振兴徐州铁路枢纽的地位与作用，向东与连云港在直通港口的高速铁路、高速公路上互联互通。加快推进徐连客专、徐宿淮盐铁路、连云至连云港东增二线等项目。向南徐州要与宿迁、淮安、盐城形成互为犄角的经济圈，共同组成江苏沿海经济的产业支撑腹地。

三 江苏发展海洋经济要从特色化切入

江苏海洋地质特点和海洋产业发展基础，决定了海洋经济必须走特色化发展的道路，将特色产业、特色园区作为江苏海洋经济发展的突破口和切入点。

1. 特色园区

一是大力推动海洋产业向园区集聚。产业园区是海洋经济建设的主要载体，也是建设江苏省现代海洋产业体系的主要支撑平台。要着力打造特色产业园区、技术创新示范园区、临港产业园区。在江苏省南部沿海打造1—2家海洋工程装备制造产业园区，在江苏省中部沿海打造1家国内知名的海洋药物与生物制品产业园区，在江苏省北部沿海打造1家有国际影响力的石化产业园区。

二是着力发展科技创新型海洋经济示范区。建议有效整合江苏省涉海科技力量，力争在“十三五”期间成立江苏海洋大学。加强与各国际和区域组织的海洋科技合作，鼓励校企科技合作，形成一个由高校、企业、平台、人才为一体的海洋科技攻关体系。鼓励开展海洋产业前瞻领域研究，推动实现海洋高科技领域关键技术突破，通过建立若干个省级海洋经济科技创新示范园区，实现海洋科技和海洋产业的集合。

三是加快推进连云港东中西合作示范区、中哈物流基地、上合组织出海基地建设。加快连云港炼化一体化等重大项目建设，打造具有国际竞争力的世界级石化产业园，建立连云港创新药物省级特色产业园区。推进盐城中韩产业园合作的深度和广度。鼓励沿海地区上下游产业链在中韩产业园合作对接。推动盐城港与连云港港口资源的联动，推动响水港与灌云港之间的合作重组，鼓励盐城海洋开发园区与渤海湾港口群和长三角港口群海洋开发园区之间，建立常态化产业分工合作机制。加快推进以新能源、海洋生物医药、海水综合利用为特征的大丰海洋开发园。继续推进通州湾“海洋经济示范园区”建设，强化“港口引领、产城融合、科教兴海”的思路。鼓励洋口港以LNG接收、仓储、转运为引领，做强现代物流园；提升临港加工园区的规模化效益化。

四是着力推进港产城一体化发展。江苏省沿海三市城市核心功能远离大海，极大限制了海洋产业发展质态和竞争水平。推动沿海港产城一体化发展是江苏省发展海洋经济的一个重要方向。按照将连云港建设成为连接长江三角洲与环渤海的国际性海港城市、盐城建设成为带动淮河流域经济发展的门户型中心城市和现代工商业城市、南通建设成为长江三角洲北翼经济中心的要求，加强市区、港区、园区三者之间的协调发展，加快推进城镇化步伐。积极建设临海中等城市，推动临海县城向临海发展。出台相关扶持政策，支持有条件的重点中心镇开展行政区划调整，促进重点中心镇与港区、开发区合理分工、协调发展。

2. 特色产业

一是巩固提升海洋传统产业。鼓励利用现代科技，大力发展海水特种养殖、工厂化养殖、立体生态养殖。养护近海渔业资源，推广“海洋渔业牧场”，通过国际合作模式，参与国际渔业资源共享和市场竞争，大力发展远洋捕捞。鼓励发展高附加值的特种船舶修造业，限制低附加值的普通干散货船修造产能。促进海洋船舶修造业集聚集约发展、错位发展。通过滩涂综合治理和基因工程等举措，改良和培育耐盐农作物。

二要着重发展海洋装备工程与海洋生物工程。重点发展海洋高端船舶装备与配套设备产业。积极推动海洋工程装备制造业的技术转化，加快绿色转型步伐，大力发展资源消耗低、成长潜力大、综合效益好的海上油气钻井平台、大型特种船舶。要提升海水淡化与综合利用产业的规模化、市场化水平。海洋探测技术与装备是海洋工程与装备的前沿领域，开发技术难度大，但产品附加值高，应用前景极为广阔，要大力推动海洋探测技术与装备成为江苏省重点发展的海洋产业。重点推动以海洋药物、海洋微生物产品、海洋生物功能制品、海洋生化制品为重点的海洋生物医药的研究与开发。

三是培育壮大海洋服务业。发展现代海洋物流业。推动连云港优化“一体两翼”现代物流业务布局，强化组合大港建设。协同推进盐城港“一港四区”建设，加强巩固对韩航线，加强与韩国仁川港、釜山港、平泽港的协作关系；以资源为纽带，加强与台湾基隆港的合作，加快对印度尼西亚、澳大利亚的航线开拓；增强与连云港港、上海港、宁波港的合作关系以及沿江港口的运输协作关系，提升在区域经济发展中集聚、辐射、拉动作用，打造亿吨大港。南通港着力打造包括吕四港、东灶港区、洋口港区和通州湾港区等在内的现代港口体系，并根据各个港区的不同条件、定位等，实行错位发展、优势互补，加快专业化泊位和港口建设，促进散货、集装箱和 LNG 等石油制品运输业的全面均衡发展。

四是探索建设海洋特色金融。推进金融政策先行先试，联合南通、连云港等市向上争取，申请设立江苏海洋发展银行、江苏沿海航运保险公司等专业性法人机构。大力发展海洋金融中介服务业，全面打造海洋金融中介服务基地。创新海洋特色金融发展机制，加快发展船舶租赁、航运保险等非银行金融机构，开发服务海洋经济发展的金融保险产品。实施海洋金融创新工程，推进大丰蓝色金融商务集聚区等海洋金融基地建设。创新海域使用权抵押融资，设立盐城市海域使用权储备（交易）中心，创建区域性海洋产权交易市场。鼓励成立涉海融资租赁公司，打造江苏沿海地区海洋融资租赁中心。

五是加快海洋信息及大数据产业发展。重点依托苏州、扬州大数据产业基地建设，发挥大数据产业专项引导基金的杠杆效用，招引一批开展海洋大数据业务的研发机构、企业，构建服务江苏沿海、面向国际的海洋数据交流平台和海洋科学数据中心。依托盐城海洋大数据产业基地建设，打造海洋空间地理信息系统，打造盐城海洋数据公共门户，发展海洋大数据服务，为维护海洋权益、建设重大海洋项目、推动海洋产业集群发展提供数据支撑。拓展北斗导航信息系统在海洋开发领域的应用。到“十三五”期末，初步建成国内领先的苏州海洋大数据研发基地和盐城海洋大数据产业化基地。

（作者胡国良，江苏省社会科学院经济所所长、研究员）

推进江苏沿海港产城联动发展的思路和建议*

古龙高

[**内容提要**] 港产城联动发展是新形势下推进江苏沿海开发向更高层次发展的重要举措。然而，目前江苏沿海港产城联动的基础差、动力弱、依托小、机制不完善，且面临来自山东、浙江等沿海发达地区的挑战以及沿海自身劣势条件形成的挑战，沿海三市之间也存在同质竞争的压力。建议从三个方面推进港产城联动发展：(1) 实施“个性特色、错位发展”战略，实现港口所在区域港产城纵向联动；(2) 实施“优势互补、链式发展”战略，推进沿海各市间港产城“三群”横向联动；(3) 实施“两翼互动、开放发展”战略，加快沿海经济与沿江、沿桥腹地的联动。此外，要做好规划引领、港口建设、交通互联、生态保护、机制创新等多方面保障工作。

港产城联动就是以沿海经济带为基本发展轴线，以联动发展为途径，通过调动整合沿海地区的港口、临港产业、港口城市等优质资源，发挥各自比较优势，实现沿海地区优势互补、分工协作、互利共赢。

一　江苏沿海港产城联动发展面临的问题与挑战

目前，江苏沿海各市围绕港产城联动发展进行了积极探索，集聚

* “沿海与现代海洋经济”决策咨询报告系列之四。

了一些临港产业，初步建立了结构有序、功能互补、整体优化、共建共享的港产城一体化体系，为江苏沿海经济转型升级构建了更高的载体和平台。与此同时，江苏沿海港产城联动发展仍然面临一系列问题与挑战。

1. 江苏沿海港产城联动发展存在四个问题

一是港口建设仍然是初级阶段的据点开发，联动的基础差。江苏沿海港口体量小，开放等级低，建设环境差。比如，连云港虽然拥有江苏唯一的基岩岸线，沿海建港的自然条件最好，开通的航线也最多。但是，依托30万吨级航道和码头的大石化、大冶金产业尚未形成集聚，港口软件建设滞后，国家规划中明确定位和布局的许多涉及全局的内容还没有落实。

二是港口建设与后方产业发展规模不匹配、建设不同步，沿海产业仍然是“点轴推进”模式，联动的动力弱。目前，沿海地区的工业园区主要分布在沿海高速和204国道沿线，经济走廊主要沿路形成，真正意义上的沿海产业带没有形成，沿海港口对于产业带的作用，还有很大的发挥空间。

三是沿海港口城市整体水平低，联动的依托小。连云港的东部地区是港城一体，但是“港大城小”，小城拉大港；盐城、南通主城区离海、离港较远，南通港产城重心在沿江，盐城沿海有港却无临港的规模城市，港口与主城联动少；县城距港口也在45公里左右，不能满足临港产业发展和港口建设需要。

四是沿海三市间协同发展机制体制尚未形成，联动机制不完善。目前，沿海三市间涉及港产城的相关规划、建设、投资、运营、管理等的职能尚未形成多层次、全方位高效的协同服务体系。当竞争大于合作时，参与博弈的各方都只为自己的利益进行策略选择，沿海开发就可能陷入“囚徒困境”。

2. 江苏沿海港产城联动发展面临三个挑战

一是两翼的山东、浙江等沿海发达地区的挑战。与山东、浙江等沿海地区横向比，江苏沿海特殊区位与“洼地”现象并存，在整个沿海与长三角中相对“边缘化”；江苏沿海开放优势与“逆海洋”走向并存，在江苏省域内被“内陆化”；苏南现代化的快速发展，对优质资源要素的吸引力大，给江苏沿海地区带来的挑战大于机遇。

二是沿海自身劣势条件形成的挑战。一方面，特殊的地质结构直接影响沿海经济发展。江苏海岸带90%以上为新沉积的第四系松散层，这些区域地壳稳定性较差，软土地基、沙土液化等环境工程地质问题分布广泛，建港投资成本大。另一方面，江苏沿海的港口型经济没有真正形成：连云港临港工业发展滞后于港口开发，南通、盐城港口开发滞后于产业发展。沿海城市主城区普遍离海、离港较远，对临港产业和港口建设支撑不够。

三是沿海三市之间同质竞争的挑战。江苏沿海同质化竞争十分严重，主要表现在区域经济规划、产业布局和项目的趋同化，例如石化项目、海洋产业等。同质化竞争导致沿海开发的低层次、高成本及大量利益外溢。

二 江苏沿海港产城联动发展的基本思路

1. 实施“个性特色、错位发展”战略，实现港口所在区域港产城纵向联动

各区域内港产城的纵向联动是江苏沿海港产城联动发展的初级阶段和基础。南通应以纵深的经济腹地为依托、以上海国际航运中心为牵引拉动，采取“以港兴产、以城促港”模式。建设滨海园区，整合两翼港口、产业资源，加快老港区向沿海地区洋口、吕四、通州湾港区转移。推进洋口港区石化码头、吕四港区挖入式港池及通州湾码头工程建设，加快沿海地区特殊功能区载体申报。打造一批产城融合示范园、特色“区中园”；加快临港新城建设，以临港新城建设推动产业、港口发展。

盐城应采取“以产兴港、以港促城”模式。依托腹地经济优势，以开发建设现代港口及临港工业区块为突破口，推进完善港口腹地的

集疏运体系、城市配套功能，培育壮大临港产业集群，依托港口城镇逐步完善城市功能，以港产城联动的一体化效应引领特色产业港的发展之路。要处理好开发与保护的关系，设立门槛，明确产业定位和项目准入。

连云港应采取“港产城并举”发展模式，搭建重大载体平台，招引集聚重大项目。以大陆桥国际航运中心、中哈基地、上合园区建设为抓手，整合港航资源优势，持续推进港口一体化建设；以国家级东中西区域合作示范区为依托，采取大项目、大投资模式的产业发展战略，促进临港工业产业升级；按照国际性港口城市定位，强化港城互动联系，把城市和港口发展置于国际市场，加快区域性航运、商贸、金融、物流、信息、旅游中心建设，增强城市的集聚与辐射能力。

2. 实施“优势互补、链式发展”战略，推进沿海各市间港产城“三群”横向联动

“三群”联动，是江苏沿海三市港产城联动发展的较高阶段。首先，推动形成“我国综合运输体系的重要枢纽、国家沿海主要港口、区域性重要港口”三个不同层级、分工协作的“港口链”。连云港是新亚欧大陆桥东方桥头堡、“一带一路”交会点，在江苏沿海港口群中具有区域性国际战略和国家战略地位，是江苏沿海港口群的核心；洋口港对于江苏的贡献将会大于连云港港，但属于省级战略港口；大丰港则为地区性产业港。连云港要与盐城的港口抱团发展，形成连云港—盐城港口群；南通港要与上海港加强全方位联系，在江苏沿海港口群的“链”式发展中补链、强链。

其次，确立各港口临港产业群的重点，形成不同港口、园区间“临港产业链”。推动工业向园区集中，园区向港口集中，以国家级、省级开发区和合作共建园区建设为重点，带动产业发展，培养壮大优势产业。设立省级沿海开发建设引导资金，加强对沿海各园区临港主导产业的引导，实现错位竞争。建立产业联盟，通过向上下游的延伸带动不同区域临港产业发展。

再次，加快包括区域中心城市、县城、港城的区域城市群建设，

形成“国际性海港城市、长三角北翼经济中心、沿海地区现代工商城市”三个不同层级“城市链”。南通、盐城两市应构建具有鲜明地域特色的的中心城市、临港城市（城镇）双核心城市网络。沿海港口依托的县城要向东、向海发展。连云港要搞好东部地区国际商务中心建设，加快连云港国际贸易平台、大陆桥国际航运中心、区域性国际金融中心建设。

3. 实施“两翼互动、开放发展”战略，加快沿海经济与沿江、沿桥腹地的联动

江海联动的实质就是以江苏沿江、沿海两个经济带为基本发展轴线，以“联动”发展为途径，调动整合沿江、沿海地区的资源，实现沿江和沿海地区优势互补、分工协作、共同发展、互利共赢。“江海联动”要突破现有的苏南、苏中、苏北三个区域的思维定式，以南通为重点，联动泰州、盐城两市，发挥黄金水道和黄金海岸叠加优势，加大资源要素整合、空间布局优化、产业转型发展等方面的创新力度，优化沿江、沿海生产力布局，着力建设江海联动枢纽。

沿海、沿桥联动发展，表现为东中西互动。以连云港为重点，联动盐城、淮安、宿迁，加快资源互补、产业互动、基础设施互联互通等一体化步伐。联动徐州、新疆，强化“一带一路”交汇点和新亚欧大陆桥经济走廊东方起点的先导、支撑作用，将连云港—霍尔果斯串联起的新亚欧陆海联运通道打造为“一带一路”合作倡议的标杆和示范项目。建设面向国际、承接东西、连接南北、高效通畅的现代综合交通枢纽，打造国际商贸物流中心、产业合作创新区和人文交流深度融合区。

三　推进江苏沿海港产城联动发展的对策建议

1. 以规划为龙头引领港产城联动。要发挥规划的引领作用，找准港口、城市、产业发展定位，科学谋划产业布局，合理把握城市规模，统筹规划港口群、产业园区、港城之间的空间组织关系。在规划

制定和实施中，要加快空间组织主体的职能定位转化，全方位拓展港口功能，以港口群为载体，向内地、腹地延伸，处理好不同产业与不同功能区的空间配置关系，提高规划的针对性、前瞻性和可操作性。

2. 以港口为抓手推进港产城联动。以港口群能力整合为重点，建立以港口为中心的空间组织关系，依托轴线实现产业、功能据点的布局和基础设施建设。以资本为纽带，鼓励各港之间、腹地与港口之间合资建设码头、物流服务体系、硬件设施、综合业务经营、干支航线等。利用多重国家战略叠加机遇，加快港区功能调整和结构升级，实行港口码头的专业化生产，提高港口生产效率和吞吐能力，减少重复投资，形成区域港口业务集成、互利共赢的新型港口群。

3. 以交通为纽带促进港产城联动。突破行政体制壁垒，强化“经济区”概念，统一布局和建设跨区域大型基础设施和公用设施。建设沿海铁路，打通沿海高速公路、临海高等级公路与各港口、港城节点联系，为沿海产业发展提供能源、交通、通信、水利等方面的保障。完善航运网建设，把沿海各港口与长江、淮河、盐河、灌河、京杭大运河等水系相沟通，形成四通八达的水上交通网，将沿海港口功能延伸到内陆腹地，带动腹地产业发展。

4. 以生态为底线提升港产城联动。从江苏当前发展的阶段性特征出发，自觉践行新发展理念，坚决守住生态环境底线，着力打造生态竞争优势。坚持高起点高标准引进重大项目，健全环境保护长效机制，以良好的生态形成新一轮发展的引领性优势。通过引进高端要素、高端项目带动产业迈向高端水平。新上项目不放松环保要求，承接产业转移不降低环保门槛，从源头上降低消耗、减少排放，增强可持续发展能力。

5. 以机制为保障优化港产城联动。创新协调机制，建立省与国家有关部委定期交流会商机制，力争在重大节点问题上抢得先机；强化省沿海办职能，统筹协调和推进全省沿海开发战略；建立市长联席会议、专项议事制度等协调机制。要创新建设管理体制。在已经成立的省港口集团的基础上，建立“港铁联盟”“港航联盟”“港区联盟”，形成系统化的联系国内外的物流供应链的战略联盟。创新收益共享体制。深入分析各利益相关方在“港产城联动”中的利益格局，推动机制创新，化解矛盾冲突，凝聚联动发展合力。

（作者古龙高，江苏省社科院沿海沿桥发展研究中心副主任；赵巍，淮海工学院副教授；古璇，淮海工学院讲师）

完善江苏近岸海域污染防治的法律保障*

刘小冰

［**内容提要**］当前，江苏在近岸海域污染防治中存在着诸多难题，如现有立法不配套、不具体，海域污染防治各部门、跨区域、海陆之间缺乏协调联动机制，海洋污染追责体系中司法救济缺位，无组织排污侵权责任难以界定，等等。鉴于此，需要从立法、执法、司法保障三个关键点出发，贯穿陆源污染协同防治，构建以法律为主要治理手段的近岸海域污染防治体系：省级层面加强纵向配套立法，推动各沿海城市特色立法；强化多部门、跨区域协同，实现海陆联动，形成快速有效处置机制；设立近岸海域专业审判庭，充分应用新型环境诉讼制度，为近岸海域污染的法律防治提供司法保障。

江苏在近岸海域污染防治中存在现有立法缺乏具体内容，海域污染防治各部门、跨区域、海陆之间缺乏协调联动机制，海洋污染追责体系中司法救济缺位，无组织排污侵权责任难以界定等诸多难题，需要完善近岸海域污染防治立法体系、创新执法协同机制、强化司法保障，从法律层面开拓思路，研究防治战略办法。

---

* “沿海与现代海洋经济”决策咨询报告系列之五。

一 统分结合，完善近岸海域污染防治立法体系

1. 省级层面加强纵向配套立法。日本《濑户内海环境保护特别措施法》专门制定了有关濑户内海保护规划的必要事项，各府县根据这一法律规定再对各自行政范围的污染问题制定具体的防治办法。借鉴这一立法经验，针对近岸海域特殊环境区域制定位阶较高的专门立法以实现区域综合治理，对本省近岸海域的污染问题做统一考虑，有利于节约立法资源，统一执法和司法的尺度，助推全面守法。建议省人大常委会在吸取南通、盐城、连云港三个沿海市的意见和建议的基础上，制定《江苏省近岸海域环境保护规定》（也可先制定省政府规章），以突破行政区划、海区局限，结合流域和汇水区与海域相关因子统筹考虑污染物输入与控制，加强综合治理。

2. 推动各沿海城市特色立法。目前，三市面临如何立法保护近岸海域的环境、保护海洋装备和海水淡化为主体的海洋新兴产业发展问题，同时面临应对因战争等因素而可能引发的他国核污染影响问题。江苏沿海三市应本着因地制宜的原则，充分发挥立法权作用，在不与国家相关立法相抵触的情况下，按照“不抵触、有特色、可操作”的地方立法要求，有针对性地立法，构建横向配合的防治法律体系。根据经济社会发展程度不同情况，连云港和盐城因近年来兴建的大化工需要更多地关注开发、利用与保护的关系以及环境安全等问题；而南通因临近上海和苏州，需要更多关注保护问题。在各市立法保护上有两种思路：一是在省立法保护的前提下，借鉴《青岛市近岸海域环境保护规定》《大连市沿海水域环境保护管理规定》等立法经验，制定三市地方性法规或地方政府规章，形成三市对省立法的纵向配套。二是如果省立法暂时没有制定的条件，则积极探寻江苏沿海三市间的立法协调机制，由三市通过协商机制产生一个统一的各自近岸海域污染防治的立法建议稿，再由各市以地方性法规或地方政府规章的形式加以通过。

二　加强合作，创新近岸海域污染防治执法协同机制

1. 强化近海防治多部门协调。由江苏沿海地区发展领导小组代表省政府统一协调近岸海域海洋、海事、环保、渔政、边防等部门污染防治工作，力求完全覆盖海域污染的调控范围，协调分工取得防治收效最大化。为使协调工作取得实效、方便监督，领导小组及其办公室应公开向社会发布每次协调的主要成果。为领导小组及其办公室建立集中统一的国内一流的沿海发展智库，及时提供决策咨询服务。

2. 多种方式实现跨区域协同。一是由省政府强势主导，实现江苏近岸海域环境执法权的集中统一行使。针对目前环境执法多头执法、力量分散、标准不一的情况，实行“往上集中，往下赋权，中间机动”。“往上集中”，是指形成集中执法机制和队伍，近岸海域环境执法权不再由三市分散行使，而是由省海洋与渔业局组成“近岸海域环境执法总队”统一行使；“往下赋权”，是指为了解决环境问题发生在基层、但基层却没有执法权的尴尬，由省政府依法将基层纳入统一的执法权体系之中，并赋予基层一定限度（如罚款）的执法权、使之成为近岸海域环境执法权的一级响应机制；“中间机动”，是指将三市及其县区的相应执法力量统一纳入省级执法体系中，作为对基层执法要求的二级响应执法力量。二是由省政府主导，形成江苏及其沿海三市与相邻省市之间的跨区域近岸海域环境执法合作协议，突破行政区域局限，加强地区间环境管理合作交流，形成“共同预防、联合处置”的局面。

3. 海陆联动，形成快速有效处置机制。江苏省境内有 20 多条大中型河流入海，要做好陆源污染和近岸海域污染的协同防治工作，必须从入海河流这一传播介质着手，将江苏近岸海域污染防治与江苏主要入海河流的治理相协调，推进主要入海河流的综合整治。一是将近岸海域与大中型河流入海处的相关环境许可权集中统一行使。二是针

对小型环境污染事故开发简化快速的评价程序和计算机判定模型。借鉴美国的相关做法：美国针对五大湖和海岸带的小型环境污染事故，开发了简化快速的评价程序和计算机判定模型；针对大型污染事件制定了一套相对复杂的评估程序，包括预评估、评估计划、评估与后评估四个阶段；根据评估结果，制订详细的修复行动计划，包括基本修复、补充性修复和补偿性修复。三是充分发挥河长制在入海河流综合整治中的关键作用，防治陆源污染入海，实现近岸海域污染防治。

三 明确责任，强化近岸海域环境污染的司法保障

1. 设立集中管辖、三审合一的近岸海域专业审判庭。针对目前江苏近岸海域的司法区域因行政区域而遭到人为分割的情况，为强化司法保护，考虑商请省高级人民法院指定某一中级人民法院集中管辖，或由其设立相对独立的审判庭，专司近岸海域的审判权，实行三审（刑事、民事、行政）合一，以利于避免地方干涉、解决区域性、流域性污染面临的管辖区冲突问题，整合力量、统一司法尺度，加大司法保护力度。

2. 充分应用新型环境诉讼制度，为近岸海域污染的法律防治提供司法保障。为了改变海洋污染追责与治理手段主要依赖行政处罚和行政不作为的状况，充分应用新型环境诉讼制度。一是积极引导环境民事公益诉讼。发挥近岸海域污染的环境民事公益诉讼的作用，积极预防环境民事公益诉讼可能出现的道德风险，如案源片面集中产生的选择性诉讼风险、生态修复费用的使用管理风险等。二是改变行政机关不作为情况。按照规定，检察院履行职责中发现生态环境和资源保护等领域负有监督管理职责的行政机关违法行使职权或者不作为，造成国家和社会公共利益受到侵害，公民、法人和其他社会组织由于没有直接利害关系，没有也无法提起诉讼的，可以向法院提起行政公益诉讼。在实践中，可将环境行政公益诉讼的被告适当扩大，既包括违法行使职权或者不作为的行政机关，也包括法律、法规、规章授权的

组织。三是创制环境司法禁止令制度。在紧急情况下，被告污染、破坏近岸海域环境行为可能严重危及环境安全、造成环境难以恢复、加重对环境破坏等情形的，法院认为确有必要的，应做出裁定，及时发布禁止令，禁止实施环境污染、破坏行为，并可固定证据、责令恢复原状，避免造成或者扩大损失。

3. 明确无组织排污的因果关系和责任分担。在江苏近岸海域发生的工业排污，大部分是各自排污，构成无意思联络的多人无组织排放，而不是基于共同故意的排污，这表明政府的环境治理取得了一定的成效。但同时，这也给明确无组织排污的因果关系和责任分担带来了巨大的法律障碍。要具体情况具体分析，按照污染物的种类、排放量等因素，由一定范围内的企业或者其他组织按份承担连带赔偿责任（能证明没有实施侵权行为的除外），对排污企业课以较重负担，增强排污者的法律风险。

研究基地： 江苏社会管理法制建设研究基地

承担单位： 南京工业大学

课题负责人： 刘小冰　南京工业大学教授

课题组成员： 高建新、陈迎、张慧

江苏发展现代海洋经济的问题与建议*

张建军

［内容提要］江苏位于我国沿海地区中部，发展海洋经济在全省经济社会发展中具有重要地位和作用。目前，虽然发展较快，但也存在海洋经济总量不大、海洋产业结构不优、海洋产业核心技术不强、海洋资源环境约束增大、海洋经济配套管理有待完善等问题。为此，建议：加强组织保障，成立海洋经济发展委员会；加强财政资金引导，建立海洋经济发展专项资金；加大金融投资力度，支持海洋经济发展；发展环境友好型海洋产业，做优海洋第一产业；提升海洋科技研发能力，做强海洋第二产业；创新海洋发展路径，做大现代海洋服务业。

江苏作为“一带一路”建设与长江经济带发展战略的交汇区域，作为东部海洋经济圈的重要组成部分，特别是随着江苏“1＋3”功能区战略的深入推进，江苏沿海区域协同发展优势将进一步显现，现代海洋经济将成为“十三五”乃至未来若干年江苏经济最重要的增长极。

一　江苏海洋经济发展的现状、问题

我省海洋生产总值由2009年的2717亿元增至2016年的6860亿

---

* “沿海与现代海洋经济”决策咨询报告系列之六。

元，年均增长 14.1%。沿海沿江港口货物吞吐量总和位居全国第一，海洋交通运输与港口物流业位居全国前列。船舶工业三大指标连续9年居全国首位，海工装备产品数量及产值均占全国三分之一。存在的主要问题表现在：

1. 海洋经济总量不大。目前，江苏海洋生产总值在全国11个沿海省份中位列第五，排名在广东、山东、上海、福建之后，这与江苏省经济规模居全国第二的地位极不相称。2016年广东省海洋生产总值为1.55万亿元，山东省的海洋生产总值为1.3万亿元，均是江苏的两倍多。

2. 海洋产业结构不优。在海洋经济三次产业结构中，江苏省海洋服务业比重相对偏低。2015年，江苏海洋服务业比重为47.5%，低于海洋第二产业比重，而同期全国海洋服务业占比平均水平为52.4%，上海的海洋服务业比重最高，达到63.9%，广东、福建、浙江的海洋服务业比重均达55%以上，山东接近50%。

3. 海洋产业核心技术不强。江苏没有一所综合性海洋大学，涉海科研力量分散，研发投入不足，产学研合作不够紧密，造成海洋科技创新能力不强，海洋产业核心竞争力较弱。作为船舶与海工装备大省，大约50%以上的船舶关键配套设备和70%以上的海洋工程关键配套设备需要进口。海洋药物和生物制品、海洋新能源、海水淡化和综合利用等产业核心技术、关键设备也都受制于人，国际竞争力不强。

4. 海洋资源环境约束增大。尽管江苏省采取了一系列强化海洋环境监管措施，但海洋环境局部恶化趋势尚未得到有效遏制，资源、环境的瓶颈制约和产业发展矛盾日益突出。沿海有些地方忙于上项目，降低环保门槛作为招商的优惠条件，有些转移来的中小化工企业成为新的污染源。沿海工业园区集聚，一些企业把海洋当作无偿的排污场所，超标排放、违法偷排现象比较严重。

5. 海洋经济配套管理有待完善。创新示范园区管理缺少抓手，缺乏优惠政策及资金扶持。铁路建设相对滞后，连接港口与腹地的横向通道建设尚需加强。目前，虽形成一定的港产城融合发展雏形，但海洋、滩涂、港口与产业、城市发展还不够协调，联动发展水平有待提升。

二　推进海洋经济发展的政策建议

1. 加强组织保障，成立海洋经济发展委员会。近年来，沿海省份如广东、浙江、福建等，纷纷成立海洋经济工作领导小组，上海建立了海洋经济联席会议制度。建议江苏省优化整合涉海行政管理职能，成立省海洋经济发展委员会或组建省海洋厅，统筹沿海开发与海洋经济发展。沿海市、县（市、区）政府要建立相应的海洋经济工作协调机制，制定加快发展海洋经济的具体扶持政策措施。

2. 加大金融投资力度，支持海洋经济发展。落实海洋强省和江苏沿海开发国家战略部署，积极争取中央财政对江苏省海洋经济发展的资金支持，建立省海洋经济发展专项资金、海洋产业投资基金。鼓励银行业金融机构在符合条件的沿海市、县（市、区）设立服务海洋经济的专业部门，为海洋经济发展提供专业化融资服务。推进组建江苏海洋发展银行或沿海开发银行，同时积极组建江苏省海洋投资有限公司，集中支持海洋经济发展。强化信贷资金支持，鼓励银行业金融机构加大对海洋经济重点领域、重点项目、重点企业的信贷资金投放力度。搭建银企合作平台，建立海洋融资项目信息库，引导银行业金融机构采取项目贷款、银团贷款等多种模式，优先满足海洋新兴产业、现代海洋服务业和临港先进制造业等的资金需求。创新发展金融服务业态，推动开展已建和在建船舶抵押贷款、预付保函等金融业务，试点开办码头、船坞、船台等资产抵押贷款业务，拓展海域使用权抵押贷款、仓单质押、供应链融资等多种抵质押融资方式。

3. 发展环境友好型海洋产业，做优海洋第一产业。江苏滩涂广袤，要发挥滩涂资源优势，走资源节约、环境友好的内涵发展之路。

适当发展滩涂农林业，积极开展耐盐农作物基因工程改良和培育，发展生态型耐盐蔬菜、苗木、特色经济植物等盐土产业，重点推广优质水稻、双低油菜、专用大麦、中药材等优质粮经作物。着力推进高效设施渔业，支持百亩连片池塘标准化改造工程，推进现代渔业园“四个一批”建设。压减近海捕捞能力，扶持发展远洋渔业。借鉴挪威的大型智能海洋渔场建设经验，建设集先进养殖技术、现代环保养殖理念和世界顶端海洋工程设计于一体的海上养殖装备，推动从传统人工式养殖向自动化智能化立体养殖转变，高效提升江苏省的海洋渔业养殖技术。通过调整优化海洋传统产业，发展环境友好型海洋产业，做优海洋第一产业。

4. 提升海洋科技研发能力，做强海洋第二产业。推进海洋产业关键技术突破和重要技术标准研发，不断深化产学研合作，推进企业和高校院所联合攻关，努力抢占海洋产业未来发展技术制高点；打造新型海洋研发载体，设立涉海企业工程技术中心、海洋产业标准与标准品研发平台以及海洋知识产权评估与交易平台；建设海洋科技创新平台，加大对省风力发电技术重点实验室、省海洋工程装备研究院、省创新药物研究院、国家海洋局（江苏）海涂研究中心、江苏海洋产业研究院等穿行平台建设政策扶持，布局新建一批新型研发机构、重点实验室、工程技术研究中心、科技公共服务平台等创新载体平台；加快海洋科技成果产业化，深入实施重大科技成果转化专项，构建市场导向的海洋科技成果转移转化机制。通过大幅提升海洋科技研发能力，强化海洋科技创新，做强做优江苏省海洋第二产业。

5. 创新海洋发展路径，做大现代海洋服务业。加快发展海洋交通运输业，优化近远洋航线与运力结构，提升海运国际竞争力。支持发展船舶交易、船舶经纪和管理、航运保险、海事仲裁等现代航运服务，开展保税、国际中转、国际采购和分销、配送等业务。大力发展海洋旅游业，重点培育邮轮经济、海岛休闲、生态湿地康养、特色渔业等旅游度假休闲新业态，打造以山海奇观、生态湿地、江风海韵为主要特色的国内一流旅游目的地，建成江海河湖联动，休闲、度假、生态旅游为一体的旅游经济带。通过加快发展海洋现代服务业，提升海洋第三产业的比重和作用。

（作者张建军，江苏省海洋与渔业局副局长）

关于推进江苏省江海联动的思考与建议*

栾维新

［内容提要］海洋经济重要性凸显，陆海统筹逐步成为国家发展的战略方针，是对陆地和海洋发展的统一筹划。陆海统筹包含所有处理海洋和陆地之间的关系，特别是社会经济活动联系，具体包括战略层、规划层、工程层等三个层次的陆海统筹以及与此相应的重点任务。针对江苏具体情况，建议在陆海统筹方面注意三点：第一，合理布局陆海统筹板块，发挥江海联动优势；第二，推广新技术，引导海洋新兴产业有序健康发展；第三，遵循海岸带演变规律，优化围填海区域发展格局。

党的十八届五中全会通过的《中共中央关于制定国民经济和社会发展第十三个五年规划的建议》提出，要积极拓展蓝色经济空间，坚持陆海统筹，壮大海洋经济，科学开发海洋资源，保护海洋生态环境，维护我国海洋权益，建设海洋强国。本报告从江苏沿海、沿江特点出发，提出以江海联动为重点推进陆海统筹的对策建议。

一　陆海统筹的研究背景和概念体系

1. 研究背景。沿海经济具有巨大的成本优势，全球 11 个都市连

---

* “沿海与现代海洋经济”决策咨询报告系列之七。

绵区均是以沿海大港为纽带而形成的；全球温带沿海地区陆地面积约占全球陆地总面积的8%—9%，人口占23%，而GDP所占比例却高达53%左右；全球排名前20国家GDP之和占全球70%以上，但没有一个是内陆国家。陆域和海洋两大系统存在密切的内在联系，统筹陆海关系，是实现中华民族伟大复兴的需要；建设以港口为中心的沿海交通运输体系、统筹陆海产业发展，是推动沿海经济发展的需要；统筹保护好陆海自然环境符合生态文明建设要求，也是改革陆海统筹相关管理体制的需要。

2. 概念体系。陆海统筹包含所有处理海洋和陆地之间的关系，特别是社会经济活动联系。具体包含三个层次：第一个层次是战略层，为全球战略视野下的陆海统筹，即研究中国960万平方公里陆地和整个世界大洋的关系；第二个层次是规划层，这一层次的陆海统筹涉及沿海11个省份和管辖海域，重点任务是要把海和陆之间的关系处理好、规划好；第三个层次是工程层，要求在处理小范围的涉海项目中妥善协调处理好陆海关系。

二　江苏沿海和沿江在陆海统筹中所起作用各不相同

一方面，与全国其他省份沿海相比较，江苏沿海存在三个明显特点，对陆海统筹形成一定的制约作用：一是沿海岸线建设大港的自然条件一般。在全省总长954公里海岸线中，只有连云港市西墅至烧香河北口40公里基岩海岸具备建设大型海港的自然条件；其余砂质、淤泥质海岸建港条件相对较差。二是沿海经济社会基础较薄弱。连云港、盐城和南通3市14个县（市、区），人口密度和GDP密度均较低，城镇建设、产业发展、基础设施建设等方面还比较滞后，不仅是江苏发展的“洼地”，也是我国沿海经济带的“软腹部”。三是历史上错过了几次发展机遇。在内陆文明的漫长岁月，江苏沿海远离我国文明中心；在改革开放的沿海优先发展时期，由于建港条件、工业化水平和城市发展基础等相对滞后的不利影响，导致江苏沿海港口、海洋经济等整体上发展不充分。而从当前世界经济发展趋势看，原先依托港口实现生产要素和加工贸易大进大出的“窗口期”在渐行渐远。

另一方面，江苏沿江则具有三个鲜明特点，对陆海统筹形成很强的支撑作用。一是具有通江达海的优势区位。江苏沿江处于我国长江经济带与沿海经济带的交会处，既可以利用长江黄金水道与其中上游流域建立密切联系，又可以充分利用上海等国际大港与世界各国开展贸易往来和经济合作。不仅在我国江海联动版图中处于得天独厚的突出地位，而且在全球也拥有明显的通江达海区位优势。二是经历了陆海经济融合的发展过程。江苏沿江是我国近现代重要的经济文化中心；改革开放以来，凭借长江作为联通海洋的航运通道条件，集聚了多种优质资源，成为经济社会发展高度发达的长三角经济区、城市群之重要组成部分。三是形成了陆海兼融的产业体系。江苏沿江不仅已经拥有相当发达的现代产业体系，而且利用江海联运的便利条件，建设了南通、泰州、镇江、南京等多个长江沿岸港口，发展海洋船舶制造、海工装备制造等海洋产业，在很大程度上说，是临海产业向临江产业的延展，因此江苏沿江具有代替沿海承担陆海统筹的重要载体功能。

三　江苏实施陆海统筹的建议

1. 从江苏区域的特点出发，合理布局陆海统筹板块，发挥江海联动优势。江苏陆海统筹具有特殊性，由于长江作为与海洋联通的大型河流，某种程度上代替海洋承担了陆海联系的载体功能，从而使苏南和沿江地区集聚了江苏区域发展的优质资源。江苏陆海统筹需要高度重视并充分发挥江海联动的独特优势，在区域规划层面将沿江地区和沿海地区发展有机结合起来，进行统筹谋划，以江撑海，带动沿海地区发展现代海洋经济。

2. 推广新技术，引导海洋新兴产业有序健康发展。以科技含量大、技术水平高、环境友好为重要特征的海洋战略性新兴产业，包括海工装备制造、海洋生物医药、海水综合利用、海洋新能源、现代海洋服务等，处于海洋产业链高端，是引领海洋经济发展的前沿方向，在江苏实施陆海统筹发展中应当放在优先发展的战略地位，予以政策支持大力培育。但同时也需要有序推进，确保其持续健康成长。例如，风电是一种潜力很大的清洁能源，对装备制造、电力电子等产业有巨大的带动作用，江苏规划近1万平方公里海上风电空间，占全国规划总面积接近40%左右。在推进海上风电发展的规划布局中，应当充分考虑到当前风电效率不高以及大规模发展风电带来的一些弊端，有序加以引导，适当控制风电产业发展规模，合理给予特殊政策补贴。还可以借鉴英国、丹麦等国家海上风电发展的经验，综合运用新的科学技术，推进海上风电深水远岸布局。

3. 遵循海岸带演变规律，优化围填海区域发展格局。在海岸带进行围填海造陆对于国家整体工业布局调整，包括石化、钢铁从内地向沿海迁移以及沿海港口建设做出了巨大贡献。但应当清醒认识到，围填海造陆首先必须遵循海岸带的演变规律，特别要高度重视其生态环境价值以及对海洋资源可持续开发利用的影响。其次围填海造陆区域发展既有成功经验也有失败教训，其中是否具备城市发展依托尤为关键。比如深圳、大连、青岛等，围填海造陆区域发展就比较成功；而其他一些城市的围填海区域，由于距离城市过远，在建设过程中得不到所在城市的有效支撑，其效果就不甚理想。此外，规模较大、辐射带动能力较强城市的围填海区域，比如天津、广州、大连等发展较好；而烟台、秦皇岛等，由于辐射带动能力较弱，存在“小马拉大车”的弊端，其在围填海区域建设的开发园区发展就比较慢。因此，基于土地管理制度日益严格以及江苏沿海城市整体规模较小以及港口、道路交通等基础设施发展较薄弱的状况，应当严格执行围填海计划管理制度，做好项目科学论证，谨慎加以推进，确保围填海规模控制在有序适度的范围之内。

（作者栾维新，大连海事大学教授、国家级海域使用论证评审专家；沈正平，江苏区域协调发展研究基地首席专家）

发展现代海洋经济
打造江苏新增长极*

成长春

[内容提要] 近年来，江苏加快实施沿海开发战略，海洋经济取得长足发展，已经成为江苏国民经济重要增长点。面对当前存在的港口节点作用不突出、临港产业集聚力不强、海洋科技服务较为薄弱等问题，建议我省充分发挥陆海兼备、滨江临海的地缘优势，紧抓“一带一路”、长江经济带等国家发展机遇，做好以下五方面工作：一是构建海洋经济发展新格局，二是打造现代海洋产业体系，三是建立开放型港口经济体系，四是建设海洋创新生态系统，五是健全海洋经济发展的保障机制，最终打造江苏经济发展新的增长极。

一　江苏现代海洋经济发展存在的问题

1. 港口节点作用不突出。江苏沿海港口数量众多，以连云港为代表，2016 年年底已建成 30 万吨级航道，成为真正的综合性国际深水大港。然而，江苏以港口为枢纽，以集疏运体系为支撑的高效江海河、铁公水多式联运体系建设相对滞后，港口集疏运体系尚存漏洞，港口现代物流、对外开放、多式联运等服务功能仍需进一步增强；国际化港口少，发展中港口多；港口规划建设的协调性不够，各地均投

* “沿海与现代海洋经济”决策咨询报告系列之八。

入大量资金争相推动港口建设，导致港口运行中出现功能交叉，难以形成规模集聚效应；港口过度建设，功能上缺少协调配合，影响了岸线资源的可持续利用，限制了有潜力港口的发展壮大，港口协同发展的良性格局尚未形成。

2. 临港产业集聚力不强。江苏临港产业中对海洋经济拉动最大的是传统海洋产业，这些传统海洋产业的比重较大。比如，江苏海洋渔业养殖、船舶修造、滩涂农牧业占全省海洋总产值的25%以上，而广东、福建、山东的传统海洋产业比重已经下降到17%以下。在新兴海洋产业中，江苏的海洋工程装备、海洋生物医药、海水综合利用、海洋新能源等产业发展较快，但是没有形成规模，产业集聚效应低，港口物流等关联产业发展水平不高，海洋旅游资源缺乏成熟的盈利模式，对沿海经济的带动作用不明显，对江苏海洋经济的贡献有待进一步提高。

3. 海洋科技服务较为薄弱。一方面，江苏海洋科技支撑能力不强。信息技术、物联网和自动化技术在海洋经济管理、港口生产运营中的应用比例较低，沿海海洋经济相关产业信息共享化、网络化推行困难。2016年，江苏海洋科技贡献率不到50%，产值贡献率较高的港口物流、海洋新能源、海洋生物、航运服务等发展明显滞后于山东、广东、浙江等沿海省份。另一方面，海洋科技创新及产业化水平不高。江苏海洋科研机构归属不同部门，相互之间的协调和整合度较低，总体战略部署难以进行。海洋科技人才匮乏，科技力量分散，涉海教育相对薄弱，海洋经济发展的核心技术自给率较低、成果转化率不高，海洋科技创新服务体系难以形成。

二　江苏发展现代海洋经济的对策建议

根据“1+3”功能区战略部署，围绕长三角一体化战略和江苏沿海开发的实施要求，树立“依托海洋谋发展”的战略意识，坚持陆海统筹发展、海洋经济与海洋生态并举、海洋经济与海洋科技并举、海洋生产与海洋服务并举的理念，推动海上陆地与交通联动、产业联动、生态保护联动，打造江苏经济发展的新增长极。

1. 构建海洋经济发展新格局。沿海三市要抢抓机遇，着力建设空间载体、产业载体、港口载体及项目载体等，夯实产业基础，提升产业化水平，重点实施包括滩涂资源开发、港口群建设、海岛开发、滨海旅游城市建设、海洋资源深度开发、海洋生态环境等六大工程项目。努力优化港、产、城互动发展格局。省级层面出台引导政策，推进海洋经济与城市化互动发展，推动陆域资本、技术、信息等要素向海洋流动配置，促进城市功能的提升和陆域经济的发展，着力推进产业园区化、园区城镇化、城镇生态化，实现产城集群发展。本着以产兴城、产城互动、整体推进的要求，把园区建设和港城发展，尤其是新区建设结合起来，将产业园区建成港城的一个功能区，使之成为港城的一个亮点。结合主体功能区、工业园区和重大产业项目建设，实施港产城一体化规划建设，构建宜居宜业的现代化沿海新城，实现“产业向园区集中、园区向港口集中”，加快形成沿海港口集群、产业集群、城市集群。

2. 打造现代海洋产业体系。一方面，着力优化海洋产业结构。推动传统海洋产业转型升级，培育新兴海洋产业集群，引导海洋服务业提质增效。紧紧围绕“L”形海洋经济带和“一带三区多节点”的空间布局，采取政策引导与市场调节相结合，引导适宜布局沿海的产业向沿海地区集聚，壮大和培育海洋经济优势。另一方面，推动海洋经济跨越式发展。确立海洋产业集群发展目标，制订江苏特色海洋产业集群建设方案。加大海洋渔业、临海重化工业、海洋交通运输、盐土农业等传统海洋产业的技术创新力度。全力培育壮大海洋工程装备制造业、海洋新能源产业、海洋生物医药产业、海水综合利用业等海洋新兴产业。把服务业作为现代海洋产业调整升级的战略方向，推动产业发展重点从资源开发转向海洋航运、海洋金融、海洋法律服务等高附加值的高端海洋服务业。

3. 建立开放型港口经济体系。放大港口资源优势，围绕开发建设现代化综合大港的目标，加快推进政府主导的重大基础设施和公共服务项目建设，完善沿海基础设施网络，加快港口物流、科技创新、海洋对外开放和海洋开发投融资等平台的建设步伐，逐步形成临港工业及物流业发达、综合运输体系和港航设施完善、腹地经济广阔、产业配套齐全、港口运行机制协调的现代港口经济体系。充分利用沿海铁公水、陆海空立体交通体系的优势，加快建设沿海大通道。发挥沿海高铁、沿海高速公路、沿海高等级公路以及通榆河水道及各通港道路的综合效能，发挥淮河、灌河、通吕运河等在江海河联运中的作用，建设沿海产业带与大运河生态带的连廊。发挥南通“靠江”“靠海”“靠上海”的区位优势，发挥盐城滩涂广阔、湿地资源多的优势，发挥连云港作为“东方桥头堡”和“东中西合作示范区”的战略优势，把这些区位优势、资源优势、战略优势转变为产业优势、经济优势，辐射带动苏北地区大发展，形成开发海洋、发展沿海、联动全省的局面。

4. 建设海洋创新生态系统。探索“海洋＋互联网”的发展模式，运用现代技术开发海洋，引导海洋传统产业智能生产、绿色生产，提高海洋工业的高技术水平和产业化能力，平衡海洋经济发展与海洋环境资源管理。以前沿技术创新和战略性新兴产业发展为牵引，围绕海洋产业链部署创新链，使创新驱动成为海洋经济发展的原动力。发挥南通作为“国家级海洋经济创新发展示范城市”的引领作用，加快盐城、连云港两市“国家级海洋经济创新发展示范城市”建设步伐。加强与国内外、省外涉海高校、研究机构的合作，在河海大学、南通大学、盐城师范学院、淮海工学院等高校开设海洋经济相关专业，设立国家级海洋经济重点实验室，培育海洋工程技术中心和产业化示范基地，建设海洋科技示范园区。推动国家级大院大所落户沿海三市，加快构建以企业为主体、市场为导向、产学研相结合的区域性海洋科技创新体系，对海洋经济运行进行科学分析评估，努力打造海洋科技创新及产业化高地。

5. 健全海洋经济发展的保障机制。健全省海洋经济发展联席会议制度，定期研究海洋经济发展重大决策，督促落实有关政策措施，组织实施重大工程项目，协调解决重大问题，实现资源要素统筹配置、优势产业统筹培育、基础设施统筹建设、生态环境统筹整治。适时引导金融机构加强对海洋产业的资金支持，加快设立沿海产业基金，组建沿海发展银行，多元化使用金融手段，为战略性新兴海洋产业提供资金保障。由省海洋渔业主管部门和省社会科学联合会牵头相关科研院所和智库，加强研究江苏海洋资源竞争力、海洋人力资源竞争力、海洋科技竞争力、海洋经济竞争力、海洋活动竞争力、海洋产业综合竞争力，为江苏海洋经济发展提供信息和智力支持。

课题负责人： 成长春　南通大学原党委书记、江苏长江经济带研究院院长
课题组成员： 陶加强、王银银、严翔

江苏现代海洋经济创新发展的路径举措*

刘 波

[**内容提要**]“1+3”功能区战略，将使江苏海洋经济发展的内外环境发生深刻的变化。推进江苏现代海洋经济发展，不能忽视江苏沿海经济带“着力点”的支撑、沿江沿海“双向开放”的联动、“小马拉大车”的疲软、“港口—腹地”的共建共享等问题。提升海洋经济综合实力与竞争力，要从空间布局、产业结构、产业优化、产业链构筑、产业发展路径、区际带际合作等六方面入手打造沿海特色海洋产业体系。建议采取“四大举措”化解海洋经济发展的“肠梗阻”：一是双向开放开发，解决沿海开放型经济的空间压缩问题；二是功能区统筹发展，解决港城“重点”与“痛点”问题；三是陆海资源共享，解决“用海飞地”合作模式问题；四是“导流”平台共建，解决“边界效应”与“中介效应”问题。

“1+3”功能区战略构想的提出，将使江苏海洋经济发展的内外环境发生深刻变化。如何突破海洋经济发展的诸多瓶颈制约，提升海洋经济综合实力与竞争力，成为当前和今后一段时间内江苏海洋经济发展的重大战略任务。

---

* “沿海与现代海洋经济”决策咨询报告系列之九。

一 江苏海洋经济发展面临的新形势

1.《全国海洋经济发展“十三五”规划》重大战略部署，不容忽视江苏沿海经济带“着力点”的支撑问题。“规划”从空间布局维度发挥三个海洋经济圈、四个国家自由贸易区、五个全国海洋经济发展试点地区的“板块效应”，拓展海洋经济发展的新空间。从节点功能视域发挥沿海城市“珍珠链效应”，串联起快速发展的沿海经济带。江苏要以创新思路来谋划现代海洋经济发展，在全国海洋经济发展大战略中找到自己的特色和着力点。

2. 扬子江城市群效能重塑，不能忽视沿江沿海“双向开放”的联动问题。在重构江苏区域功能布局的格局中，扬子江城市群的形成与发展起着龙头与核心作用。沿海经济带要利用自然、区位和港口资源优势，积极承接虹吸扬子江城市群高端生产要素集聚的创新功能，既要“向外”用力，也要“向内”使劲。

3. 沿海经济带行政区划和经济体量太小，不能忽视“小马拉大车”的疲软问题。2016 年江苏沿海三市经济总量为 13719 亿元，仅相当于当年江苏经济总量的 17.53%。而山东、浙江、福建、广东沿海经济总量分别占比 49.88%、82.13%、81.35%、87.6%。江苏沿海只有三个中心城市，远低于全国沿海省份平均六个中心城市的水平，因此经济发展量级不够，整体发展水平还不高，辐射带动效应有限，难以有效支撑沿海开发国家战略。

4. 淮海经济区协同发展，不能忽视“港口—腹地”的共建共享问题。行政区划与江、海、河等地理空间分割，导致了苏北城市的“条状”空间形态缺陷，出现了有限的城市体量、众多的区域中心。这种离心式发展，使连云港港只承担了徐州、宿迁、淮安三市不足 40% 的运输物流，制约了沿海港口的发展潜能。

二　打造沿海特色海洋产业体系的新路径

1. 空间布局：拓展“L”形海洋经济核心带，架构“E”形海洋经济支撑带。一是在提升沿海沿江“L”形海洋经济核心带的同时，贯彻“1+3”功能区战略，培育沿海经济带、沿东陇海线、沿淮河生态经济带、沿长江四条“E”形海洋经济支撑带，增强腹地和产业支撑，形成特色鲜明、优势互补、集聚度高的海洋经济空间布局。二是加强以港口、港城为节点的沿东陇海经济带、沿江经济带和丝绸之路经济带建设，实施域内外港口、腹地联动发展。三是发挥沿海经济带的域内纽带作用，把适宜临海发展的产业向沿海转移，相关海洋产业链向陆域经济延伸，促进产业集聚，构建具有国际竞争力的现代海洋产业体系。

2. 产业结构：深耕“第六产业”，助推一、二、三产业融合发展。一是巩固海洋第一产业的基础地位，加强科技创新，健全服务体系，大力实施现代海洋渔业重点工程，打造沿海百万亩高效生态养殖基地。二是强化海洋第二产业的支柱作用，以结构调整为主线，打造以海洋船舶、装备制造、海洋风电、海洋医药、海水淡化等产业为重点的海洋优势产业集群。三是提升海洋第三产业的引领和服务作用，加快发展生产性和生活性服务业，积极推进服务业综合改革，构建充满活力、特色突出、优势互补的服务业发展格局。四是做好产业融合发展，通过更有效的组织方式和更紧密的利益联结机制，促进海洋产业集聚与融合发展。

3. 产业优化：培育“新、特产业”，打造海洋高端产业的集聚基地和海洋高新技术研发基地。一是培育新医药、新材料产业，充分利用沿海海洋资源的独特优势，形成一批集中度最高、竞争力最强、发展潜力大的新医药、新材料群，集中力量发展一批具有国际先进水平的临港产业基地和产业集群。二是大力发展新能源产业、海洋环保科技产业，巩固放大盐城国家海上风电产业区域发展试点效应，推进以

“风电水一体化”为主的海水淡化装备产业化进程。三是重点发展智能海工、海洋工程装备制造业，依托南通海工优势，瞄准智能海工目标，打造千亿元级海洋工程装备制造产业基地。

4. 产业链构筑：延展“六大产业”，提升海洋产业的核心竞争力和专业化水平。一是以沿海百万亩高效生态养殖基地为龙头，打造工厂化循环水养殖—冷链加工—市场交易—休闲的现代海洋渔业产业链。二是以沿海风光电基地为龙头，推广海水工业冷却—海水淡化—浓海水制盐—提取化学原料—废料生产建材的海水综合利用循环经济产业链。三是以南通中远川崎船舶为龙头，打造船舶造修、海洋工程装备制造一体化产业链。四是以石化产业基地为龙头，打造存储—炼油—乙烯生产—轻纺加工循环经济产业链。五是以港口为龙头，加快建设“一带一路”、长江经济带航运中心和国际物流中心，打造现代港航物流产业链，条件成熟时探索建立自由贸易港区、滨海新区。六是以滨海旅游区域为重点，着力推进海洋旅游与山水文化、滩涂文化、江海文化深度融合，打造海洋旅游产业链。

5. 产业发展路径：分异“产业空间”，创新沿海到远海、浅海到深海递进式立体开发模式。一是构建“一带、三港群、三功能区板块”，把沿海地区打造成“一带一路”的陆海统筹发展示范中心，临港产业集聚中心、江海联动发展中心。二是构筑“试验区、综合开发区、绿色城镇带”，推进滩涂综合开发试验区、临港产业综合开发区、沿海绿色城镇带建设。三是建设“近岸海域综合开发与保护实验区”，加强海洋保护区建设，发展近海特色产业，打造旅游休闲娱乐区。四是拓展“蓝色经济”发展空间，发展远洋渔业，巩固远洋运输业，推动深海资源开发，助力深海装备制造业发展。

6. 区际、带际合作：共建“园区廊道”，培育多元市场主体。一是深化沿海经济带与长江经济带“南北产业园区”共建，鼓励扬子江城市群重大产业转移项目落户苏北。通过沿海经济带与长江经济带间的梯度转移，实现“发达地区缺空间，欠发达地区缺机会”的“双赢”，带动区域产业的发展。二是淮海经济区、“江淮生态经济区”与沿海经济区间共建“东西物流廊道”，推动港口的共建共享，合作建设经贸合作区和产业集聚区。连云港、盐城、南通是重要城市，共同打造海上合作战略支点。三是发挥沿海地区内部互联互通的联动功能，建好港口载体，担纲沿海经济带发展中的龙头。

三 化解海洋经济发展“肠梗阻”的新举措

1. 双向开放开发，解决沿海开放型经济的空间压缩问题。20 世纪 80 年代，江苏经济发展的重心选择了远离海岸线的沿江城市带展开，并没有沿着海岸线展开，以致成为东部沿海地区的“另类”。一是发挥扬子江城市群的核心作用，打破三大板块的地理分界和行政壁垒，对原有战略进行整合和时空链接，形成强大的经济增长核，辐射、带动和支撑其他三大功能区的发展。二是以港口资源整合为契机，把沿海地区建成对外开放的新高地和充满生机活力的工业带、城市带。如把江苏沿海地区发展办公室作为港口资源整合的公共政策主体，通过加大统筹协调力度，保证区域内港口行业适度市场竞争。把江苏省港口集团有限公司作为港口资源整合的运行主体，构建统一的运营平台和投融资平台，走“股权整合 + 业务重整”的道路，使港口的投资主体和经营方式日益多元化。

2. 功能区统筹发展，解决港城“重点”与“痛点”问题。一是在各个城市的资源禀赋优势上，确立向心式发展。这种向心可以不必在城市等级上，确立哪个城市为中心城市、龙头城市。二是对功能区大的主导产业框架进行细分，对各市产业发展重点方向进行明确，在预防恶性竞争的同时，把区域的同质化产业打造成产业集群。同时，把握全球贸易、产业、港口、航运等相关领域发展趋势，加强与周边、全国乃至全球港口的协调联动，塑造对外联通大格局。三是促进海域发展规划与陆域发展规划有效衔接，建立“1 + 3”功能区定期会商制度，签署相关合作协议，将区域一体化发展细化落实到财政、交通、环保、城乡建设、旅游等部门。加强海岸线管理，切实解决港口、城镇和产业在资源空间、功能布局等方面的矛盾问题，打造带动整个沿海经济带生产要素跨区域和跨境流动的沿海门户区。

3. 陆海资源共享，解决“用海飞地”合作模式问题。一是把条件成熟的港口作为跨区域海洋经济产业协作发展试点，逐步实现由单点式向区域式发展转变。江苏沿海港口处于不同的地位和层级，可将其分为核心港口、次核心港口三个层级，相互之间组成一个有内在联系的开放型网络，形成以连云港港、南通港为主要港口，盐城港为地区性重要港口，分工合作、协调发展、分层次发展格局。二是从构建21世纪海上丝绸之路重要战略支点、打造跨行政区域海洋经济合作创新区的战略高度，深化海洋领域资源共享、功能互补、平台共用、城市共建、模式共创等方面的合作与创新，构建高层次海洋综合协调机制、创新集约节约用海方式。三是以陆海开放发展为主线，整合港口资源，发挥江海联运、海铁联运、河海联运等比较优势，做好东西双向开放文章，拓展陆海对内对外开放空间。

4. “导流”平台共建，解决“边界效应”与“中介效应”问题。一是充分发挥功能区边界区自身优势，建立多层次区域经济联合，实现区域的最佳经济、社会和生态效益。江苏沿海三港的合作处于潜在合作区域，可在原先三市港口管理委员会的基础上进行联合港务局的构建，做好先期的联动工作。以连云港为龙头，构建港口群战略联盟，尝试建设“沿海港口合作信息网”，促进EDI平台和物流信息技术平台联网运作。二是加快地方政府职能转变和管理体制创新，有效促进生产要素流动。构建“3＋3”大沿海政府间港口联席会议，共同制定推进区域合作的规划和措施，协商解决跨区域重大问题，推动沿海港口共建共享、基础设施互联互通、产业发展优势互补、海陆资源统筹配置，实现区域一体化发展。同时，依托沿海高速、临海高等级公路、新长铁路等“主动脉”、畅通“微循环”，促进公路、铁路、水运、航空有效衔接，使生产要素流动更高效。三是整顿和规范市场秩序，沿海三市要破除限制生产要素自由流动和优化配置的各种体制机制障碍，探索建立区域统一的财政税收、金融投资、产权交易、技术研发机制，为沿海经济活动塑造良好的外部环境。

课题负责人：刘波，江苏沿海发展决策咨询基地专家、沿海发展智库副研究员、盐城师范学院副教授

课题组成员：朱广东、赵庆新、郇恒飞、陈丽、孙小祥

“沿海与现代海洋经济”研究报告观点摘编*

张长宽等

编者按：“沿海与现代海洋经济”是一个大课题，需要多视角协同研究。我们在选择以上9篇研究报告独立编报的同时，从征集到的其他研究报告中，选取部分有代表性的观点，整理汇编如下。

关于江苏发展现代海洋经济的两点建议

1. 做大做强海洋交通运输业，为现代海洋经济发展提供支撑。江苏的港口服务能力偏低，大型港口少，业主码头、产业码头多；港口航运信息化程度低；内河高等级航道比重低，干线航道网、疏港航道未形成。因此，江苏省港航基础设施建设重点应在沿海，而沿海的重点一是扩大连云港港的规模，二是突破生态环境等困境，推动通州湾港口建设。沿江港口建设的重点在于提高质量、整合资源、调整结构。此外，要着眼于构建综合运输体系，不断提升水运服务能力；推动沿海港口信息化、智能化、绿色化发展。

2. 适度围填海，建设国家土地后备资源开发区。江苏沿海为粉砂淤泥质海岸，岸线顺直，潮滩宽阔，岸外有世界罕见的辐射沙脊群，是巨量的潜在后备土地资源。研究表明，江苏沿海潮滩面积并

* “沿海与现代海洋经济”决策咨询报告系列之十。

未因匡围而减少，而是以一定的速度增加。适度围填滩涂不会根本改变江苏近海水动力条件，不会根本影响江苏海岸的演变趋势。因此，建议合理确定围垦滩涂的空间布局、时序、方式，保证匡围速度与岸滩演变速率相适应。主体垦区应位于潮间带和辐射沙脊群核心区；先近岸、后远岸，顺序缓慢推进；先促淤、后围垦，顺岸推进与离岸人工岛相结合。深化研究围填海活动对生态环境的影响，加强全省沿海地区滩涂资源的定期定点常规化监测，制定生态专项规划，加强海洋和海岸自然保护区建设与管护，开展海岸带环境保护示范区建设试点。

（张长宽，河海大学原校长、江苏省海涂研究中心主任）

沿海旅游发展要突出特色

一是将连云港打造成“4S”休闲度假旅游目的地、讲述中国神话故事的东方海滨目的地。结合典型基岩海岸、沙滩、《西游记》、徐福东渡神话传统等资源禀赋，依托连岛旅游度假区、花果山风景名胜区、孔望山风景区、渔湾景区等高级别旅游吸引物，发展“4S”（sun、sea、sand、story）滨海旅游区。二是将盐城打造成世界著名滨海生态特色休闲旅游目的地，拥有中国生态旅游示范区、中国国家公园、世界自然遗产的新兴目的地。充分利用盐城近海特殊地质资源优势，借鉴澳大利亚大堡礁、美国大沼泽建设经验，积极建设国际生态旅游区——中国大潮坪。通过海堤公路互动串联麋鹿国家级自然保护区、丹顶鹤生态旅游区、中华鲟自然保护区等高级别旅游区，发展滨海生态休闲旅游。争取筹建国家第一个海岸、海域自然生态特色的国家公园，放大沿海生态资源效应。联合南通保护开发世界海岸水下自然遗产奇观——辐射沙洲，积极申报世界自然遗产，促进辐射沙洲潜在土地资源的旅游开发和利用。三是将南通打造成衔接上海的中国著名江海旅游目的地和高端旅游目的地。发展大港口、大交通、大项目、大企业、大旅游，对南衔接上海。发展江海旅游、滨海休闲度假飞地、城市旅游等，主打文化休闲特色产品，打造全国一流的江海旅游门户城市。

（张捷，南京大学地理海洋学院教授、旅游研究所所长）

突出东中西区域合作示范区的海洋经济特色

国家东中西区域合作示范区（以下简称示范区）是江苏“海洋强省”建设的重心所在，具备发展成为沿海经济带重要增长极的优越基础。

一要着力优化调整海洋经济总体布局。着力打造形成“一带、四圈、五区、五镇”的海洋空间格局，引导海洋经济转型升级和集聚发展。二要努力完善现代海洋产业体系。聚力发展海上风电、海洋生物医药、海水淡化与综合利用业等海洋战略性新兴产业。提升发展海洋现代服务业，建设“丝路驿站”、上合组织（连云港）国际物流园和中哈（连云港）物流合作基地等物流园区。优先发展海洋旅游业、涉海金融服务业。转型发展海洋传统产业，大力发展海洋精细化工。三要大力建设海洋创新体系。建设海洋科技创新平台，推进海洋产业关键技术突破，加快海洋科技成果产业化，构筑海洋科技人才高地。大力支持海洋高等教育和职业教育，重点支持淮海工学院创建江苏海洋大学。四是建立海洋经济组织保障体系。建议在省级层面成立海洋经济发展领导小组，在国家层面成立由国家发改委牵头、江苏省和东中西部省市政府组成的“国家东中西区域合作协调管理委员会”。支持示范区创建国家海洋经济示范区，强化海洋经济政策支持，完善涉海基础设施和公共服务体系，增强公众海洋意识。

（杨东升，江苏省研究基地首席专家、连云港市社科联主席）

关于建立沿海地区生态经济示范区的设想

全国现有的国家级新区中，尚未有以绿色生态发展为主题的国家级生态经济示范区。建议省里在实施沿海发展战略时，选择部分基础条件良好的区域（如盐城滨海地区），建设生态经济示范区，以“生态+”引领江苏绿色发展：（1）央企和行业龙头企业绿色转型支撑区。加快重化工领域的国企及龙头企业绿色转型；延伸循环产业链，吸引上下游产业有效集聚，策应长江中下游及京津冀重化产业转移及绿色转型升级发展。（2）淮河生态经济带绿色发展引领区。重点发展“绿色化工及新材料”“先进性能金属材料”“高端装备制造及服务”“资源循环利用及再制造”四大制造业板块，着力打造国家级绿色先进制造业基地、战略性新兴产业基地，探索产业发展的绿色道路，构建绿色工业体系。（3）国家绿色发展体制机制创新试验区。着重从园区层面探索有利于绿色循环产业体系构建，从金融领域探索绿色金融等体制机制的创新改革。（4）国家绿色发展开放交流合作区。推动国际和国内各界携手合作，从技术到投融资、从基础设施到产业提升、从相互学习借鉴到资源优势联合，争取率先实现区域绿色低碳循环经济的转型升级。

（郝宏桂，江苏省研究基地专家、盐城师范学院教授）

深海远海　加快发展大海工装备产业

江苏率先走向深远海，将更多依赖于先进的海洋装备和海洋科技技术，建议在当前海工产业困难时期，引导鼓励支持优秀海洋工程装备企业在弱市中不垮不退，在产业洗牌中脱颖而出，实现对江苏现代海洋经济发展的助推和保障。

一是稳定油气海工产业。做大海洋石油平台，做强海洋工程船，做优海上浮式生产储油装置，做精海工模块。二是拓展新兴海工产业。保持海上风电装备及其配套设备的领先发展地位；积极参与海上核电装备及其配套设备的预研；支持发展大型深远海养殖装备及其配套设备；鼓励高校和研究所参与新型海洋资源开发装备及其配套设备、海上大型浮式结构物、深海空间站的研发等。三是发展海工配套产业。有条件地发展海工配套产业，做大海洋工程配套产业，做长海洋工程配套产业链。四是推动科技创新和技术服务。大力扶持海洋工程研发与技术服务企业建设。大力推进海洋工程装备技术公共服务平台建设，加快形成海工技术创新服务联盟，构筑海工技术服务共享新载体。五是谋划布局涉海高等教育学科专业。以江苏科技大学和淮海工学院为重点，充分发挥“江苏船舶与海洋类高校协同发展联盟”作用，实现资源共建共享，做好谋划布局，形成完整的学科专业教育体系。

（陶永宏，江苏科技大学深蓝研究院常务副院长、教授）

以陆海统筹缩小“陆海二元经济”差距

江苏省经济社会发展不仅具有典型的“南北二元经济”结构特征，还存在着明显的海洋经济与陆域经济发展差距的“陆海二元经济”结构特征，即沿海经济弱，而陆域经济强。因此，促进江苏省沿海地区的经济发展必须走陆海统筹发展之路。在实施陆海统筹战略中，除区域统筹规划、产业统筹布局、生态统筹保护外，要重点关注以下两点：

一是实行“点—轴”式区域开发模式，逐步实现陆海一体化发展。在苏北地区缺少特大型中心城市、很难形成中心城市扩散效应的情况下，“点—轴”开发是现阶段苏北开发的有效模式。要以发展壮大现有地市级城市为核心，以沿交通干线（铁路、高速公路、沿海公路和内河航道）合理布局中小城镇、沿海小镇和各具特色的产业园区，变遍地开花为节点开发，变产业雷同为特色发展，逐步实现陆海一体化发展。

二是打造江苏版的“蓝色硅谷”，提升江苏海洋科教水平。将淮海工学院建成高水平的海洋大学，在连云港建设江苏版的“蓝色硅谷”。设立省“蓝色硅谷”专项基金或沿海开发银行，建立以政府投资为引导，银行、社会资本、外资共同投资的多元投资体制，采取优惠政策吸引省内外涉海的科研院所和高等学校来连云港设立分支机构，重点就海洋医药、海洋生物、海洋化工与新材料、海水利用、海洋可再生能源以及船舶仪器仪表等领域开展研究，建立海洋科研成果孵化基地和产业化基地，规划建设海上试验场等。

（宣昌勇，淮海工学院商学院院长、教授）

后深水航道时代江海联运港区建设

后深水航道时代，作为江苏联结海洋、长江、运河，推进扬子江城市群建设、提振海洋经济重要载体的江海联运港区，其建设的关键性制约因素有：沿江地区存在港口重复建设、岸线乱占滥用、经营粗放，港口现代航运服务能力不强，规模化专业化水平不高，缺乏世界级港口龙头企业；港口集疏运体系不完善，多式联运发展滞后。长江口货运量、船舶通过量持续增长，船宽 45 米以上兼顾船型、超兼顾船型船舶数量快速增长，深水航道通航压力将进一步增大。因此，需要大力推进江海联运港区建设：一是做强两大枢纽港。推动南京、镇江、扬州三港一体化，以南京枢纽港为中心，着力打造宁镇扬江海河转运中心，重点发展江海直达、江海转运、江河转运；推动苏州、南通两港一体化发展，打造东部集装箱直达、江海转运中心。二是加快建设长江口分流通道。继续疏浚长江口南槽航道、北港航道，对南通东西向运河（通栟线、通同线）进行渠化改造，建设新的江海直达通道，缓解通航资源紧张和通航干扰问题。继续开发至 10 米水深，承接南通以上沿江港口与北方沿海港口之间来往 3 万吨及以下船舶通航船舶。三是加快通州湾江海联动示范区建设。依托新的分流通道，推进沿江涉海重化工业向沿海地区的有序迁移，加强通州湾港口与沿江港口协作互动，完善集装箱、铁矿石、煤炭、汽车滚装及江海中转运输系统，拓展新服务功能。

（陈为忠，南通大学副教授、博士）

推动徐州与连云港联动发展的建议

一是明确徐州、连云港在区域联动发展中的功能定位。徐州作为苏北最大最强的城市，对连云港发展的辐射、拉动和支撑作用尤为重要，成为连云港发展现代海洋经济重要的经济腹地；连云港可以成为徐州拥抱海洋经济的重要出海口，将连云港自由贸易港区的服务功能延伸到徐州，实现资源共享。二是促进互联互通，实现要素更加顺畅流通。发挥连云港港口和徐州的铁路枢纽优势，大力推进交通设施网络体系建设，构筑统一的产权、资本、劳动力市场，促使各生产要素在两地市场自由流动，优化资源的区域配置。三是推进产业联动，实现错位和互补发展。产业互补为徐连联动发展提供了更多的合作可能。比如徐州的内陆物流商贸与连云港的临港经济发展互补性较强，可以互为动力，实现产业链整合。四是进一步创新机制，突破联动发展的障碍。建议设立徐连市长联席会议、城市联盟等跨地区、跨部门工作协调机构，建立专项议事制度，消除各种现实的障碍，打破贸易壁垒和地方保护。五是促进沿东陇海线经济带地区的经济崛起，实现由“交通带”向“经济带”的转型。在徐州与连云港两个市区之间培养新的发展极，改变该地区经济发展的“洼地”现状，提升沿东陇海线经济带空间载体，发挥沿东陇海线经济带的集聚作用。

（陈宏伟，江苏师范大学“一带一路”研究院博士）

关于推进宁镇扬一体化共建“大南京都市区”的建议

张颢瀚 刘西忠

推进宁镇扬一体化，当前还存在着总体布局缺乏高位协调、产业对接缺少有效载体、公共服务难以实质突破、南京带动“马力”不足等问题。建议以建设江北新区为契机，将南京打造成为具有全球影响力的龙头城市，借此聚合镇江和扬州，合力打造“大南京都市区”。在战略重点上，要快联快通，构建层次化、一体化的基础设施体系；协作协调，构建特色化、一体化的优势产业体系；互促互动，构建品牌化、一体化的旅游开发体系；共建共享，构建标准化、一体化的公共服务体系；联防联治，构建制度化、一体化的生态环境体系。在战略举措上，增强大南京都市区宏观统筹、内部协调、组织领导和多元参与，提升规划科学性、协作积极性、制度权威性和文化凝聚性。

为顺应以城市群为主体形态推进城市化的大趋势，发挥南京特大城市带动作用，推动宁镇扬板块一体化发展，促进沿江城市集群发展、融合发展，建议以建设江北新区为契机，将南京打造成为具有全球影响力的龙头城市，在此基础上聚合镇江和扬州，共同打造“大南京都市区”。

一 宁镇扬一体化的明显进展与突出问题

自江苏省第十三次党代会对宁镇扬一体化建设作出部署以来，省市高度重视，社会积极参与，跨界相向发展的态势明显，资源融合需求和社会认同感持续增强，具有一体化的良好基础并且取得了明显进展。但从总体上看，还存在力度不够大、步伐不够快、效果不够明显的问题，具体表现在：

一是总体布局缺乏高位协调。宁镇扬同城化规划早在2014年已经出台，但总体而言还停留在规划确定的方向和原则指导层面。宁镇扬三市间虽然签署了诸多合作协议，但由于缺乏高位协调，往往停留在概念层面。三市之间，宁镇、宁扬合作的热情较高，相继开展一体化规划研究，但镇扬合作热情相对不足，难以形成有效闭环。

二是产业对接缺少有效载体。据统计测算，三市产业结构的相似系数在0.8以上，互补性比较弱。特别是在共建产业合作载体方面进展不大，扬州仪化与南京扬子江化工园区整合，地方政府的利益分割一直难以解决。

三是公共服务难以实质突破。三市公共服务设施自成体系，基础设施共建共享相对不足。比如，扬州仪化水厂规模富余20万吨，而江北新区因供水需求缺口较大要新建水厂。尽管镇扬两市现有通勤成本较高且不方便，都有建具有通勤功能的免费过江通道或轨道交通的愿望，但两市道路等级不对等，缺少上位规划支持。

四是南京带动镇扬的“马力”不够大。与合肥杭州等省会城市比，南京交通枢纽地位有相对下降的趋势，特别是在以省会城市为中心建立辐射全省的交通体系方面。南京禄口机场加省内其他一共九个机场的吞吐量不及杭州萧山机场。

五是与国内一体化地区的差距明显。同样是2009年，广东提出深广惠一体化，每年实施项目化推进。在轨道交通方面，东莞将与深圳全面联通，直达深圳北站、深圳湾口岸和深圳宝安机场。在联合国人居所发布的《全球城市竞争力报告2017》中，东莞已经位居中国前20强城市的第10位（杭州、苏州、南京分别列第9、14和16位）。

二 推进宁镇扬一体化、共建“大南京都市区”的战略定位

随着长江经济带战略的深入推进，安徽、湖北等中部地区省份通过行政区划调整、枢纽城市建设等方式做大做强省会城市，同时通过加快合肥经济圈、武汉城市群区域城市群建设，全面对接长江经济带，打造长江经济带“脊梁”。做强做大南京，要首先将南京打造成为具有全球影响力的龙头城市，在此基础上聚合镇江和扬州，合力打造“大南京都市区”。在推进和实现宁镇扬一体化的过程中，要坚持政府推动和市场驱动相结合，大同城化与小同城化相结合，线性推进与板块推进相结合，超前规划与循序推进相结合。

对大南京都市区在不同层面进行定位。全球国际层面，在南京是现代化国际性人文绿都、镇江山水园林城市，扬州世界文化旅游名城三张名片的基础上，主打旅游、文化、创新三个品牌，建设具有著名国际竞争力的旅游文化创新都会区。国家战略层面，以长江经济带和长三角城市群建设为背景，充分发挥并放大南京的科教创新优势，打造创新与产业转型升级的引领区，国家生态科技与文化创新融合示范区，形成更具吸引力和磁性的中心。全省“1+3”功能区战略层面，充分发挥南京的龙头作用和发动机功能，合力打造成江苏全省经济发动机、重心区和新中心发展极，形成跨江发展融合发展、带动江淮生态经济区的龙头区域。

三 推进宁镇扬一体化、共建“大南京都市区”的战略重点

1. 以快联快通为目标，构建层次化、一体化的基础设施体系。重点推动主枢纽、主景区、主城区之间的快联快通，尽快形成“3011”交通圈，即30分钟的快速通勤圈，1小时的休闲旅游生活

圈，1 小时的生产要素物流圈。合理规划建设扬子江城市群高铁环线，注重其对宁镇扬一体化的带动作用。在大交通格局中把扬州和镇江建成南京的大外环，把禄口机场作为大外环上面的一个节点。科学规划跨江通道的总体数量，优先建设对于跨江融合促进作用大、效果明显的通道。探索禄口机场省属市管模式，更大发挥市级的规划和引领作用，实现南京都市区内经济区与机场发展的一体化衔接。充分考虑财政承受能力（特别是债务终身追责的宏观背景），科学预估收缩型社会可能带来的人口流动变化，建立与社会发展需要相适应的城市交通枢纽及其连通方式。建议进一步拓宽思路，探讨借助现有交通体系进行改造以实现快速通达的可能性：宁扬之间，可深化研究宁启铁路复线改造后的功能提升；宁镇之间可论证沪宁老电气化铁路剩余运能挖掘，力争以较低成本满足公众通勤化的需求。

2. 以协作协调为目标，构建特色化、一体化的优势产业体系。着力推进产业同构产品异质，共同打造国际级的石化产业群、汽车产业群，构建江苏现代服务集聚中心、宁镇扬科技创新的示范区、科技创新示范区。建议借鉴深圳创新经验，实施一些优惠政策，发挥三市科教资源特别是南京的科教资源优势，用活南京作为国家科技体制综合改革的试点城市等政策，建立宁镇扬国家级创新性区域合作实验区，共建国家级、世界级科技创新平台。借鉴美国 101 公路、128 公路创新带的经验，利用 G312 国道集聚宁镇地区 75% 的 211 高校、60% 的国家级开发区、51% 的国家级企业孵化器以及 23% 的国家级众创空间和 25% 的科研院所优势，把江北新区、南京主城区、南京仙林、镇江句容和镇江主城区的创新资源连接整合起来，打造 312 创新发展带。建立柔性边界发展机制，充分发挥界地飞地在融合发展的作用。借鉴雄安新区理念，优化融合栖霞、句容、仪征和六合相邻区域，采取共筑新城模式，建设合作共建一体化的示范区，打造与三市主城市相呼应的新城，形成大南京都市区的区域新中心。

3. 以互促互动为目标，构建品牌化、一体化的旅游开发体系。发挥旅游业在宁镇扬合作中的先导优势，共同打造“国家智慧旅游示范区”，形成宁镇扬国际旅游联合体。整合城市节庆活动，比如南京的名城博览会、秦淮灯会、国际梅花节、森林音乐节，镇江的苏台灯会、江苏航空体育旅游季，扬州的“烟花三月”国际经贸旅游节、世界运河名城博览会等，推动旅游要素融合，打响“宁镇扬”旅游区域品牌。培育高邮、句容、高淳等生态旅游服务基地。推广发行“宁镇扬游园年卡”，促进三市市民旅游享受同城待遇。推进宁镇扬高校资源合作，共同打造国内知名的一流旅游学院。

4. 以共建共享为目标，构建标准化、一体化的公共服务体系。建立宁镇扬统一的就业服务信息平台，促进优质教育资源共享，推进三市医疗机构合作办院、设立分院、组建医疗集团。探索建立社会保险信息及服务共享机制和异地养老服务标准化体系。推动公共图书馆文献资源共建和服务协作，鼓励体育场馆双向免费开放。开展社会治安综合治理合作，实现食品药品安全等行业监管联合执法合作。

5. 以联防联治为目标，构建制度化、一体化的生态环境体系。作为全国生态环境管理制度综合改革和垂直管理改革的试点省，要进一步加大改革力度，在南京大都市区探索建立一体化的环保组织体系。要按照共搞大开发、共抓大保护要求，合理构筑沿江生态岸线。借助江淮生态大走廊战略和江淮生态经济区建设，调低扬州北部重化工业的比重，把生态补偿落实到位。抓住省园博会、2021 年的世园会在仪征举行的机遇，推进沿江北岸生态廊道建设。加强宁镇山脉保护，畅通沿江南岸生态廊道，打造国家级生态公园。

四 推进宁镇扬一体化、共建“大南京都市区”的战略举措

1. 增强“大南京都市区”的宏观统筹，提升规划的科学性。在协调机制上，坚持顶层设计、宏观协调与区域内各级政府协商合作相结合，把宁镇扬当作一个城市来经营，注重不同区域之间的功能区分和对接衔接。站在更高层面制定实施交通、环保、生态、基础设施专

业规划，超前谋划2030年、2040年甚至2050年发展。增强边界合作，注重城市之间的跨界发展，减弱长江水系等对发展要素的"切变"效应，努力把地理分割线变成经济协作线。

2. 增强"大南京都市区"的内部协调，提升协作的积极性。通过行政区黏合，加快建设江北新区，发展镇江、扬州跨江组团，建设双子城，加强主城区、主枢纽、主景区之间的联系，在宁镇扬一体化大格局中形成闭环，打破束缚宁镇扬一体化发展的最大瓶颈，共建经济社会联系上紧密一体的大南京都市区。

3. 增强大南京都市区的组织领导，提高制度的权威性。建议将宁镇扬同城化协调小组上升为大南京都市区建设领导小组（可与扬子江城市群领导小组合署办公），由省领导任组长，设立常设机构，加强顶层设计，主动谋划领导、组织推进。建立三市高层领导协作运行组织机制构架，开展交通、领导、产业、机构、监督等方面的实质性深度协调工作。建立宁镇扬同城化基金（采取"1+3"的模式组建，"1"是指省政府拿出部分引导资金，"3"是指三市按比例交纳），由基金理事会实施领导，用于重大公共项目建设。

4. 增强大南京都市区的多元参与，提升文化的凝聚性。鼓励多元主体参与，形成政府、企业、社会、民众共建大南京都市区的良好氛围。在认真总结三市传统文化共同特征的基础上，通过历史文化的挖掘、现代文化的弘扬、城市文化的培育、社会文化的营造，共同提炼大南京都市区的核心文化和品牌标识，增强建设大南京都市区的社会认同，形成促进一体化发展的良好文化氛围。

课题主持人：张颢瀚　江苏省社会科学联合会原党组书记、常务副主席

主要执笔人：刘西忠　江苏省社会科学联合会研究室主任

以科技创新为核心提升江淮生态经济区绿色生产力

丁　宏

[内容提要] 建设江淮生态经济区，重点在于发展生态经济，关键在于科技创新支撑，目标是提升其绿色生产能力和生态供给能力。以科技创新为核心提升江淮生态经济区绿色生产力是我省因地制宜贯彻落实习近平总书记“两山”理论的关键举措，是实现经济社会发展模式转变、推动功能区战略精准落地的核心动力。为此建议：增加农业科技供给，打造现代农业全产业链；发展绿色低碳产业，构建生态工业体系；推广生态关键技术，加强资源能源集约利用；完善系统解决方案，构建区域生态环境、尤其是水环境质量技术恢复系统；加大科技投入，强化科技支撑能力等，努力把江淮经济区整体建成生态农业＋旅游康养休闲融合发展的最美特色田园乡村，具有重要影响力的制造业绿色增长示范区和江苏永续发展的“绿心”。

一　以科技创新为核心提升江淮生态经济区绿色生产力的重要性、紧迫性

1. 以生态文明为目标的科技创新和制度创新是江苏省因地制宜践行习近平总书记“两山”理论的关键举措。习近平总书记多次强调指出：既要绿水青山，也要金山银山，而且绿水青山就是金山银山。如今“两山”理论已作为执政理念上升为治国理政的基本方略

和重要国策。建设江淮生态经济区是江苏省因地制宜践行习近平总书记“两山”理论的自觉行动，有利于为全国提供通过科技创新实现“绿水青山”向“金山银山”转化的“江苏样本”。

2. 以清洁生产为导向的技术创新是江淮生态经济区实现经济社会发展模式转变、推动功能区战略精准落地的核心动力。在江苏传统的区域发展格局中，苏中、苏北基本上照搬了苏南过去的发展模式，被动地承接着苏南产业的梯度转移，“短、平、快、小”工业项目偏多，高耗能、高污染的传统经济发展方式难以为继。江淮生态经济区作为江苏省生态资源最为集中的区域，除淮安、宿迁市区外，苏北京杭运河沿线和环洪泽湖、高邮湖、骆马湖地区全部为省级限制开发区域。从其主体功能定位看，是增强农产品和生态品的供给能力，但并不意味着就不发展制造业，而是应以生态环境为底线，发展最能体现资源禀赋优势的绿色产业。通过采用无害或低害的清洁生产技术，实现少投入、高产出、低污染，把对环境污染物的排放尽可能地消除在生产过程之中，走出与全省“1+3”重点功能区定位相适应、具有江淮特色的发展新路。

3. 依托绿色技术有利于探索破解制约江淮生态经济区可持续发展瓶颈因素的针对性方案。江淮生态经济区生态本底好，土地开发强度低，但经济发展水平落后，导致了产业层次较低、自主创新能力弱、社会事业相对滞后、群众不够富裕等制约可持续发展的瓶颈因素。即使就生态环境而言，该区域农业面源污染较为严重，饮用水源地安全面临诸多挑战，洪泽湖等退化进程加剧，湖泊富营养化问题日渐显现，尤其是人均耕地、人均森林面积远低于全国平均水平，绿色发展形势不容乐观，迫切需要加快推进科技创新和制度创新，把良好的生态环境转变为百姓的福祉和地方经济发展的引擎。

二 以科技创新为核心提升江淮生态经济区绿色生产力的相关建议

1. 努力增加农业科技供给，打造现代农业全产业链，把江淮经济区整体建成生态农业 + 旅游康养休闲融合发展的最美特色田园乡村。以农业供给侧结构性改革为重点，加快转变农业发展方式，提升农业物质装备和技术水平，加快应用精准滴灌、生态有机、生物防治等先进技术，深入开展生态循环农业示范镇村、示范园区、示范工程创建，构建生态绿色、高效安全的现代农业产业体系。重点发展优质粳稻、弱筋小麦、花卉苗木、特色畜禽和水产品等特色农业，实行“一村一品”“一镇一业”，建设一批安全高效生态绿色的优质农产品生产基地，形成一批具有地域特色和竞争力的农业地理标识品牌。推进农村一二三产业融合，推动粮经饲统筹、农牧渔结合、种养加一体，促进生态农业与旅游、康养、文化、休闲等产业融合发展，实现农业全产业链标准化、品牌化。以“生态、人文、健康”为目标，优化山水、田园、村落等空间要素，打造田园风光、田园建筑、田园生活，建设生态循环、科技与社会融合、科技与文化融合的最美田园乡村。

2. 大力发展绿色低碳产业，构建生态工业体系，把江淮生态经济区打造成具有重要影响力的制造业绿色增长示范区。发挥江淮生态经济区禀赋优势，把创新驱动发展作为主导力量，把绿色生态产业作为重要支撑，结合各市资源优势和产业特色，培育推进淮安市的盐化新材料、电子信息、生物技术及新医药，宿迁市的智能家电、绿色建材和智能电网，盐城市的节能环保、高端装备和新材料等绿色产业集群化发展。加强重大关键技术突破，以科技创新为核心促进产业链、价值链同步攀升，合理协调制造业发展、重大基础设施建设与生态环境保护的关系，构建与资源禀赋、生态容量和环境承载能力相协调的生态工业体系，把江淮生态经济区打造成为有国际影响、全国领先的制造业绿色增长示范区。

3. 积极应用生态产业共性关键技术，大力发展循环经济，加强资源能源集约利用，提升江淮生态经济区绿色生产效率。推进工业化和信息化深度融合，加强新型生态产业共性技术应用示范，重点加大绿色制造、高端制造、智能制造、协同制造等共性关键技术的研发，促进技术交叉创新、产业跨界融合，培育发展新亮点。加快装备适应绿色产业发展需求的现代化生产设施，推动区内企业走集约化生产发展道路。大力发展循环经济，推进农业产业园区和工业集聚区生态化改造，开展重点企业节能低碳行动，组织实施企业能效提升、清洁生产、节水治污、循环利用等专项绿色技术改造，推动化工、建材、轻工等传统产业绿色化转型。调整能源生产和消费结构，推进各类清洁能源发展，加强风电、太阳能、核电、生物质能等能源系统技术和装备的研发应用，构建清洁高效、低碳优质的智慧能源体系。

4. 坚持问题导向，加快构建区域生态环境、尤其是水环境质量技术恢复系统，使江淮生态经济区真正成为江苏永续发展的“绿心”。实施山水林田湖生态保护和修复工程，以洪泽湖、高邮湖、骆马湖“三湖”以及京杭运河、通榆河、苏北灌溉总渠“三河”为重点，严守生态红线，推进环境敏感区域治理和生态廊道、生态片区建设，加大生态修复治理力度，保护生物多样性，构建“三湖三河多片”的生态网架。开展城乡环境综合整治，严格管控和治理农业面源污染，实施农村河道疏浚、驳岸整治，营造优美和谐的田园乡村景观。以净水工程为突破口，加大大气、水、土壤环境的整体保护、系统修复和综合治理力度，加强清洁生产、过程减量、末端治理、脆弱生态保护等生态系统保护与恢复技术的推广应用，发展公共安全、生产安全、食品安全和自然灾害的监测、预警、预防和应急保障技术，形成解决环境问题的系统性技术方案，增强生态产品供给和保障能力。

5. 加大科技投入，强化服务保障，全面提升江淮生态经济区的科技创新支撑能力。完善生态补偿政策，强化省、市、县三级政府对本区域科研创新的投入责任，确保财政科技投入稳步增长。加大省级财政的支持力度，统筹省级各类相关专项资金，采取补助、产业基金投资等多种方式，支持江淮生态经济区可持续发展。完善科技金融支持体系，设立江淮生态经济区产业发展基金，探索科技与金融有机结合的新模式，吸引更多社会资本投入科技创新领域。探索以政府和社会资本合作模式推进公共服务、基础设施、循环经济、生态农业等项目建设，鼓励银行扩大科技信贷规模，开辟科技信贷绿色通道。深化创新体制机制改革，成立江淮经济区产业技术研究院，牵头实施重大科技攻关和示范工程，建立产学研合作协同机制。建设江淮生态经济区技术产权交易中心，重点加大循环经济、现代农业、生态保护等领域的科技供给，建立主要由市场决定技术创新项目和经费分配、评价成果的机制，营造利于创新成果转化的政策环境。加强创新型人才培养集聚，支持淮安、宿迁创办高水平大学，加大省“333 工程”“双创计划”等重点人才计划对江淮地区的倾斜力度，推动人才向江淮地区集聚。深化人才体制机制改革，保障和落实区内各类用人主体自主权，鼓励各类创新型人才跨地区、跨行业兼职，柔性支持江淮地区可持续发展。

（作者丁宏，江苏省社会科学院区域现代化研究院副院长、长江产业经济研究院特聘研究员；金世斌，江苏省政府研究室社会发展处处长、研究员）

江苏顺应上海湾区城市群发展的政策建议

沈坤荣

［**内容提要**］新常态下，以城市群体的崛起为代表的新一轮城市化，是中国经济实现中高速增长的重要支撑点。对比世界级湾区城市群，针对长三角地区，本文提出“一体两翼”的上海湾区城市群设想。江苏要积极顺应湾区城市群发展趋势，助推扬子江城市群发展，应坚持：（1）高标准规划，将湾区城市群发展理念融入“1＋3”功能区发展规划；（2）打破地理边界，促进生产要素自由流动；（3）创新政府管理模式，建立跨行政边界协调合作平台；（4）聚力创新，建立世界级人才集聚高地。

融合滨海经济、港口经济、都市经济与网络经济的湾区城市群是经济发展特定阶段的必然现象。从美日东京湾区、纽约湾区、旧金山湾区等几大湾区城市群的发展经验看，都有共同的地理特征，且大多在人均 GDP2 万美元左右开始高速发展。与中国首个湾区城市群发展规划粤港澳大湾区相比，当前长三角地区人均 GDP 已接近 2 万美元，未来以上海为核心，涵盖江苏、浙江沿海沿江区域的上海湾区城市群，有更为坚实的产业基础、更为完善的基础设施、更为庞大的人口规模，必然会在 5—10 年中成长为世界级湾区城市群。因此我们提出“一体两翼”上海湾区城市群设想，其中“一体”指上海，“两翼”指扬子江城市群与浙江沿海城市群。

一　世界湾区城市群的本质特征

经济增长进入新阶段的重要标志之一就是城市群的崛起，世界级城市群大多分布在湾区，如东京湾区、纽约湾区、旧金山湾区。比较世界三大湾区可以发现，湾区城市群有效整合了创新资源与全球市场，成为全球最具经济活力的地区。

1. 国际化视野与创新功能区。因临近海湾，湾区具备避风、防冻的优点，适宜建造港口群，形成发达的港口城市。港口城市处于对外开放前沿，便于招商引资、引进消化再吸收新技术，是高端生产要素跨境流动的门户。高度开放的环境有利于发展外向型经济，形成具有竞争优势的本土企业，富有竞争力的产业体系和充满活力的企业成为湾区城市群进一步发展的载体。湾区城市群往往包含移民城市，容易形成开放、包容、多元的移民文化，有利于公正有序、高效便捷的现代市场体系的构建，促进对外开放水平的不断深化，强化企业的创新主体地位。

2. 网络化的基础设施体系。随着对外开放的深入，湾区城市群率先打造现代化的城市轨道交通、完善的城际基础设施、发达的航运功能、良好的市场竞争环境，并逐渐向腹地延伸。网络化基础设施有利于降低货物运输成本，促进资源的自由流动和外溢效应的发挥，有利于湾区城市群与广阔腹地的良性互动，促进区域协同发展。劳动、资本、人力资本、信息向湾区城市群集聚，共同支撑起具有全球影响力的产业体系，涌现一批跨国企业与国际知名品牌。而湾区宜居宜业的生态环境也吸引高素质人才居住，知识外溢效应显著。

3. 统一的区域治理机制。世界三大湾区城市群注重统筹规划的实施，由于横跨多个平行的行政区域，湾区城市群需要统筹规划的范围包括：城际基础设施的衔接、产业结构的平衡、公共服务的均衡化、生态环境的保护等。东京湾区除了统一的大东京规划之外，每个地区也各有规划，所有规划的协调衔接工作都由智库完成。纽约湾区的统筹规划由跨行政区域的纽约区域规划协会（简称 RPA）完成，从 20 世纪 20 年代起，该非政府机构负责研究指导纽约湾区发展的长期计划，2014 年 RPA 启动纽约大都市地区第四次发展规划，致力于从区域视野解决就业、贫穷、基础设施、气候等问题。旧金山湾区建立的区域治理机制涵盖基础设施、生态保护、空气质量等方面，旨在推动区域协调发展。

二　“一体两翼”上海湾区城市群设想对江苏的意义

“一体两翼”上海湾区城市群陆地面积 10.1 万平方公里，2015 年人口 10430 万人，占中国总人口的 7.6%；GDP 达 1.69 万亿美元，人均 GDP 达 1.6 万美元；第三产业占比达 53.8%。上海湾区沿岸拥有众多港口，年货物吞吐量超过 15 亿吨，港口集装箱年吞吐量达 5144 万标箱；机场旅客年吞吐量 1.63 亿人次。该城市群设想的提出，不仅能提升区域内经济增长效率、加快生产要素集中、公共服务均衡化和环境保护，而且将对江苏发展产生重要影响：

1. 带动扬子江城市群建设与发展。有学者提出建设杭州湾区，由浙江沿海城市群 6 市和上海组成，以上海、杭州、宁波为三大空间顶点。但是，从现有区域整合来看，湾区只是形式，要素集聚才是核心，而且三大空间顶点的设想，可能会弱化江苏的作用。再者，江苏是长三角的核心腹地，如果将扬子江城市群纳入其中，形成“一体两翼”的上海湾区，以南通为北、以宁波为南，以南京、苏州、杭州拱卫上海，这种区域发展格局更具有竞争力，而且可以带动江苏发展，助推扬子江城市群建设。

2. 构建优势互补、协调发展的产业体系。从产业结构来看，上海不仅是全球金融中心，也是窗口型城市，拥有巨大的资本优势和政策红利。杭州是“互联网 +”双创中心、拥有全新的商业模式，以及阿里巴巴、网易等知名互联网企业。宁波是重要的港口城市和“中国制造2025”首个试点示范城市。苏州、南京是全国先进制造业中心，苏南五市是“中国制造2025”试点示范城市群。南通致力于成立通州湾江海联动开发示范区，打造江苏沿海新兴的区域枢纽港。对于江苏来说，“一体两翼”式的上海湾区建设将有利于避免湾区内城市间的恶性竞争、重复建设，构建优势互补、协调发展的产业体系。

三　江苏对接上海湾区城市群发展的政策建议

结合当前形势，江苏要积极顺应湾区经济发展趋势，将湾区城市群发展理念融入“1+3”发展战略，在新一轮发展中谋取先机。

1. 高标准规划，将湾区城市群发展理念融入“1+3”功能区发展规划。国际化视野与创新功能区是湾区经济的重要特征。从纽约湾区城市群的空间特征看，其不但拥有世界级金融与商业中心，其他功能区差异化特征非常明显，如纽约是世界金融的中央枢纽和全球商业中心，新泽西州是全美制药业中心等。当前，江苏正在高起点规划“1+3”功能区发展，需要将湾区城市群发展理念融入扬子江城市群和沿海经济带的规划定位，以全球眼光对两大功能区进行高起点规划、高标准定位。要聚力创新，充分利用江苏省扬子江城市群制造业发展优势，依托上海这个全球创新中心，着力提升扬子江城市群二次开发和技术孵化能力，提升沿海经济带新兴技术的产业化能力，推动扬子江城市群产业升级和沿海经济带形成若干个产业集群块，建成具有世界水平的高端制造业基地。要充分发挥江苏沿海空间广阔和扬子江城市群人口的规模优势，大力发展面向高端消费人群的金融、文创、旅游等先进服务业，实现高端制造业与先进服务业协同发展。

2. 打破地理边界，促进生产要素自由流动。湾区城市群的共同特点是对内联系紧密、对外高度开放，区域内生产要素实现自由流动。这需要建设包括交通、通信以及公共服务在内的网络化基础设施，实现基础设施互联互通。一是建立超省级的基础设施规划控制中心，提升交通、通信网络基础设施水平，建立稳定高效的能源、水资源供应体系，实现区域内油、气、电、水同类型同网同价。二是建立省级公共交通、医疗卫生、社区服务结算中心，推进区域内公共设施和服务互联共享，实现公共服务“一卡通”。三是补齐江苏北沿江和沿海地区基础设施和长江过江通道建设的“短板”，在加快北沿江高铁建设的同时，大力发展江北及沿海城市城际轨道交通，使泰州、扬州、南通、盐城等地与上海及苏南城市深度融合。

3. 创新政府管理模式，建立跨行政边界协调合作平台。推动建立各种形式的上海湾区城市群协调机构，推动区域协同发展。一是推动建立具有准行政区权限的上海湾区经济区，突破区域协同发展的行政边界制约，实现湾区内部资源整合与区域整体利益的最大化。二是设立跨扬子江城市群与沿海经济带两大省级功能区的协调机构，合理规划两大功能区基础设施建设和生产力布局，推动功能区之间与功能区内部错位发展。三是建立常态化的区域内城市间交流合作协调机制，并引入地方政府、当地企业和社会团体参与政策的制定和执行环节，加强区域内部的合作，实现湾区内部的资源互补与功能融合，推动湾区经济的一体化。

4. 聚力创新，建立世界级人才集聚高地。要把建立世界级人才集聚高地作为江苏主动顺应上海湾区城市群发展的第一方略。一是根据功能区定位，以规划、产业、市场引人才，避免区域间人才引进的恶性竞争，实现不同类型、不同层次人才的优化配置。二是加强各类创新创业服务平台、知识产权交易平台等创新创业公共服务设施建设，加强公共财政对创新创业的扶持与补助力度，营造有利于创新的低成本创业环境”。三是加强对公共产品与服务的供给，促进要素自由流动与公共服务均衡化。深化户籍制度改革，大力推进公租房、廉租房建设，推进租售同权，降低湾区内生活成本。改革行政审批制度，降低准入门槛，使各类人才真正“留得住”，成为推动湾区经济发展的第一要素。

（作者沈坤荣，南京大学商学院院长、教育部长江学者特聘教授）

以党的十九大精神引领江苏城乡规划转型升级

孙晓文

［**内容提要**］党的十九大开启了全面建设社会主义现代化强国的新征程，为建设“强富美高”新江苏、推进“两聚一高”新实践指明了方向。立足解决人民日益增长的美好生活需要和不平衡不充分发展之间的矛盾，结合江苏省城乡发展实际，提出城乡规划的对策建议：一是立足特色发展，破解区域发展不平衡，赋予全省空间发展新动能；二是培育创新空间体系，加快建设创新型省份步伐，提升“创新江苏”发展水平；三是面向美好生活需求，优化城乡空间要素供给，引导城乡规划转型；四是从省域到城市层面系统构筑生态空间体系，保障江苏绿色发展；五是把文化建设提升到城乡发展战略的高度，活化文化空间载体，彰显文化自信。

改革开放以来，江苏省经济社会发展走在全国前列，城乡规划建设领域的创新发展也处于全国领先水平。为深入贯彻落实党的十九大精神，按照“创新、协调、绿色、开放、共享”的新发展理念，立足解决人民日益增长的美好生活需要和不平衡不充分发展之间的矛盾，结合建设“强富美高”新江苏、推进“两聚一高”新实践，提出全省城乡规划的对策建议。

一 立足特色发展，破解区域发展不平衡

党的十九大提出“建立更加有效的区域协调发展新机制”。江苏全省南北区域经济和城乡居民收入差距较大，区域不平衡问题依然突出，应打破传统发展区域板块束缚，促进区域融合、协同发展，赋予全省空间发展新动能。

1. 统筹谋划区域板块特色功能。深化落实全省“1+3”功能区战略，以功能板块特色发展为导向，促进省域南北融合、东西互动，向高水平均衡发展的新江苏迈进。适时启动《江苏省域空间规划》编制工作，深入落实全省空间发展新格局，引导生产要素差别化配置。明晰扬子江城市群、沿海经济带、江淮生态经济区、徐州淮海经济区中心城市的区域功能定位和空间格局，编制相应的次区域空间规划，制定差别化的城镇化、基础设施、空间管制等配套政策，引导区域板块特色化发展。

2. 深化省域特色空间体系建设。落实《江苏省城乡空间特色战略规划》的要求，加强相关内容在法定规划中的传导与落实。编制“八廊十二片”特色空间规划，细化特色保护、特色彰显、特色塑造的具体要求。以特色发展为核心，对区域发展的相关特色资源进行优化重组，形成具有全国影响力和品牌美誉度的特色空间。通过规划编制、设施配置、环境保育、品牌推广等方式，为丘陵地区、里下河地区、江淮地区等拥有良好山水资源的地区导入发展动能。

3. 建立省域城乡特色空间培育制度。以城乡特色空间塑造为抓手，加强对特色小城镇、特色田园乡村以及城乡魅力特色区的精准引导和精雕细琢，增强城乡自我可持续发展能力。开展城市特色风貌区申报遴选工作、特色小城镇申报遴选工作、特色田园乡村申报遴选工作，引导全省城乡建设进入提高质量、提升品质新阶段。

4. 以省域风景路体系为纽带，促进南北、东西联动发展。通过区域性风景路串联全省南北、东西的特色城镇、特色产业、特色景

观、特色资源，形成连通性强的省域风景路网，通过优化资源组合、设施配置，以及引导特色产业集聚发展，形成若干条具有全省品牌美誉度的特色发展廊道地区，增强经济发达地区与欠发达地区的要素联系。

二 培育创新空间体系，促进“创新江苏”发展

党的十九大报告提出“创新是引领发展的第一动力，是建设现代化经济体系的战略支撑”，以及“加快建设创新型国家”的要求。江苏是全国首个创新型省份建设试点省，创新载体多样，创新资源丰富，同时也存在创新发展能力区域不平衡等短板，应加快建设创新型省份步伐，提升“创新江苏”发展水平。

1. 推动城市创新合作，提升区域创新能力。强调系统化思维，整合全省高校、科研院所及高新技术企业优势，在全省层面协调推进跨区域科创走廊建设。推动宁镇沿 G312 科创走廊发展规划，提升扬子江城市群创新能力。推广苏州工业园区科教创新区的经验，推动沪宁沿线高新技术创新产业带发展和沿线创新空间规划建设。适时修编《南京都市圈规划》，放大苏南国家自主创新示范区和南京江北新区等重大平台的创新效应；探索江淮生态经济区创新、绿色发展方式；优化整合沿海经济带各市规划，提升协同创新能力；推进《徐州都市圈规划》的编制和实施，提升徐州在淮海经济区的创新辐射能力和中心城市地位。

2. 促进园区转型与更新，提高城市创新能力。总结全省高新区、经济开发区等重要创新空间载体的发展经验。借鉴北京中关村、上海张江科技园等先进园区经验，加快以园区为创新载体的各类空间转型及功能更新，推动各类园区编制转型发展规划，培育有竞争力的创新集群。挖掘城市创新潜力，推动老城存量空间有机更新，在全省开展创新示范空间规划建设，提高城市创新发展能力。

3. 培育“微创”新空间，促进大众创业、万众创新。利用苏南

国家自主创新示范区、国家级高新区、高校和科研院所的有利条件，运用互联网技术，打造开放创新创业平台，整合利用全球创新资源，推动产学研协同创新，发挥政策集成效应，开展城市"微创"空间的规划引导和建设支持。提升城市发展品质，为创业者创造良好的发展环境，培育有特色的工作空间、生活空间和资源共享空间。

三　面向美好生活需求，引导城乡规划转型

党的十九大报告提出"新时代我国社会主要矛盾是人民日益增长的美好生活需要和不平衡不充分的发展之间的矛盾"。江苏城乡规划应从优化空间要素供给结构、提升空间品质、改革空间供给与管理制度和创新空间规划技术等方面进行提升，"使人民获得感、幸福感、安全感更加充实、更有保障、更可持续"。

1. 优化空间要素供给结构，完善公共空间体系。创新城市总体规划编制内容和方法，统筹城市各类空间需求，优化资源配置。开展城市宜居生活圈规划、活力空间规划、慢跑道规划、自行车道规划、老龄化设施布局规划，探索银发社区、儿童友好型城市、社区微改造、智慧社区等的新类型规划编制，引导存量空间生活化营造。在《江苏省城乡空间特色战略规划》的基础上，编制更具实施性的乡村建设规划，推进全省特色田园乡村建设，促进乡村地区振兴和功能转型。

2. 改革空间供给与管理制度，激活存量空间潜力。从规划编制和实施管理上进一步释放空间要素布局和使用管理的弹性，通过编制共享停车设施、物流集散点、用地兼容性规划等，顺应新型经济发展和居民生活方式转变的需求，提高生活便捷性。总结推广海绵城市省级试点经验，编制综合防灾疏散场地规划、文体休闲主题公园体系规划等，通过用地兼容与功能复合的方式，弥补各类配套设施、公共绿地、市政交通设施等公益性设施的缺口，缓解土地资源紧缺状况，促进土地集约利用。

3. 推进城市设计，塑造城市特色风貌，提升城市空间品质。加

强对南京、苏州、徐州、南通、镇江、宿迁等全国城市设计试点工作的督促指导。修订《江苏省城市设计编制导则》，结合试点推动各市（县）分层次、有重点、因地制宜开展城市设计。鼓励生态性城市设计、历史性城市设计、更新性城市设计等多形式的城市设计创新。保护城市自然山水格局，优化城市总体格局，让城市与山水林田湖等绿色空间有机融合。建立城市设计管理制度，重点地区城市设计的内容和要求纳入控制性详细规划，并落实到控制性详细规划的相关指标中；引导有条件的地方建立城市设计管理辅助决策系统，将城市设计要求纳入城市规划管理信息平台。

4. 创新技术和管理手段，实现空间要素精准供给和精细化管理。加强大数据、BIM及互联网等新技术、新方法在城乡规划编制和公众参与中的应用，更加充分了解公众需求和空间行为特征，实现空间要素的精准供给，增强规划编制的科学性、权威性和公开性。推进市县“多规合一”空间信息平台与新一轮城市总体规划编制同步建设，整合各类空间规划，形成全域覆盖、要素叠加的“一张蓝图”和空间管理信息平台，为规划编制、审查、监督、评估、服务等全过程提供信息化手段支撑。

四　构建生态空间体系，保障江苏绿色发展

党的十九大报告提出，坚持人与自然和谐共生，“像对待生命一样对待生态环境，统筹山水林田湖草系统治理，实行最严格的生态环境保护制度，形成绿色发展方式和生活方式”，“提供更多优质生态产品以满足人民日益增长的优美生态环境需要”。江苏应从省域到城市层面系统构筑尊崇自然、绿色发展的生态空间体系，为江苏绿色发展提供重要支撑。

1. 构建区域自然生态空间体系。贯彻“建立以国家公园为主体的自然保护地体系”的新要求，组织开展全省重要自然保护地的普查及违法建设清理整顿工作，以江北“七湖”水网地区永续“绿心”、

沿江沿海岸线、太湖流域、苏南丘陵、重要生态廊道等省域重要生态景观资源为核心，梳理全省重要的结构性生态空间，组织开展具备成为或培育成为国家公园地区的评估工作，建立江苏省国家公园培育名录。完善生态空间管控，试点推进重要区域生态控制线划定，制定城市生态控制线划定原则和方法，指导各市县开展生态控制线划定工作。深化落实《苏北地区可持续发展规划（2017—2030 年）》《苏北国家可持续发展议程创新示范区建设方案》《苏北苏中水乡地区城镇体系规划（2015—2030 年）》《苏南丘陵地区城镇体系规划（2014—2030 年）》等规划要求，推进苏北苏中水乡地区、苏南丘陵地区生态空间整体保护研究与规划编制。

2. 构建城市绿色空间体系。结合城市总体规划编制，落实城市生态特色标识。制订并发布绿色生态城区规划建设标准，推动全省绿色生态城区规划与建设。构建绿色循环低碳产业体系，分级分类对全省各类工业园区清洁生产、生态化建设情况进行普查，对产出效益低、环境污染大的园区撤并、关闭、改造，开展全省生态工业园区规划编制与创建，研究全省工业园区布局调整方案、生态化改造措施，高起点制订进园企业门槛。

3. 推动城市生态修复与利用。对城市及其周边的山体、河道、湖泊、滩荡、海域、岛屿等，进行生态问题和修复必要性的普查，适时开展城市生态修复专项规划。主要包括：应对"去产能"要求带来的重化、钢铁等企业用地再利用，开展土壤污染风向评价，制订修复与利用规划；分"总、控、行"三阶段，"规、建、管、运"一体化，推动传统产业转型，创建绿色转型示范，构建高端产业创新高地，打造城市复兴新地标；开展全省矿山宕口调查，开展生态修复与利用专项规划；结合黑臭水体整治和海绵城市建设，持续推进水环境污染治理与生态修复。

五　活化文化空间载体，彰显文化自信

党的十九大报告强调，要坚定文化自信，推动社会主义文化繁荣

兴盛。江苏要把文化建设纳入城乡发展战略的高度，充分继承和发扬历史文化，活化文化空间载体。

1. 探索历史文化村落区域性分类与集群式保护。参照国家相关评价标准，从区域层面整合同质性较强的村落，建构结合地域背景的实践性较强的评价体系，为江苏历史文化村落的特色甄别与重点遴选提供支撑。系统厘清区域内历史文化村落的定位与发展方向，确定村落的集群保护体系，编制因地制宜的集群式保护规划，制定针对性保护与利用策略，实现对江苏历史文化村落的常态化保护。

2. 研究人居型历史文化城镇保护规划。组织编制江苏历史文化名城与历史文化名镇相关技术标准。探讨江苏历史文化城镇保护与发展面临的新问题。鼓励各地适时开展历史文化名城、名镇的保护规划实施评估，结合新的保护目标开展保护规划修编，为历史城镇的保护增加持久的内部推动力。

3. 推动历史建筑的认定与活化利用。根据江苏文化分区、各地建筑流派差异等，指导各地建立历史建筑评估认定的标准，积极推动各地历史建筑认定工作。鼓励各城市选取试点对历史建筑加以活化利用，加强历史建筑保护利用与工业遗产、二十世纪遗产、优秀近现代建筑、非物质文化遗产等保护的结合，利用历史建筑开展相应的文化创意、休闲旅游、文化体验、收藏展示及其他形式的特色经营活动。

4. 加强文化场景的营造。在城乡规划和建设过程中，充分挖掘地域、场所的文化内涵和文化特色，并将这些要素融合到空间设计与改造中。鼓励将物质空间与人文内容结合，活化非物质文化遗产，营造古今交融的文化场景空间。通过文化场景的营造提高对创新创业人群的吸引力，以文化场景来讲述、传承城乡文化，让公众更加具有参与感。

研究基地：江苏城乡统筹规划研究基地

承担单位：江苏省城市规划设计研究院

首席专家：孙晓文　江苏省城市规划设计研究院院长、党委书记

主要作者：张奇云、陈沧杰、徐海贤、姚秀利、郑俊、陈军、戴忱、姚迪

全面实施乡村振兴战略
推进江苏农业农村现代化*

周应恒

[内容提要] 江苏作为经济大省、农业大省，城乡发展一直走在全国前列。全面实施乡村振兴战略，能够有效解决长三角以及周边地区人口对生态休闲高品质生活的需求，更好发挥江苏乡村蕴含的“锦绣江南、水韵江苏”的文化价值，为我国乡村振兴与城乡融合发展探索出一条有示范价值的道路。江苏实施乡村振兴战略，要聚焦城乡收入差距问题、农业融合度不够的问题、乡村文化彰显不够的问题。建议：(1) 因地制宜分类指导规划，为打造多姿多彩的乡村提供规划引领；(2) 构建农业农村现代化监测评价指标体系，为推进乡村振兴战略提供决策依据；(3) 在城乡融合中加大整合财政支农的方向和力度，为推进乡村振兴战略提供保障。

江苏是我国经济大省和农业大省，城乡一体化建设一直走在全国前列，在全面实施乡村振兴战略的过程中，应找准重点和难点，建立健全城乡融合发展的体制机制，为全国其他省区提供有价值的经验。

---

* 为深入贯彻落实党的十九大精神，江苏省社会科学联合会举办江苏青年智库学者沙龙“乡村振兴”专场，将专家研究成果和发言整理形成系列决策咨询报告。此为“乡村振兴”决策咨询报告系列之一。

一　江苏全面实施乡村振兴战略的独特意义

首先，江苏实施乡村振兴战略能够有效解决长三角以及周边地区人口对生态休闲高品质生活的需求。近年来，乡村生态旅游愈加火爆，无论是带动农民增收，还是村庄环境整治，都是好的载体。据不完全统计，全省拥有各类业态的田园休闲农庄、乡村俱乐部、乡村旅游区（点）等经营单位7000余家，从业人员达30万人，人均年收入突破2万元。同时，江苏的地理区位和气候条件决定了江苏农产品的多样性。江苏不仅是我国粮食主产省区之一，也是众多优质特色农产品的产地，有阳澄湖大闸蟹、盱眙小龙虾、南京桂花鸭、阳山水蜜桃、东台西瓜、高邮鸭蛋、邳州大蒜、射阳大米、泗洪大枣、镇江香醋等一系列国内外知名品牌。江苏乡村振兴战略的实施有利于这些农产品的提档升级，更好地满足国内外居民对优质农产品的需求。

其次，江苏全面实施乡村振兴战略能够更好发挥江苏乡村蕴含的“锦绣江南、水韵江苏”的文化价值。江苏作为鱼米之乡，自古以来也都是文人墨客不吝笔墨、钟恋有加的地方，“能不忆江南”体现了从古代开始人们就对江南地区具有独特的感情。“小桥流水人家”更是表达了超越江南田园风光的一种精神状态。江苏乡村有浓厚的集体观念和文化意识，从改革开放初的乡镇企业繁荣到现在的集体经济壮大，都是这种集体观念意识在经济领域的体现。目前，江苏有闻名遐迩的江南古镇，也有江宁周村、常熟蒋巷、宜兴善卷、江阴华西、淮安刘老庄等众多集发展之美、生活之美、生态之美、人文之美于一体的乡村，既让旅客得到身体放松，也体验了江南的独特文化。乡村文化价值的提升，将使得乡村不再是与城市对立的单元，而是具有独特的社会形态和生命力，与城市互相补充满足人们的物质与精神需求的家园。

第三，江苏全面实施乡村振兴战略，率先推进农业农村现代化，能够为我国乡村振兴与城乡融合发展探索出一条有示范价值的道路。江苏城乡一体化建设一直走在全国前列，尤其是苏州城乡发展一体化试点为国家层面的改革提供了有价值的经验。江苏全面实施乡村振兴战略，在乡村生产发展的基础上，通过乡村一二三产业融合发展与集体经济的壮大，实现产业兴旺；在村容整洁的基础上，通过生态环境治理与村庄整体景观规划建设提档升级，实现乡村生态宜居；进一步加大文化教育事业投入提高乡风文明水平；在乡村民主管理的基础上，通过自治、法治、德治实现治理有效；在农村居民生活宽裕的基础上，通过富民优先的一系列政策措施，实现村民生活富裕。江苏在新时代通过这一系列探索，必将为全国其他省区提供有价值的经验。

二　江苏全面实施乡村振兴战略的重点和难点

近年来，江苏城乡经济社会取得了重要进展。2016 年城乡居民收入比为 2.29，是全国城乡收入差距最小的省份之一，具有较强的农村集体经济基础。面向新时代新要求，江苏全面实施乡村振兴战略的重点、难点主要有以下几个方面。

1. 聚焦缩小城乡收入差距问题，着力保障农民持续增收。当前，农产品结构性过剩引起农产品价格下跌，阻碍了农村居民农业经营性收入增长。确保农民收入持续稳定增长，缩小城乡收入差距以及地区发展的不平衡，仍然面临较大压力。因此，如何提高江苏农业产业竞争力，让农民得到更多实惠很重要。农村居民的非农经营收入和工资性收入既受到宏观经济环境影响，也受到城乡一体化体制影响。需要在加快农村劳动力转移的过程中，建立城乡融合发展的体制机制，促进城乡要素的双向流动和优化配置，打破各种限制农民创新创业、阻碍农村产业发展的制度约束条件，消除农村居民在城镇就业的歧视性制度。以富民为核心，加快农村集体产权制度改革，赋予农村土地和房屋更多权利，发挥我省集体经济基础好的优势，促进农民财产性收入和集体经营收益分配增长；农村居民转移性收入则与财政转移性支出密切相关，要落实农业农村优先发展要求，创新并优化各种农业农村支持政策，最大限度增加农民收入。

2. 聚焦农业融合度不够的问题，着力做大做强江苏农村产业。农业发展是乡村产业兴旺的前提。当前农业供给侧结构性改革深入推进，提高农业竞争力，提高农产品附加值，是江苏农业发展的重点方向。作为农业大省的江苏，农产品数量众多，但产品附加值还不高；农业企业众多，但产业组织化程度不高；农业科研平台众多，但真正适合农业需要能推广运用的技术不多；财政投入众多，但没有形成政策合力。同时，由于体制机制障碍，城市资本等先进要素还不能完全渗透到乡村产业建设中去，一二三产业融合推进步伐有待加快，农业在三产融合过程中仍是短板，农业支持保护制度还不尽完善。因此，要在"创新、协调、绿色、开放、共享"的发展理念指导下，积极培育农村农业发展新业态、新动能，推进品牌化建设，促进三次产业融合发展。

3. 聚焦乡村文化彰显不够的问题，着力提升江南文化的多元价值。相比于乡村的经济价值，乡村的生态价值和文化价值挖掘得还不够。为了经济价值而破坏乡村生态环境的行为仍有发生。对乡村传统优秀文化建设重视不足，乡村文化传承功能减弱。在乡村建设中，存在千篇一律、雷同化现象，对不同乡村的自身特色关注和挖掘不够。江苏是江南文化的故乡和主体，江南文化在农村产业发展、文化传承、乡村治理、生态休闲、社会和谐等各方面具有非常深厚的内涵，在乡村振兴战略的实施中，特别需要研究挖掘和保护发展江南文化。因此，江苏全面实施乡村振兴战略，需要不断挖掘乡村多种功能，彰显江南文化多元价值，完善乡村治理，探究乡村在城镇化进程中的边界，总结在一些地区出现的"逆城市化"中的乡村发展经验，推进特色乡村建设，激发乡村发展内生动力。

三　江苏全面实施乡村振兴战略的政策建议

江苏全面实施乡村振兴战略，需要加快创新城乡融合体制机制，在乡村振兴战略的框架中统领全省"三农"工作，率先推进农业农村现代化，为全国其他省区提供有价值的经验。

1. 因地制宜分类指导规划，为打造多姿多彩的江南提供规划引领。规划引领是重要的公共政策手段。实施乡村振兴战略，需要考虑江苏区域功能定位及乡村区位和禀赋特征。在突出"水韵江苏、锦绣江南"特色的总体规划下，加大财政支持力度，使全省乡村基础设施与公共服务达到一个标准水平，然后根据各地实际情况分类指导、有所侧重。逐步提高乡村的基础设施和公共服务的整体水平，为产业兴旺提供基本条件，为生态宜居提供基础设施，为乡风文明提供舆论引导，为治理有效提供组织基础，为生活富裕提供支持保障，实现乡村可持续发展。

按照"1+3"重点功能区战略，对不同地区采取不同规划要求。扬子江城市群地区，目前已经有较好的发展基础，要侧重发展江南特色的生态休闲旅游产业，加强乡村文化开发，发挥农业多功能性，推进集体经济改革提质增效；江淮生态经济区，要发挥里下河、淮河、洪泽湖等资源环境优势，加强生态环境保护，提高生态竞争力，突出水乡特色田园风光，把绿水青山建设成金山银山，满足人们日益增长的美好生态环境需要；沿海与淮海经济区，要立足沿海与平原地区优势，进一步促进乡村一二三产融合发展，壮大集体经济，发展沿海特色乡村产业。

2. 构建农业农村现代化监测评价指标体系，为推进乡村振兴战略提供决策依据。为了准确了解这一战略的实施进度，需要构建科学完善的江苏农业农村现代化监测指标体系。这个监测指标体系不是政绩考核体系，而是为了解各地乡村振兴状况提供综合全面的展示和指引，并能够为相关政策制定和调整提供现实依据。通过这样的监测指标体系，不仅要与国家农业现代化指标体系相衔接，还应结合江苏特点，全面反映农业农村现代化“产业兴旺、生态宜居、乡风文明、治理有效、生活富裕”的总要求。通过该评价指标体系，能够充分彰显各地区乡村发展的优势与特色，又能找出各地区存在的短板并及时加以弥补，同时也能明确发展的阶段和目标。

具体来讲，在产业兴旺方面，要考虑不同地区的产业差异，突出当地特色产业发展状况，以及村民对这些产业的实际参与情况。在生态宜居方面，既要整体提高基础设施与公共服务标准化水平，注意绿化建设、下水处理、垃圾分类等绿色公共服务项目，也要突出不同乡村的实际情况对生态环境建设有所侧重。在乡风文明方面，既要提高农村文化教育、医疗卫生等事业发展整体水平，也要充分考虑各地在文化习俗方面的差异。在治理有效方面，既要加强和创新农村社会治理，加强基层民主和法治建设，让社会正气得到弘扬、违法行为得到惩治，使农村更加和谐、安定有序，又要根据地方特色，发挥乡贤、能人的力量，紧紧围绕“人”这个核心，积极创新基层社会治理理念和模式，推进“德治、法治、自治”建设，不断探索基层社会治理的有效路径。在生活富裕方面，既要关注村民的收入水平，也要关注其健康状况和主观幸福水平。

3. 在城乡融合中加大整合财政支农的方向和力度，为推进乡村振兴战略提供保障。不仅要扭转城镇偏向的财政政策，更要建立长期稳定向乡村倾斜的财政制度。建立城乡融合的公共财政制度，优化保障公共财政对乡村公共项目支出。进一步加强高标准农田建设和农业设施建设，完善乡村基础设施，为乡村产业兴旺提供物质基础。调整财政补贴政策，重点向增加农产品附加值倾斜，促进农村一二三产业融合发展。积极运用财政手段引导资源要素向高收益的新业态、新产业流动。加强乡村基础设施建设，使农民生活变得生态宜居，使农民生产变得高效便利；加大财政转移支付力度和生态补偿力度，提高对乡村环境整治力度，为绿水青山也是金山银山提供物质激励，为乡村生态宜居提供财力保障。加强对乡村教育、医疗基本公共服务投入，提高对乡村文化事业支持力度，营造文明乡风。把乡村工作经费纳入城市统一社区工作经费，保障乡村基层治理平台有效运转。通过财政支持提高乡村居民养老保险、医疗保险等社会保障水平，降低乡村社会风险，提高乡村生活富裕水平。

（作者周应恒，南京农业大学教授，江苏农业现代化决策咨询基地、金善宝农业现代化研究院首席专家；严斌剑，南京农业大学副教授）

发展创意农业 构筑江苏现代农业新优势*

吴沛良 李向民

[内容提要] 创意农业是农业产业的跨界融合，已经成为农业现代化建设的新视角和新趋势。江苏创意农业发展在国内起步较早，近年来呈现出强劲的发展势头和浓厚的氛围。与此同时，江苏创意农业发展仍然存在认识不到位、产业融合度低、效益尚未显现、人才储备不够、配套服务滞后等问题和挑战。为此建议：江苏要在明确发展思路和发展目标的基础上，突出抓好农业潜能挖掘、多元主体培育、市场营销推介、公共平台建设、服务水平提升等重点工作，进一步加强顶层设计、政策扶持、宣传引导，完善保障措施，构筑江苏现代农业发展的新优势、新增长点。

创意农业，是指通过创新思维，将农业及农产品与文化创意相结合的一种新型农业经营方式，不仅满足人们物质需求，而且更加注重满足人们精神需求，以此来提升农业及其衍生农产品附加值，实现农村资源优化配置，增强农业市场竞争力。

一 江苏创意农业发展基础好、氛围浓厚

江苏创意农业发展在国内起步较早，近年来呈现出强劲的发展势

---

* “乡村振兴”决策咨询报告系列之二。

头，成为农业供给侧结构性改革的重要方向和农业农村经济发展新的增长点。

1. 休闲农业规模和水平全国领先。形成了南京、苏锡常、徐州三大都市休闲观光农业圈，环湖泊和丘陵山区两大休闲观光农业区，沿江、沿海、沿运河、沿黄河故道四条休闲观光农业带的“三圈两区四带”点线面结合的发展格局。江苏休闲观光农业综合发展指数与四川并列全国第一。

2. 创意农业产品与品牌不断涌现。在全国休闲农业创意精品大赛中取得优异成绩，创意休闲农业国家级品牌创建数全国第一。兴化垛田被列入全球重要农业文化遗产；南京农业嘉年华获得“国际都市农业创意与推广杰出城市奖”，居全国三大创意农业品牌之首。

3. 创意农业多样化特征逐步显现。培育了一批热度较高的多样化的创意农业典型，大致可分为景观型（如兴化垛田菜花）、体验型（如南京傅家边草莓主题乐园）、符号型（如无锡宜兴紫海薰衣草庄园）、工艺型（如徐州沛县柳编）、地标型（如盱眙“中国·盱眙国际龙虾节”）等五种类型。

4. 创意农业需求旺盛且氛围浓厚。江苏经济发展水平高，推动农产品消费转向精神消费、感官消费和价值消费，发展创意农业正逢其时。今年以来，中央一号文件、省委一号文件均对创意农业发展做出部署，农业部在浙江安吉召开专题会议予以推动，省农委专门出台加快发展创意农业的指导意见，营造了有利政策环境和浓厚发展氛围。

二　当前江苏创意农业发展面临的问题与挑战

江苏创意农业发展过程中仍然面临认识不到位、产业融合不深、效益显现不充分、人才缺乏、服务不到位等诸多制约因素，尚待破解。

1. 认识还不到位。创意农业目前尚未形成系统的理论体系和知识建构，社会各界的整体认知程度还不高。因而，当前创意农业发展层次普遍较低，创新创意也还不够深，科技文化等资源要素利用还不足，文化资源等提炼还不够，项目定位差异化特征不明显，对消费者的吸引力不够强，同质化现象较为严重。

2. 产业融合度低。创意农业与其他产业的融合不是浅层的产业叠加，而是系统性、多层次的互动整合。目前，创意农业主要以农业景观观光、新奇特农产品欣赏、果蔬采摘、农业生产参与体验等形式为主，演绎的内容、表现形式单一，以创意思维拓展农业的生态、文化、旅游等功能不够深入，产业链延伸的还不够长、形态尚不完整，与其他产业的融合有待加深。

3. 效益尚未显现。创意农业品牌不够响，知名度还不够高，加上经营主体大多单兵作战，未形成合力，无法共享同一品牌、同一产业或行业衍生的“溢出效应”。大多数农户也主要参与农业生产、采收、简单加工等环节，而非创意农业的产品设计包装、体验营销、品牌推广及经营管理等实质溢价环节，获得创意农业发展带来的效益增值少之又少。

4. 人才储备不够。创意农业经营主体大多是从传统农业转型而来，普遍缺乏创意管理、设计策划及品牌营销等方面的知识，微观层面创意项目、创意农产品运作的经验与能力相对不足。此外，创意农业发展专业团队尤其短缺，创意农业人才的培训机制也尚未形成，专业人才培育成长过于缓慢。

5. 配套服务滞后。创意农业的中介服务、法律服务、技术服务，以及融资担保、资产评估、产权交易等服务，还没有形成一个有效的服务体系，与需求严重脱节。全省性的创意农业发展战略规划和总体设计尚未出台，财政扶持资金少，经营主体融资贷款难，基础设施和公共服务还不够完善。

三　国外创意农业发展的经验与阶段

20 世纪 90 年代以来，很多经济发达国家依托自身优势，创新创造出特点各异的创意农业发展类型，如英国和德国的休闲旅游型、荷兰和美国的科技带动型、法国的生态环保型、日本的产业融合型等，成为推动地方经济和社会发展的新引擎。一是注重顶层设计。英国、德国、法国、日本等国中央或地方政府将创意农业纳入国家或地区农业发展战略层面，积极倡导或扶持创意农业的发展。二是融入科技元素。荷兰创意农业的科技含量在世界领先，其在发达的设施农业、精细农业基础上，集约生产高附加值的温室作物和园艺作物。三是突出绿色发展。德国政府倡导打造市民农园和休闲农庄，农作物种植过程中绝对禁用矿物肥料和化学保护剂，城市居民可以享受回归自然以及田园生活的乐趣。英国的农业观光与文化旅游紧密结合，使游人在领略风景如画的田园风光中体味历史积淀下来的民族文化。法国采取较大规模的专业化农场生产，保持了较高的农作物产出水平，同时大片农作物区又成为城市周边生态景观。四是推进产业融合。日本创意农业在设施农业、加工农业、观光休闲农业的基础上，大力开发农业的生态、环保、体验、休闲等多功能的“绿岛农业”，并通过产业的相互融合发展“第六产业”，提升农产品附加值，改变农业发展前景。

纵观世界各地创意农业的发展，在发展形态上主要有三个阶段：第一阶段，“自然禀赋 + 休闲观光”。主要依赖于自然资源禀赋，以观光体验的方式在业态上延展。20 世纪 90 年代的法国、德国、英国的休闲农庄、农业公园等表现得最为突出。第二阶段，“产品创意 + 增值服务”。注重将创意注入农业及农产品中，使之更具设计感、审美愉悦感、品牌影响力等，并与旅游景点、休闲观光、田园综合体等载体结合，提供增值服务。20 世纪末 21 世纪初日本大分县的“一村一品”创意农业较为典型。第三阶段，“产业融合 + 生态回归”。通过产业渗透、产业交叉及产业重组，实现农业与其他产业的高度融合，实现农业创新性优化效应和竞争性结构效应，同时注重生态回归与保育，真正实现可持续发展。

四 推进江苏创意农业发展的思路与举措

江苏的创意农业发展，要以党的十九大精神为指引，牢固树立并践行创新、协调、绿色、开放、共享的发展理念，以市场需求为导向，以农村一二三全产业链融合发展为重点，坚持政府引导和市场主导相结合、典型示范与整体推进相结合、产业集群与资源集聚相结合，突出创新创意，突出农旅文融合，突出强村富民，培育一批创意农产品、创意农田景观、创意文化、创意节庆、创意饮食、创意农居，实现农业功能多元化、农业农村资源配置最优化、农业产业链价值最大化，争当全国创意农业发展排头兵。

1. 大力挖掘农业潜能。发展创意农业，必须立足地方的历史地理、传统文化、民俗情感，匠心创意，深度挖掘农业潜能，“加工 + 创意”，创作一批充满艺术创造力、想象力和感染力的创意精品，推进农业与旅游、文化、教育和康养的深度融合；“旅游 + 创意”，讲好那山那水那人那事，勾勒最神往的故乡，书写最动人的乡愁，给消费者会心一击，让其流连忘返、心旷神怡、魂牵梦萦；“教育 + 创意”，传承农耕文明，展示传统农业的耕作技术、生产工具、种植制度，展示乡土文化、民俗文化、农耕文化、农事节庆文化、饮食文化。

2. 大力培育多元主体。鼓励有条件的农业龙头企业、规模家庭农场和农民合作社，推进创意农业实践，打造创意农业品牌。着力培育一批创意农业骨干农民，大力吸引高等院校、中等职业学校毕业生、农业科技人员以及返乡下乡人员、创客等从事创意农业，推进创意农业经营主体职业化。加强对专业种养大户、新型职业农民创意农业知识方面的培训，提升认知水平和重视程度，激发创意潜能。加大与有关高校、科研院所、创意企业的合作，定向培养创意农业高层次人才、专业开发团队，为创意农业发展注入新鲜血液。

3. 大力推进营销推介。利用创意休闲农业互联网平台，适时向社会推介知名度较高的创意农业典型，并结合旅游、餐饮、民宿民居线上线下促销活动等，开展创意农产品的异地展示、电商销售，提升影响力、知名度、美誉度。同时，引导各地结合民俗文化活动、节庆活动等，积极开展创意农业及农产品展示展销、营销推介、品牌宣传等，扩大品牌影响力，刺激广大消费者对创意农业的需求。

4. 大力建设公共平台。做响做优做精全省创意农业设计大赛，鼓励创新、激励创意，营造创意农业发展氛围。举办创意农业博览会，集创意农业发展峰会、合作论坛、作品展示、产业体验等多种形式为一体，促进行业交流、产业提升、合作共赢。建立创意农业大数据中心，及时掌握创意农业项目建设情况，从而实现清晰定位、精准营销、针对性指导。依托现代农业产业园、科技园、创业园、粮食生产功能区、重要农产品保护区、特色农产品优势区、田园综合体“三园三区一体”，集聚农业农村科技、人才、资金、项目等资源要素集聚，推进三产深度融合，开展“农业城”“产村一体”“农旅双链”“绿色休闲廊道”等方面的创新创意试点。

5. 大力提升服务水平。建立创意农业设计研究机构，组建专业研究团队，从项目策划、设计运营、价值分析、市场定位等方面提供智力支持。成立创意农业协会，发挥组织协调与行业自律功能，定期举办发展论坛、交流研讨、业务培训等活动，推进资源整合、信息共享、互促提升。引导培育一批创意农业发展的中介服务组织，逐步建立和完善相关的金融政策、法律顾问、信息咨询、价值评估、营销策划等服务。研究提出创意农业发展指导目录，根据地方的资源、资金、技术等情况与发展需要，进行菜单式选择，有针对性地开展指导。

6. 大力加强政策扶持。建立由农业、文化、旅游等部门组成的联席会议机制，加强创意农业发展的支持政策、工作推进、组织协调等方面重大事项研究，制定出台全省创意农业发展长期规划。设立创意农业发展基金，搭建融资平台，开通绿色通道。研究制定创意农业发展合理用地需求标准，推动经营主体合理合法取得用地指标。加大创意农业产业发展的基础设施建设扶持力度，支持创意农业经营主体发展壮大，鼓励其与农户形成利益共享机制。充分利用电视、广播、报纸以及新兴网络新媒体，加强对创意农业发展典型、专项政策的报道，提高社会各界认识和重视程度。

课题负责人：吴沛良　省农委主任

子课题负责人：李向民　紫金文创研究院院长

子课题组成员：紫金文创研究院　袁　玥、杨　屏

省农委：邵红宁、苏士利、许卫健、龚金龙、赵江宁

大力弘扬新乡贤文化
为乡村振兴注入正能量*

李　静　季中扬

［内容提要］目前，由于乡村精英外流，内生力量缺乏、在外乡贤返乡回乡渠道较少、回乡积极性不高等造成乡贤文化建设中“官乡贤”“富乡贤”比较多，“文乡贤”“德乡贤”比较少；“在场”乡贤较少，“不在场”乡贤较多的现象。针对这些情况，提出江苏新乡贤文化建设的思路举措：（1）从政府到社会到民间，在观念上要大力倡导培育乡贤文化的自觉性；（2）通过鼓励、表彰在外乡贤回归、开展乡贤试点等，促进乡贤参与乡村建设；（3）通过建设乡贤展示平台、“新乡贤”主题宣传活动等，提炼“新乡贤”精神，提升乡贤文化的吸引力、凝聚力。

“乡村振兴”战略是一个系统工程，涉及政治、经济、社会、文化、生态各个方面，乡村文化复兴是其中的一个重要方面。乡村文化的复兴离不开乡贤的作用，离不开乡贤文化的推动。

一　从旧乡贤到新乡贤：乡村治理的重要力量

所谓乡贤，主要指传统乡村中德行高尚，在当地具有崇高威望的

---

* “乡村振兴”决策咨询报告系列之三。

贤达人士。这类人办事公道、能力出众，是乡里主持公共事务，执行风俗教化的领头角色，是整个宗族的“家长”或“长老”。古代农业社会交通不发达，村庄往往是相互隔绝的。乡村以自然村落为主，以血缘、亲缘、地缘为纽带集聚在一起。因此，皇权很难触及基层，便形成了乡村自治的局面，乡贤就是乡村自治的主要执行者。传统乡贤的社会功能主要有两个方面，一是维持乡村自治；二是通过制定、执行乡规民约，淳化、维系乡村礼俗。

改革开放以来，乡村社会又渐渐出现了现代乡贤，也称之为新乡贤。新乡贤是指在思想上、行动上践行社会主义核心价值观，在传承文化、崇德向善、引领文明、促进发展方面取得实际效果，品行良好、处事公正、遵纪守法、威信较高，有一定影响力、号召力，深受民众尊重的贤达、贤德人士。这些乡村精英，大多讲诚信、做事公道、乐善好施，对筑路、修桥、建水库等公益事业热心，对有困难的乡民能慷慨解囊，凭着自己高尚的人格魅力，获得乡亲们的尊敬和爱戴，在当代乡村社会中扮演着类似于传统乡贤的社会角色。

建构新乡贤文化是乡村文化建设中固本培元的根本之计，是“乡村振兴”的重要内容。2015 年中央一号文件提出“创新乡贤文化”，2014 年、2015 年两年，《人民日报》《光明日报》等报刊刊登了《重视现代乡贤》《用新乡贤文化推动乡村治理现代化》等一系列文章，地方政府纷纷成立了“乡贤理事会”“乡贤工作室”“乡贤文化促进会”等社会组织。重视和发挥现代乡贤在地方发展和社会治理中的积极作用，成为越来越广泛的共识。

二　新乡贤文化建设存在的问题及原因

为充分发挥乡贤作用，江苏一些市县成立了以“在场”乡贤为主的一些社会组织，如江苏丰县的“乡贤工作室”等，让品德高尚、能够服众的乡贤直接参与到乡村建设中，效果良好。但是当前的乡贤文化建设依然面临着“官乡贤”“富乡贤”比较多，“文乡贤”“德乡贤”比较少；“在场”乡贤比较少，“不在场”乡贤比较多的现象。主要表现在：

1. 乡村精英外流，内生力量缺乏。当代乡村社会土生土长的新乡贤比较少，且一部分乡村精英外流，留在当地的乡贤受到学识与思想所限，大多没有形成系统的伦理道德与价值观念，导致他们虽具备诸多优良品质，却无力推己及人，移风易俗。因此，当前乡村建设面临一个共同困境，就是乡村社会精英持续流失，内部缺乏能够组织领导乡民进行乡村现代化建设的本土精英，使许多外部援助无法内化为自身勃勃生机。

2. 在外乡贤返乡回乡渠道较少，回乡积极性不高。随着社会转型，乡贤主体已发生显著变化，企业家、学者、地方文教工作者、退休官员形成了新乡贤群体。他们有文化，能够在潜移默化中影响乡村社会礼俗，具有一定模范意义，且都接受过现代教育，有可能在乡村传播现代文明，促进现代乡村文化的健康发展。但从实际情况看，这类乡贤回归的渠道不够多，面临诸如住房、用地、养老等现实障碍，在很大程度上制约了他们回乡的可能性、积极性。

三　推进江苏新乡贤文化建设的思路与举措

1. 从政府到社会到民间，在观念上要大力倡导培育乡贤文化的自觉性。乡贤文化自觉有助于塑造当代乡村文化建设主体，从根本上解决乡村文化建设内生力量不足问题。在传统社会，乡贤是乡村社会的管理者、乡村礼俗的实践者、乡土知识体系的保存、传播者，他们只能是土生土长，非常熟悉本土生活的，而不能是外来的“启蒙者”“布道者”。他们中许多人对乡贤文化传承、对乡村治理和乡村伦理传布思想上有高度的认同。在当代社会，乡贤不再仅仅指“在场”乡贤，许多“不在场”的乡贤通过各种途径、各种方式回馈家乡，支持家乡的经济文化建设。对于通过上学、参军，或通过一技之长，持续单向流向城市的乡村精英人才，从政府到个人都需达成共识，在观念上重视和提高对乡贤文化建设的自觉性，积极培育和争当新乡贤。只有不断强化乡贤文化自觉意识，乡村精英才可能回流乡村，生活在乡村的能人才会安心于乡土，真正关心乡村公共事务，参与乡村治理。

2. 鼓励、表彰在外乡贤落地生根，积极参与当代乡村建设。新乡贤大都并不生活在乡村，甚至退休之后也很少回乡居住。目前，山东、湖南、贵州等地相继制定了支持退休干部等现代乡贤回乡的政策措施，收到了良好成效。就江苏省而言，一是要认真落实《关于支持返乡下乡人员创业创新促进农村一二三产业融合发展的意见》（国办发〔2016〕84号），细化政策落地，促进乡贤回归。二是地方政府要大力鼓励、表彰新乡贤以不同方式参加家乡建设。如鼓励他们回乡投资，表彰他们捐赠等善举，积极宣传直接回乡参加乡村建设的乡贤事迹等。三是开展乡贤回归试点。鼓励乡贤资源较丰富、乡村人才流出较多的地方开展乡贤回归试点示范，梳理摸清乡贤回归意愿，完善政策措施，做好对接服务，把现代乡贤引回来，为乡村振兴注入活力。

3. 积极开展新乡贤培育工程，提炼“新乡贤精神”。一是建设乡贤展示平台。通过乡贤馆、乡贤长廊、乡贤榜、文化墙等载体，全面展示历代名士名贤、革命先烈、道德模范、劳动模范、在外贤达人士以及农村优秀基层干部、身边好人等先进典型。二是打造乡贤文化传播阵地。注重将乡贤文化元素融入美丽乡村建设，建设乡贤主题公园、主题广场，以碑刻、雕塑、楹联等形式弘扬乡贤文化；以乡贤名字命名学校、教学楼、图书馆、道路等，在潜移默化中激发人们爱国爱乡情怀。三是开展“新乡贤”主题宣传活动。在新闻媒体推出“弘扬乡贤文化”专题专栏专版讲述乡贤故事，同时开设相关微信公众号，拓展乡贤文化传播平台。以“晒乡景、赞乡贤、传乡风”为主题，开展公益广告宣传。组织社科专家学者开展座谈研讨，开展“新乡贤精神”大讨论活动，提高保护与传承古代乡贤文化的自觉性。

（作者李静，江苏省社会科学联合会秘书长、《江苏社会科学》杂志主编、江苏艺术强省建设研究基地专家；季中扬，南京农业大学人文社会发展学院教授）

实际工作部门专家观点摘要[*]

张红宇等

［**内容提要**］农业部农村经济体制与经营管理司司长张红宇：把握大局大势，明确战略任务，以总要求统领各项工作，健全城乡融合体制机制和政策体系。农业部农村经济研究中心副主任陈良彪：引导产业向乡村布局；推动农村一二三产业融合发展；探索同地同权；推动小农户与现代农业衔接；提高乡村治理水平。江苏省委研究室副主任仲红岩：乡村振兴战略体现了目标导向与问题导向的统一，在实施过程中需要找到抓手，把握多维目标。南京市农委总经济师湛中林：要壮大集体经济，做大集体资产，开展集体资产清算和产权制度改革。

把握大局大势　明确战略任务

张红宇　农业部农村经济体制与经营管理司司长

实施乡村振兴战略是党的十九大报告就农村、农民、农业工作提出的一个非常重要的重大指导方针，我们要把握大势，明确任务，创新政策，坚定不移地加以推进。

进入新时代面临的最大矛盾，是人民对美好生活的需要和不平衡、不充分发展之间的矛盾。这种不平衡、不充分矛盾在农业和农村方面的体现也是非常深刻的。所谓的不平衡，最大的不平衡是城乡发

---

* “乡村振兴”决策咨询报告系列之四。

展不平衡；所谓的不充分，最大的不充分就是农村发展不充分。首先，从农业的角度来看，最大的问题就是在粮食和其他农产品达到一定稳定台阶的时候如何进行优化结构调整，如何适应供给侧结构性改革的要求，优化现代农业生产体系、产业体系和经营体系，实现一二三产业融合发展，实现绿色发展。其次，从农民这个角度来看，最大的问题是城乡居民收入差距如何进一步缩小的问题。党的十九大报告明确提出城乡协调发展是城乡基本实现现代化的标志之一。最后，从农村发展的角度来看，最大的问题就是如何实现城乡的一体化的发展，使农村变得和城市一样美，解决农村的民生问题、农村的基础设施建设问题、农村的乡风文明问题，包括自治、法治和德治三位一体的问题。所以不平衡、不充分的矛盾在农村中的表现是最突出的。

实施乡村振兴战略，要充分认识到，农业农村农民问题是关系国计民生的根本性问题，必须始终把解决好三农问题作为全党工作的重中之重，这是实施乡村振兴战略必须牢牢把握的指导思想。要坚持农业农村优先发展，按照生产兴旺、生态宜居、乡风文明、治理有效、生活富裕的总要求来统领各项工作，建立健全城乡融合的体制机制和政策体系。

第一，着眼于农业供给侧结构性改革。主要包括结构优化和动能培养。在结构优化方面，加减乘除要一起做。我国从主观角度来讲减玉米就是希望扩大豆，实现大豆生产的高端化、差异化、多元化、品牌化，满足各个阶层的需要。要延长农业的产业链，提升农业的价值链，拓展农业生产过程的生态链，实现一二三产业融合发展。要以最小的投入获得最大的产出，分母要大，分子要小。在培养新产业、新动能方面，通过观光旅游休闲、生态环境保护、文化传承等产业促进农民收入增加，特别是充分利用非常稀缺的有形资源来获得无限的收入。现代农业要能一个由平面向立体伸延，由有形向无形伸延，由有边向无边拓展，由物质向非物质伸延。农业是平面的，但山水田林路草是立体的，农业不能仅仅把眼光看到所谓的种植业、畜牧业、渔业、林业。现在的农业除了生产这些物质性的功能以外，还要有其他的非物质的功能，比如通过桃花节、梨花节、油菜花节吸引游客，解决农民就业问题、解决农民收入问题。

第二，着眼于农民问题。一是增加农民收入。增加农民的务工收入，通过现代农业的发展增加农民的家庭经济收入，主要包括规模经营产生规模收入，结构调整增加效益收入，降低成本间接增加收入。二是聚焦脱贫问题。农村收入和脱贫问题连在一块，2020 年是决胜全面建成小康社会的一年，决胜时期第一个一百年最大的困难是解决城乡居民的绝对贫困问题，第二个一百年最大的标志是实现城乡一体化发展、融合发展问题。三是抓乡风文明建设问题，健全自治、法治、德治相结合的乡村治理体系，逐步培养农民的高素质。第四，要培养造就一支“一懂两爱”（懂农业、爱农村、爱农民）的“三农”工作队伍。

第三，聚焦农村问题。乡村振兴战略的五个任务中有两个与农村问题高度相关，分别是生态宜居和治理有效。在生态宜居方面，农业、农村、农民实际上和生产、生活、生态三生紧密地联系在一起。总书记讲看得见山、看得见水、记得住乡愁，讲绿水青山就是金山银山，这不仅仅是城镇化的要求，而且是对农村的要求。在治理有效方面，要构建一个以党组织为核心或者以党组织为领导的包括村民自治、集体经济组织竞相发展的有效治理结构。

把握总体要求 创新推进举措

陈良彪 农业部农村经济研究中心副主任

党的十九大报告中明确了乡村振兴战略“产业兴旺、生态宜居、乡风文明、治理有效、生活富裕”的 20 字要求，这是实施乡村振兴战略的根本追求和未来 30 年的建设目标，具有深刻内涵：一是农村经济社会更加充分发展。新产业、新业态、新模式层出不穷，农产品极大丰富，生态产品、文化产品进入市场。二是农村人居环境明显改善。农村居住环境、民生各方面改善非常明显，生态宜居成为农村、乡村的新名片，贫困人口逐步下降，农民生活逐渐富裕。三是乡村治理更加注重治理体系和治理能力现代化。实现了从民主管理向追求治理转变，治理内容、方式及手段等都有很大提升，重视保证农民的参与感、获得感和幸福感。在推进这一战略进程中，要把握以下几点：

1. 顺应产业布局的非集中化、非城市化趋势，引导产业向乡村布局。产业向乡村布局是世界产业布局的一个趋势。推动乡村振兴首先的问题是推动产业振兴，而不是简单地将城镇过剩产能疏解到乡村。把经济发展的问题解决好，农民腰包鼓起来，其他的事情就都好办了。当前，一些制造产业因为受交通、通信、技术、科技方面的限制较少，完全可以配置到乡村。

2. 推动城乡土地制度实现同地同权。目前鼓励返乡、回乡、下乡成员到农村创业创新，相关基础设施和公共服务保障需要统筹解决。城市国有土地建设用地的使用权是有偿取得，但乡村相关土地制度也需要在城乡融合的体制机制和政策体系统筹考虑。目前，全国包括江苏都进行了土地所有权制度改革的一些探索，比如三权分置、集体建设用地的增减挂钩以及江苏实施的征地留用等，关键问题是土地管理制度要走到规划管制、用途管制上面来。

3. 解决好小农户和现代农业发展有机衔接问题。预计 2035 年，还会有 3 亿多农民长期生活在农村，1 亿多个农户在农村从事与农业有关的工作，户均农地 20 亩。加之南方丘陵山区很多耕地难以大规模耕作，家庭经营的小农生产将是农业现代化的基本面，需要着力解决好小农户和现代农业发展的衔接问题。一是通过三权分置产权制度改革，实现土地流转，推动小农生产向家庭农场转变，农业经营收入提高。二是采取股份制，通过联合与合作推动家庭经营小农生产抱团发展。三是深化农业服务，通过专业化合作扩大服务规模，推动家庭经营小农生产实现规模效应。四是借鉴西奥多·舒尔茨《改造传统农业》相关研究，促进小农户的联合、进行股份制改造、改善农业基础设施、推广农业科技应用等，推动家庭经营小农生产提升集约化经营水平和效益提升。

4. 推动农村一二三产业融合发展。融合发展要解决好以下四个方面。第一，概念界定。融合发展不是简单的农业、文化、旅游、生态要素累加，以一个产业要素为内核，多产业形态整合，比如农业+乡村旅游+文化体验，从而使得经营形态中产业边界模糊化。第二，尽量避免同质的竞争。应立足自然资源、生态环境、民俗文化、特色产业优势，实现资源要素的整合、集聚和优化配置，以“农业+”打造新农业，推动融合发展。第三，避免离农倾向。实施乡村振兴战略，推进城乡融合发展的同时，更要保留住乡村田园风光、文化特征等本质特色和价值。第四，保障融合发展的条件。不断加强农业基础建设和农村公共服务，促进农村生产生活更加便利高效，更加顺应融合发展趋势。

5. 提高乡村治理体系和治理能力现代化水平。一是健全乡村治理组织体系，将党组织、村委会、村民小组及新型社会组织包括村民理事会、村民监督会等纳入其中，发挥好各自作用。二是拓展乡村治理内容。创新治理方式和治理手段，推行分散决策，改变统一投票，转由谁受益谁参与来决策；完善治安管理，比如一两千人的村成立一个社区管委会设置一个警务室；综合整治水、气、垃圾，在村里设立专门的保洁员，由财政提供补助经费；注重养老服务，政府提供养老金、养老保险，构建家庭养老服务的机制。三是实行村级民主决策程序规范化，完善全体村民监督机制和村级重大决策责任追究制度。

实施乡村振兴战略的几点思考

仲红岩 省委研究室副主任

乡村振兴战略是中央从全局做出的重大决策，也为新时代农村的发展指明了方向。

一是乡村振兴战略的提出体现了目标导向与问题导向的结合和统一。从目标导向来说，当前至今后一段时期，所有任务归结到一点就是到2020年决胜全面小康，接下来分两个15年全面建设推进社会主义现代化国家。十九大把农业农村问题放在优先发展的位置。为什么要优先发展？三年时间实现全面小康，我们依然面临着一些农村生活环境差、老百姓收入水平低等问题，时间紧迫。从问题导向来说，最大的不平衡是城乡发展不平衡，最大的不充分是农村发展不充分。发展差距不平衡、不充分，一般指两个差距，即城乡收入差距和区域差距，实际上区域差距的背后也是城乡差距。就江苏来看，经济总量比较大，但农村的差距也很大，县以下农村经济差的很多，且农村短板明显，如产业活力问题、乡村精英人才流失、生态环境脏乱差、文化传承问题等等。

二是乡村振兴战略的实施要有抓手。特色田园乡村建设是江苏实施乡村振兴战略的抓手。江苏工业化发展总体上进入中后期，城市化已经接近70%。未来城市乡村作为生产、生活的两大空间载体，将呈现“繁华都市+田园乡村”的格局。工业文明时代，乡村受到忽视，成为落后、封闭的代名词，而且返乡回乡的人减少，城市化的趋势明显，农村的投入、精力、发展明显后劲不足。生态文明时代，产业、内需、能源、环境、文化等方面问题的产生，都与城乡的发展失衡密切相关。提出特色田园乡村建设，是更高的标准、更高的要求，也体现了另一个很好的传承。江苏在特色田园乡村建设时要考虑本地情况，让有志于在农村发展的青年创业人才能够留下来，同时吸引一部分优质的要素、高端人才到农村去，要更全面、更综合地改善老百姓生产、生活的状态，如对发展能力较弱的农村给予支持，扶贫点同时作为特色田园乡村来打造，实现可持续发展等。

三是促进乡村振兴战略要把握多维的目标。推进乡村振兴战略需要采取一些综合措施。如农村产业发展方面，农村面临产业结构调整成效不明显，难度大的问题，需要推进农村供给侧结构性改革，促进一二三产业的融合，特别要关注新模式、新业态。民宿经济发展是一二三产业融合的体现，江苏民宿经济起步较晚，但成长快，目前江苏的民宿经济面临消防、用地、用房等问题，需要省级层面加强关注、引导和政策的供给。另外，江苏控制农村建房多年，建议在特色田园乡村建设试点范围内，规定符合土地规划的可以建房，同时村庄建设要强调乡土气息、本地特色，要留住原住地、原住房、原住民，激发农村内在的活力。公共服务方面，江苏提出以标准化推进均等化，即一个乡村、一个社区、一个行政村应具有的最基本的公共服务功能，在哪个层级上具有什么样的最基本的公共服务，要落实到位。乡村治理方面，十九大提出自治、法治、德治相结合的乡村治理体系，治理的关键是人才。现在部分人退休后可能想回乡，但因为没房住回不去。而且农村养老、医疗等对接不上，创业平台也缺乏。促进在外的人才回乡返乡，可以选聘退休干部等潜能大的人回去当村第一书记。可以实施返乡回家创业的政策，如精准落实荒地搞农家乐政策、积极支持家庭农场等农业产业项目等。

推进乡村振兴需要壮大集体资产

湛中林　南京市农委总经济师

关于集体资产，党的十九大报告有三句话，即“深化集体产权制度改革，保证农民财产权益，壮大集体经济”。集体资产既是合作化结果，又是长期劳动积累的结果。集体资产是产业兴旺、生活和共同富裕的基础，农村集体产权的壮大对于实施乡村振兴战略意义重大。一是必须要把集体资产做多做大。农民收入与集体资产高度正相关。当前全国农民收入最高的是宁波，人均可支配收入达到2.8万元，一个重要的原因就是集体资产比较大。与国有资产相比，目前对集体资产重视度不够，相关法律法规不完善。二是必须开展集体资产清算。去年底，中央出台《关于稳步推进农村集体产权制度改革的意见》，十九大报告提出要深化农村集体产权制度改革。集体资产包括资源性资产、经营性资产、非经营性资产，目前统计的数字主要是账面资产，即经营性资产，统计不全面。同时，也存在着集体资产和国有资产界定不清，集体资产和国有资产、财政资金混用情况严重等问题，必须要全面清产核资，建立集体资产登记制度和信息化管理。三是必须推进产权制度改革。产权制度改革的主体是股份制改革。当前股份制改革有新的发展趋势，即股份是动态还是静态，需要固化到人或固化到户。当前倾向于固化到户，可以跟承包地确权一脉相承，避免很多问题。要有明确的集体资产进入、退出机制。目前很多乡村改制后，集体经济组织成员身份消失，但集体资产还在，特别是工业化、城镇化较快地区的集体资产增值较快，需要明确这类集体资产的处置方法。四是必须壮大发展集体经济。要从产业经营转向资产管理，建立产权明晰流转顺畅的资产经营模式。学习上海、北京的经验，在镇一级成立集体资产管理委员会。定期盘活集体资产，让它流动起来，加强产权交易市场建设。要把互联网、移动终端、大数据等信息化手段充分运用到集体资产管理中。

高校研究机构专家观点摘要*

丁　宏等

以“互联网+”行动推进实施乡村振兴战略

农业是“互联网+”行动的核心领域。2016年江苏农产品网络营销额达285亿元，连续多年保持20%以上增速；促进物联网与农业智能结合，无锡市是全国农业物联网三个试点之一，创建省级智能农业示范基地127家，全省规模设施农业物联网技术应用面积占比逾14%；农业管理服务电子化、网络化进程加快，农业信息化覆盖率近60%；江苏沭阳（花木）、睢宁（家具）等地依托地方资源优势和产业特点，通过互联网+产业+公司（合作社）+农户的模式，逐渐形成了极具地方特色的电商集群，走出了一条“互联网+”富民的创新之路。从目前看，“互联网+”现代农业行动是推进深入实施乡村振兴战略的重要路径，但仍面临着一系列障碍和挑战。主要表现在：

一是互联网经济追求长尾效应的本质特征和我国农业小而零散供给矛盾突出的现状之间的差距。互联网经济是长尾理论、是最佳应用空间，通过培育海量用户，挖掘其应用价值而实现企业利润，主要解决的是需求侧的问题；而正如2017年中央一号文件中指出的，我国农业的主要矛盾由总量不足转变为结构性矛盾，突出表现

---

* “乡村振兴”决策咨询报告系列之五。

为阶段性供过于求和供给不足并存，矛盾的主要方面在供给侧。通过“互联网+”倒逼农业转型升级，甚至是优化整合全产业链任重而道远。

二是“互联网+”模式会放大口碑效应，导致“富者越富，贫者越贫”。互联网为消费者口碑传播提供了无限的可能和便利，这也是成功的互联网产品追求专注和极致的根本原因。目前在互联网农产品、互联网农业旅游等成功的案例，是他们本身就具备了较好的素质，拥有一些可以为互联网所开发和利用的资源，因此是“好上加好”，而那些只是想搭互联网之便车，粗制滥造、同质化严重的商品只会死亡得更快。

三是城乡数字鸿沟的存在导致互联网+农业=困难重重。尽管目前我国农村互联网用户和手机用户的绝对数量有所上升，但其整体水平还处于信息化发展的初级阶段。数字鸿沟的表现已经从“数量”和“接入”的不平等，转向信息技术“质”的不平等以及用户的经验和能力的变化。由于地域、经济发展等原因，农民（包括地方干部）在观念上的数字鸿沟更甚于硬件上的数字鸿沟，让他们主动拥抱互联网困难重重。

四是农村物流配送体系不完善成为制约互联网+农业战略的瓶颈因素。总体而言，我国农村物流基础建设发展不平衡不充分问题比较突出，农村分散的特点导致“最后一公里”配送难题尤其突出，社会化物流目前仍不能有效服务村镇。由于农产品通常具有生鲜特性，易损、易腐，对时效和运输过程的控制要求更高，成为互联网+农业战略实施的重要瓶颈。

互联网与乡村振兴战略的融合发展具有广阔前景和无限潜力，但仍需清醒地认识到制约其推进的瓶颈性因素，积极发挥我国互联网已经形成的比较优势，推动现代信息技术在乡村振兴战略各环节的应用和深度融合，为实现乡村振兴目标提供强大创新动力。

（丁宏：江苏省社科院科研处副处长、研究员）

加强农产品品牌建设与治理

当前，我国农产品品牌建设上存在着小、多、杂现象，有影响力的大品牌和强势品牌太少。一个成功的农产品品牌有以下标准：品牌农产品的收购价格和市场销售价格明显提高，优质农户的劳动价值和经济利益都得到充分的体现和保护；品牌农产品的市场占有率和品牌效应明显提高，会员的经济实力和参与市场的竞争力大大提升。由区域品牌扩展至周边城市，乃至发展到全国和全球，能吸引游客和消费者前来，促进当地旅游、房地产等其他相关投资。加强农产品品牌建设和治理，主要有以下措施：一是成立行业协会。行业协会负责制定并实施从生产到收购、再到市场营销，以及内部行业自律等一整套系统和行之有效的品牌运作措施和方法。二是加强生产质量控制。农户生产过程应受到严格规范的管理。坚持总量控制，产品不在多而在于精，制定严格的生产标准，实施质量优先的栽培管理。质量检验检疫和相关业务管理部门负责进场抽查农产品的栽培管理与生长情况。三是对农产品实行商品化处理。对生产出来的农产品进行挑选、分级、预冷、保鲜处理、包装等，最终使产品大小、颜色、品质、包装规格一致。建立地方农产品质量标准体系，统一地区农产品标识与包装，展现本地特色。四是完善产销过程管理。对品牌农产品进行“三验”，即验身份、验质量、验数量，发放品牌标识等，形成上下连接、互为依托和全程可追溯的管理机制，确保品牌农产品的安全性；实施合理的定价机制，定价机制可采用大数据分折 + 多点询价 + 集合竞价的组合方式，并提升品牌销售模式，除超市、农产品连锁机构外，充分利用电子商务等途径。五是完善日常规章制度。对于农产品品牌的管理可以实施会员制，对合格产品实行品牌授权，引导生产自律和合理竞争。推动品种改良与革新，勉强对农业生产基础知识的传播和生产栽培技术的培训，不断提升农产品质量。

（耿献辉：南京农业大学经济管理学院副院长、教授）

新时代城乡融合发展的路径模式

推进城乡融合发展，需要破解乡村农民“市民化”以及城市市民“农民化”难题，破解阻断农村贫困代际传递的难题，努力形成城乡融合发展的新机制新格局新模式。一是城市“反哺”农村模式。城乡融合发展本质上是缩小并最终消除城乡间的差距和不平衡，解决农村发展的不充分问题。当前，我国具备了支撑城乡发展一体化物质技术条件。在“反哺”过程中，推进人才等在内的优质资源服务于农村“城市化”建设，破解乡村农民“市民化”以及城市市民“农民化”难题，是重中之重。二是城市群协调发展模式。通过城市群协调发展，布局于城市之间的小城镇、拉近城市距离的交通设施、处于城市之间的乡镇经济将得到切实发展。在城市群协调发展过程中推进优质公共资源共享，特别是优质教育资源共享，通过发展农村教育阻止代际传递、消解城乡差距，是重中之重。三是特色小（城）镇发展模式。通过特色小（城）镇充分发挥城镇化对新农村建设的辐射带动作用，立足产业“特而强”、功能“聚而合”、形态“小而美”、机制“新而活”，统筹地域、功能、特色三大重点，推动小（城）镇发展与疏解大城市中心城区功能相结合、与特色产业发展相结合、与服务“三农”相结合，使小城镇最终成为城乡融合的“黏合剂”。在发展过程中，避免“同质化”倾向，实现差异特色发展，是重中之重。

（金久仁：南京邮电大学讲师）

城乡关系视角下的乡村振兴

当前中国三农领域的主要问题是城乡发展不平衡，乡村发展不充分，主要存在四个方面的深层次问题：一是长期忽视乡村的内在价值。由于我国长时间采取工业化赶超战略和城市偏向政策，乡村的价值在很长一段时间内停留在对农民就业和生活的低水平保障上，乡村的经济价值、生态价值、文化价值等没有被重视，更没有得到发挥。二是阻碍城乡要素流动的体制机制仍没有消除。由于我国城乡二元制度安排，带来了城市化对乡村人力、物力、财力的虹吸，并且又通过福利制度安排把人留在农村，增加了乡村人口压力，抑制了乡村的发展。三是农村已有生产经营制度和产权制度已不适应当前的生产力。农业适度规模化经营与传统的家庭联产承包经营制度不相适应，农村土地和集体产权权能有限与农民对产权的财产需求不相适应，阻碍了农业和农村资源的优化配置与生产力发展。四是乡村治理能力无法适应当前农村经济社会发展形势。随着人口外流，传统乡村治理成本加大，使得村民对乡村事务参与度下降，村民自治章程、村规民约以及村务监督作用发挥不够，乡村基层党组织弱化，乡村基层治理失衡。实施乡村振兴战略，需要做好以下四个方面：第一，树立乡村与城市同等重要的理念，为乡村振兴提供思想引导。第二，要建立健全城乡融合体制机制与政策体系，为进乡村振兴提供外部支撑。第三，改革乡村经营与产权制度，推进农村一二三产业融合发展，为乡村振兴激活内生发展动力。第四，健全乡村治理体系，为乡村振兴提供组织协同力。

（严斌剑：南京农业大学经济管理学院副教授）

以农村电商链接城乡金融资源

近年来，我国农村电商发展迅猛，农产品线上交易规模逐年扩大，农产品电子商务交易规模呈现爆发式增长格局。但是，电商平台驱动的农业供应链金融模式在我国尚处于起步阶段，在运行初期仍然存在一些问题。首先，各电商平台的融资成本普遍较高，导致链条上农户获得贷款的利率偏高，一定程度上降低了农户参与其中的意愿。其次，农村物流最后一公里难题仍未解决，物流体系发展落后制约农产品线上交易规模的扩大，限制了农产品上行。再次，农业信息尚未充分整合利用，农业供应链上各节点信息仍较为分散，线上和线下的信息也未能够充分整合，根据信息所做出的预测与风险防范功能尚未实现。最后，订单农业作为连接供应链参与主体的重要制度安排，发展滞后且普遍履约率较低，成为农业供应链金融的主要风险来源之一。

因此，政府需要制定和完善相关政策引导和规范电商平台驱动的农业供应链金融模式的发展。第一，引导多元化主体参与，积极探索互联网和农业供应链发展趋势下传统信贷机构转型合作方式，降低电商平台的融资成本，提供更有效率的金融服务。第二，加大冷链等基础设施投入，发展农村现代物流配送体系。物流体系的完善有利于扩大农产品线上交易的规模，减少运输损耗率，加快农产品上行。第三，加快建立农业信息平台并实现数据共享。通过互联网大数据和云计算等技术的使用，为农业参与主体做出正确决策提供保障。第四，加快建立健全的农村信用评价体系，培育规范化的订单农业，提高订单的履约率以降低农业供应链金融的风险。

（张龙耀：南京农业大学金融学院；许玉韫：江苏农村金融发展研究中心）

提高“三权分置”的农民获得感

“三权分置”的核心是经营权与承包权分离，而新型主体无疑是重要的推动力量。当前一个重要任务是破解新型主体“跑路”问题。新型经营主体“跑路”的实质是部分新型经营主体获利空间少、抗风险能力弱，主要原因在于部分土地流转租金偏高，新型经营主体培育管理规范性不够，农技支持、仓储设施与烘干中心等配套服务到位率不高，及财税金融政策支撑不足、引导不够、收激励政策较少等。建议通过以下几方面措施，充分保障新型经营主体持续发展的能力，释放“三权分置”政策红利，促进农民获得感提升。一是促进农民理性回归土地租金要求。进一步厘清“三权”边界，完善租金履约保证保险。鼓励入股、托管和代耕代种等流转模式，降低土地利用者的租金成本风险。二是注重新型主体质量建设。完善新型经营主体培育机制，从发展目标、资金、技术和产品等方面评价经营实力与潜力，严把“进入关”，依据工商等部门的数据支撑动态监管，严格“退出”制度。三是完善配套服务。加强粮食烘干、病虫害统防统治、质量检测和地方品牌创建等方面的配套服务，增强农业科技服务力量，并以服务为纽带，组建新型主体联盟，实现融合发展，打造地方农业经营品牌产品和龙头企业。四是加快财税金融制度创新，提升新型经营主体持续发展能力。提高政府补贴在新型经营主体收入中的比例，切实解决土地经营权融资难问题，进一步增加农业保险的广度和深度。制定新型主体参与土地整治和高标准农田建设的资金补贴政策，有效推进“藏粮于地、藏粮于技”战略落地生根。

（邹伟：南京农业大学教授）

农地经营权抵押试点的问题与建议

自从2009年江苏省新沂市开展农地承包经营权抵押贷款试点工作以来，至2016年，全省共有36个县（市、区）推出农地承包经营权抵押贷款业务。其中，泗洪县、金湖县、兴化市、东海县等10个地区被批准为国家级农地经营权抵押贷款试点地区。目前，江苏农地经营权抵押贷款试点主要存在以下几个问题：一是在现有的法律与农村经济、金融条件下，农地经营权实际抵押价值不足且难以实现，缺乏可抵押性。二是现有的试点模式抵押手续烦琐、抵押成本高、风险大，银行参与试点的积极性不高。三是缺乏统一的农地经营权抵押价值评估标准和专业的价值评估机构，难以形成合理的农地经营权抵押和流转价格。四是现阶段农地经营权抵押贷款风险主要依赖外部风险补偿，贷款模式缺乏创新性与可持续性。从试点情况看，江苏农地经营权抵押贷款试点应该进一步鼓励不同经济发展水平的试点地区因地制宜开展不同的试点模式。在农地抵押功能不足、不具备开展农地经营权直接抵押贷款条件的地区，采用农地经营权附加其他担保的综合性抵押贷款作为一种过渡形式。从推动农业科技、农地流转市场建设、鼓励适度规模化经营等方面，优化外部环境，为农地经营权抵押创造条件。具体政策建议包括：一是确立合理的评估价值标准，完善农地经营权价值评估体系；二是建立健全土地流转体系，适当提高土地经营权受让人入市门槛，以确保农地经营权具有足够的抵押价值；三是完善农业保险，建立农地流转风险基金，构建多层次、全方位的农地经营权抵押风险补偿体系；四是完善农地原始承包人利益保护机制，建立失地农民养老保障制度。

（黄惠春：南京农业大学金融学院投资系主任、教授）

小农户与现代农业有机衔接新路径

小农户在较长时期内仍然是我国农业生产经营的主体，尽管江苏省在发展现代农业方面取得了瞩目的成绩，但现代农业与小农户之间在形成系统、丰富和有效的衔接机制上仍然有所欠缺。以党的十九大提出的中国特色农业现代化的重要理论创新为指导，结合江苏的实际情况，应着力从四个方面探索小农户与现代农业的有效衔接路径。一是以现代农业生产要素武装小农户，着力提升小农户的生产经营水平。完善科技成果转化与推广体系，让小农户插上科技的翅膀；完善农业农村信息网络，使小农户更有效地对接市场；完善金融要素支农体系，解决小农户的生产资金瓶颈与经营风险问题；加强小农户的人力资本投入，提高小农户的生产经营素质。二是以现代农业社会化服务支撑小农户，实现小农户层面的专业化、规模化生产。一方面要推广农业生产全程社会化服务试点经验，发挥市场机制作用，发展农业生产经营环节服务外包、土地托管、代耕代种、联耕联种等综合服务模式，弥补小农户在技术、资金、设备的不足；另一方面要发挥好供销、邮政、农机等系统作为农业服务综合平台的作用，促进传统农资流通网点向现代农资综合服务商转型，切实降低小农户农业生产经营成本、外部成本以及制度成本。三是以新型农业经营主体带动小农户，拓宽增收渠道，规避市场风险。要通过“公司 + 农户”“公司 +

合作社＋农户”，让小农户真正参与到现代农业经营中去提高生产经营水平，降低生产成本；要大力推广“一村一品一店”模式，将小农户纳入公司化、合作社等生产体系，带动农户专业化、标准化、集约化生产，提降低生产经营风险；要促使小农户与新型农业经营主体形成紧密的利益联结关系，通过土地流转租金收入、土地入股分红、订单生产等多种利益联结方式，保障小农户收入。四是以农业产业新业态引领小农户，让小农户分享农业多功能化与产业融发展的收益。“互联网＋”、淘宝村等新业态的发展可促使小农户融入多形态的现代农业，分享产业融合发展收益提供机遇；依托各地自然生态资源、人文景观、农耕文化等，通过“旅游＋”“生态＋”等业态模式，为小农户就近就地融入休闲观光农业等新业态创造条件。

（廖小静：江苏省农科院博士后；沈贵银：江苏省农业科技创新研究基地首席专家、省农科院研究员）

打造创新生态系统
提升江苏创新浓度*

徐盈之

［内容提要］近年来，江苏在打造创新生态系统上取得初步成效，但整体创新浓度有待提升，仍存在创新浓度增速下滑、创新投入增速放缓、重大创新平台的支撑力度亟需加强、创新要素高端化和创新主体协同化发展水平亟待提高以及创新浓度区域溢出效应受阻等问题。对此，提出建议：第一，富集高端要素，打造绿色孵化体系，提升创新“生态圈”浓度；第二，推动官、产、学、研、金“五位一体”协同化发展；第三，引导创新要素自由流动，推动创新浓度的局部聚合；第四，加快“放管服”改革，打造“苏式”创新创业生态系统；第五，以人才黏度增创新浓度，打造“人才X型”城市发展模式。

党的十九大报告首次明确指出“创新是引领发展的第一动力，是建设现代化经济体系的战略支撑”。江苏在打造创新生态系统上取得初步成效，创新投入、创新组织、创新产出和创新环境等创新浓度构成要素水平改善，创新驱动经济发展机制逐步确立，但仍需在打造创

---

* 为学习贯彻党的十九大精神，落实江苏省委关于强化创新引领、推动高质量发展的战略部署，江苏省社会科学联合会以“聚力创新”为主题，举办江苏青年智库学者沙龙，结合相关课题成果，汇编形成系列决策咨询报告。此为“聚力创新”决策咨询报告系列之一。

新生态系统、提升创新浓度上实现突破。

一 江苏打造创新生态系统、提升创新浓度存在的问题

课题组从创新投入、创新组织、创新产出和创新环境四个方面构建江苏省创新浓度评价指标体系，得出创新浓度综合指数。创新浓度超过某一阈值时，创新要素趋于高端化且合理流动，创新主体趋于协同化，推动区域创新高地形成，形成强大的辐射溢出效应，提升地区总体创新发展水平。经过统计测算，江苏在创新浓度方面具有以下特点：

1. 创新浓度平均值持续提升但增速下滑。江苏创新浓度发展前期基础较好，总体水平较高。据测算，2006—2016 年间，江苏创新浓度综合指数从 0.088 增长到 0.943。但受外部因素干扰、经济发展的结构性矛盾影响以及经济发展阶段性所致，创新浓度增速在 2013—2016 年间大幅下降。通过比较，这十一年间江苏、浙江、广东创新浓度平均值处于上升趋势且呈现出苏 > 粤 > 浙的分布特征，但浙、粤创新浓度后期增长速度和幅度均快于江苏。

2. 创新投入增速放缓、略显不足。在四个影响创新浓度的要素中，创新投入值增速最慢，呈现逐渐收敛态势。这个结果说明江苏创新投入略显不足，尽管研发投入强度从 2006 年的 1.60% 增长到 2016 年的 2.66%，但与京沪发展水平相去甚远。同时，江苏核心关键技术对外依存度高达 50%，远高于世界创新型国家或地区 30% 的标准，自身研发创新能力较弱，创新投入先于其他因素进入瓶颈期，成为影响创新浓度持续快速提升的“短板”。

3. 重大创新平台支撑力度亟须加强。江苏高校众多，但面向战略性新兴产业的国家级科技基础设施建设水平尚不够高，重大科技创新载体建设起步较晚。大部分科技基础设施分布在传统优势产业领域，在新兴产业领域，如太阳能光伏、新型显示等领域缺少支撑和重

大研发机构，尤其缺乏站在科技前沿引领创新、做出开创性贡献的科技领军人才。

4. 创新要素高端化和创新主体协同化水平亟待提高。从国际产业分工格局来看，大部分产业处于产业链中低端，研发设计和工艺技术主要来自国外，主要行业关键设备大多依赖进口，知识产权创造能力还不强，创新要素高端化水平有待提高。同时，省内各创新主体间依然各自为政，缺乏有效的创新主体协作机制，创新驱动系统性思维较弱，尚未形成高效的创新主体协同发展模式。

5. 创新要素合理流动存在诸多障碍，创新浓度区域溢出效应受阻。苏南、苏北、苏中的经济发展水平差距较大，沿海和苏北地区铁路网络建设水平有待提高，地区间基础设施分布不均衡，要素自由流动基础不足，导致创新要素流动在企业、人才、技术、中介和金融等层面普遍存在一定障碍，创新溢出效应受阻，创新驱动经济发展的耐力和动力不足。

二　打造创新生态系统、提升创新浓度的对策建议

1. 富集高端要素，打造绿色孵化体系，提升创新“生态圈”浓度。一是校地共建，打造创新引领发展示范区。积极推行高等学府、研究院落户高新区，开展“两高两新”实践，提升高新区集聚高端创新资源能力，培育创新业态，营造创新生态。二是孵化产业化公司，打造向价值链高端攀爬的“前锋集群”。开展以“创业苗圃—孵化器—加速器—专业园一体化”为链条的创新工厂，依托大院大所孵化产业化公司，延伸新产业链并推动产业高端化，重点聚焦新一代信息技术、新能源等产业，发展壮大以机器人为重点的智能装备产业，大力发展金融保险、科技服务、智慧物流等生产性服务业，推动制造业数字化、绿色化、智能化发展。三是打造创新生态圈共生循环系统。以产业为基础，以金融为纽带，以服务、运营为平台，形成智慧园区和金控平台为两翼的“一体两翼”业务发展模式。通过“龙头

企业 + 中小企业”形成产业链上下游互相依存、互助互补的关系，以市场化运作模式搭建企业与企业、企业与政府、企业与资源的联系桥梁，打造共生的创新生态圈。

2. 完善创新体制机制，推动官、产、学、研、金“五位一体”协同化发展。一是积极鼓励社会资金进行风险投资、金融投资、天使投资，催化协同创新。二是以高校、科研院所为主体构建人才培养基地，加强应用研究，不断加强产学研合作创新平台、产业技术创新基地、产业技术创新联盟等载体建设。三是在法律法规、财政政策等方面对高校与企业的合作给予适当的政策倾斜，推动建设学校与企业信息交流共享平台，开展高校科技成果审批、科技成果转化、高校实验室资源共享、科技成果转化等四项改革，从制度源头打通高校科技成果转化渠道，释放科技人员创新活力。四是立足市场需求，实施“揭榜挂帅”模式，反向拉动产学研深度融合，把有市场需求的技术项目公开招标，以问题导向推动产学研融合，允许项目团队以“PI”制形式揭榜或“众包”，积极开展“反向研发”模式。

3. 引导创新要素自由流动，推动创新浓度的局部聚合。一是推行企业自由迁移。支持企业按照市场规则在苏南、苏中、苏北区域内自由迁移，保持企业原有的各类资质、资格，为支持双创开拓“绿色通道”。二是实施人才自由通行。以统一的人才标准和政策实现江苏13市“人才绿卡”互认，消除户籍限制，降低地区准入门槛，破解束缚人才创新创业的体制机制。三是做好技术自由转让，建立江苏高校及科研院所科技成果转化绿色通道，推进区域知识产权证券化。四是鼓励中介自由发展，系统清理限制性地方保护政策，打破市场壁垒，鼓励各类第三方科技服务机构开拓跨区域市场。五是金融自由支持。统筹支持科技金融政策，实现地区担保、融资租赁、科技保险等金融业务的互通有无，从消费金融、科技金融、普惠金融、绿色金融四个方面深化改革。

4. 加快“放管服”改革，打造“苏式”创新创业生态系统。一是继续做好“放”的文章。厘清政府和市场边界，用政府权力的

"减法"换来市场活力的"加法"，继续取消、下放、调整一批"含金量"高的审批事项，推进行政审批标准化建设，加快公共服务事项进驻政务大厅，将部门分设的办事窗口从"多口受理"变为"一口受理"。二是切实提升"管"的质量。通过在承接能力、制度建设、监管体制、监管手段等方面的完善，推动高效执法，全面推行"双随机、一公开"监管，推进营商环境市场化和法治便利化。三是不断增强"服"的效能。为项目建设、创新创业等提供优质服务，积极推行一站式办理、上门办理、预约办理、自助办理、同城通办、委托代办服务，推进权责清单全覆盖标准化，加快建立"互联网+政务服务"体系，加快推进线上线下深度融合，打造政务服务"一张网"。

5. 以人才黏度增创新浓度，打造"人才X型"城市发展模式。一是依托人才黏度提升创新浓度，增强人才与城市"黏度"，落实好户籍新政和人才安居工程，积极推行积分落户政策，确保人才都"创新有机会，创业有平台，发展有空间"，实现人才"引得进、用得好、留得住"。二是打造"人才X型"城市发展模式，做好"人才立市"规划，落实城市的发展定位、发展目标和发展战略，扩大城市号召力；做好"人才兴市"建设，通过人才聚集刺激产业和市场的双重集聚，提升城市感召力；做好"人才大市"发展，吸纳天下英才作为城市发展的内生动力，增强城市竞争力；做好"人才强市"引领，以特色人才作为促进城市发展的前进动力，构建集科技智慧型、人本创新型、国际开放型、绿色生态型、知识文明型等特征于一体的特色城市群。三是深入实施"人才+"战略，打造"人才+人才"模式，实现"以才引才"，发挥人才的集聚效应和外溢效应；打造"人才+企业"模式，发挥企业的规模优势与人才的科研竞争力；打造"人才+资本"模式，拓宽资金来源，为招才引智工作提供强大外部支持。

（作者徐盈之，东南大学经济管理学院教授）

江苏催生新技术、新模式、新业态、新产业的政策研究*

姚学龙

［内容提要］党的“十八大”以来，江苏在催生“新技术、新模式、新业态、新产业”发展、培育壮大新动能领域出台了一系列公共政策，“四新”经济发展呈现出鲜明特点。但依然存在着政策“散”“泛”“软”“虚”等问题。为全力打造江苏“四新”经济新范式，形成江苏“四新”经济新高地，应借鉴美国、德国以及上海、广东等地经验，结合江苏实际优化已有政策：（1）在谋篇布局、规划统筹上做文章，拓展“四新”政策覆盖广度；（2）在深化改革、破拆藩篱上下功夫，追求“四新”政策创新深度；（3）在瞄准前沿、创新机制上求突破，提高“四新”政策实施精度；（4）在市场动员、加大投入上显成效，加大“四新”政策扶持力度；（5）在面向未来、放眼全球上定视角，落实“四新”政策支持强度。

江苏省经济发展面临着日益严重的资源要素与环境承载约束，坚持发展“新技术、新模式、新业态、新产业”（以下简称“四新”）为代表的新经济是实现经济转型升级的必由之路。

* “聚力创新”决策咨询报告系列之二。

一　江苏“四新”政策推动经济发展进入快车道

近年来，江苏出台“科技创新40条”等若干催生“四新”的新政落地见效，江苏“四新”经济呈现出如下特点：

1. 新经济加快成长，产业结构不断优化。2016年江苏高新技术产业产值达到6.7万亿元，同比增长8%，占工业总产值比重达到41.5%。截至去年，江苏区域创新能力连续八年位居全国第一，已成为全国创新活力最强、创新成果最多、创新氛围最浓的省份之一。全省新兴产业每年培育约1.6万个新产品，2016年全省大数据产业规模达700亿元。

2. 新要素加快会聚，经济动能接续转换。高层次人才加速集聚，2016年江苏省累计引进国家“千人计划”等特聘专家696人，其中战略性新兴产业领域专家547人。科技金融快速发展，全省累计成立科技金融支行39家、科技保险支公司3家，其他各类科技金融特色机构76家；等级备案的私募基金中VC和PE占64%，省级以上科技企业孵化器设立天使投资基金的超过70%。数据、信息等新要素应用初具规模，数据共享交换平台实现横向互联、纵向贯通，“数据烟囱”和“信息孤岛”现象基本消失。“四新”投入不断加大，其中高新技术产业投资8010.8亿元，增长6.3%。

3. 新机制加快形成，创新生态显著改善。营商环境持续优化，近3年省累计取消下放行政审批事项709项、占原有审批事项的79.8%；“不见面审批”办事模式推广应用，“3550”服务承诺变为现实。科技改革深入推进，省“科技创新40条”政策在企业、高校和科研院所产生积极影响。各类科创平台应运而生，全省先后建立了涵盖科技成果转化、科技资源共享及知识产权服务等省级科技公共服务平台、中小企业公共服务平台网络300余家。

二　江苏“四新”发展面临的政策障碍

江苏“四新”经济占经济总量比重显小、新旧动能转换仍处于进展之中，从目前进展看，存在如下问题：

1. 政策规划失之于“散”，引领水平亟待优化。一是受传统模式影响，政府管理服务与监管模式缺乏有针对性的聚焦“四新”规划和统筹的牵头机构，政府工作和政策制订总体滞后于“四新”发展的要求。二是“四新”政策客观上存在内容分散、不够聚焦、合力不强的问题，前瞻性研究、顶层设计、统筹规划的程度有待加强。三是省级层面对政策的前瞻性、先导性、引领作用以及政策资源整合共享的关注度、协调度不够足，对“四新”发展的支持力度不够大。

2. 政策内容失之于“泛”，可操作性亟待完善。一是“四新”政策政出多门决定了囿于部门视野难免造成内容宽泛和政策含金量不够高等问题，一些能真正对照执行的有效政策难以满足“四新”发展要求，且新政策与传统政策的衔接协调机制不够完善。二是政府囿于体制机制约束和地方利益考虑，导致“四新”政策及其不同层级配套举措之间的“打架”现象，而且由于政策出台前后的针对性调研不够，政策的实效性不强。三是对“四新”龙头企业和“链主”企业的支持重点不够突出，导致江苏尚未形成领跑全国乃至全球的代表。

3. 政策保障失之于“软”，配套支持亟待增强。一是由于“四新”政策配套不完善，文件规定优惠政策有可能停留在政策文件里，相关企业无法“对标”获益。二是存在政府采购示范“欠支撑”问题，政府购买、行业优惠政策等扶持手段因局限于现有行业目录和传统领域，“四新”企业常因行业归属不明无法享受到相关政策扶持。三是存在“四新”企业对政府资助方式“不适应”问题。例如，目前的税收优惠和财政资金支持侧重于固定资产投入，但“四新”企业一般以轻资产居多，企业“不适应”指引，难以获得相关政策扶持。

4. 政策落地失之于“虚”，体制改革亟待深化。一是政府公共服务功能发挥与推进“四新”政策落地“不对接”，公共信息共享渠道不畅一定程度上阻碍着“四新”发展，如大数据、车联网、智慧医疗等领域，都需要政府数据公开共享。二是促进科技成果转化的体制机制瓶颈尚未得到真正解决，高等院校、科研院所及相关研究人员对科技成果应用转化缺乏动力，科技成果处置、使用和收益分配制度改革落实不到位，而且构成“四新”核心要素的知识产权“难保护”。三是执行国家已出台政策规定的实际操作中，相关部门要进行评估和备案程序的影响，由于思想认识不到位等，使政策出台周期长、手续复杂。

三　国内外“四新”公共政策对江苏的启示

1. 美国“四新”公共政策的核心聚焦于创新驱动发展。一是立法与政策保障创新驱动。《竞争法》《复兴与再投资法》《美国创新战略：推动可持续增长和高质量就业》等以及美国历年的国情咨文等法律政策表明，美国政府始终将创新作为刺激经济增长，提升国家竞争力的核心。二是制定完善推进创新政策落地的资本支持举措。通过引进风险投资进入高新技术企业，形成完备的风险投资机制，如苹果公司就是依靠风险资本模式起家的典型。三是政策瞄准未来趋向和重视全球化培植资源，放大创新驱动效应。美国新经济通过全球化达到资源合理配置，其根本动力是以信息革命为先导的经济结构调整与升级。

2. 德国“四新”公共政策的重点始终服务于培植“德国制造”的核心竞争力。一是围绕“德国制造”核心竞争力，制定创新战略和政策设计。2006 年德国首次发布《德国高科技战略》报告，确定了旨在加强德国创新力量的明确政策路线。二是制定“经济结构转型”政策，推动德国产业升级。德国政府将“经济、生态和社会协调发展”作为经济结构转变的指导思想，将政策始终定位于有利于“企业管理、科技开发和职业培训”的三把“金钥匙”，保证“四新”企业科研经费每年约占企业年销售额的十分之一，大企业中工程技术人员和销售人员占职工总数的40%左右。三是完善市场制度框架和公共服务体系。德国以联邦政府为主导，建立了德国技术转移中心，通过知识产权保护制度等为技术创新提供完善的市场制度框架，为创新联盟的形成和创新集群的发展创造良好的外部环境。

3. 上海、广东等地“四新”公共政策的关键在于着力培育经济发展新动能。近几年，上海、广东等地“四新”公共政策瞄准新一轮全球科技革命和产业变革的新趋势、新要求，着力实施创新驱动发展战略，其经验包括：改革营造新动能发展的良好环境、构建吸引留住用好人才的体制机制、引导金融支持实体经济创新发展、多种模式打造创新创业平台载体、大胆创新支持新产业新业态加快发展等。

四　重构与优化江苏“四新”公共政策的相关建议

1. 在谋篇布局、规划统筹上做文章，拓展“四新”政策的覆盖广度。一是在顶层设计上要加强“四新”经济前瞻性动态研究，对“四新”发展的市场主体、载体建设、重点项目、产业投融资等因素进行深入分析，总结发展趋势和规律、基础条件和目标，突出规划引领和政策定位导向。二是针对“四新”经济的政策空白，关注国内外最新发展态势，注意引导“四新”经济从单纯的技术导向转向创新导向，从政府导向转向市场导向，要围绕产业链部署创新链、围绕创新链培育产业链，全力打造创新引领的“四新”经济产业新高地。三是以系统化思维统筹谋划、协调推进“四新”工作，建立“四新”发展的统筹领导机构，牵头协调推进政策措施，明确“四新”标准、发展重点，拓宽培育促进“四新”发展渠道，支持战略性新兴产业领域内培育“四新”，通过制造业改造催生“四新”，系统化推进以科技创新为核心的全面创新。

2. 在深化改革、破拆藩篱上下功夫，追求“四新”政策创新深度。一是改革传统审批模式，落实“负面清单”准入审批制度，加快破拆新经济发展的准入壁垒，建立以事中事后为重点的新型监管和追责体系，形成容错机制，保护创新，打破制度藩篱，最大限度释放科技创新潜能。二是瞄准创新纵深目标搭建新平台载体，实现体制新突破。政策指向要鼓励以产业基地园区作为发展“四新”经济的新载体，创新“四新 + 基地 + 基金”的载体建设模式，吸引龙头企业和“链主”企业集聚，形成相互支持配套的产业生态圈。三要把“四新”发展纳入产业技术创新改造、开发区转型、城市商业转型、创业创新园等项目的考核目标和支持范围。

3. 在营造环境、创新机制上求突破，提高“四新”政策实施精度。一是针对未来科技制高点领域的创业设立政策特区，在行政审批、经费支持、法律保障上建构优质的市场环境。政策要聚焦为创业者提供公司注册、办公场地、货款贴息、税收优惠等诸多便利和配套服务。二是政策支持的重点要聚力孵化和培植成长性好、竞争力强的支柱和骨干“四新”企业，突出政策精准发力指向，完善知识产权保护与运用、科技成果转化等普适性的政策体系，建立健全适应新经济知识智力密集特征的制度生态。三要确保把以人为本的“四新”发展人才政策作为贯穿始终的红线。大力培养、引进、用好各类人才，打破制度障碍，在税收缴纳、利润分成等领域改革完善利益分配机制。

4. 在市场动员、加大投入上显成效，加大“四新”政策扶持力度。一是加快供给侧结构性改革，充分发挥科技创新的关键作用，完善面向“四新”的投融资机制建设，设立“四新”引导基金，发挥政府引导资金的带动作用和放大作用，根据“四新”重点领域形成“一区多基地、基金加基地”模式，建立面向基地的专项基金，鼓励建立创新的企业联盟，引导各类社会资本支持“四新”发展，确保充分发挥科技创新在供给侧结构性改革中的基础、关键和引领作用，进一步提升科技支撑经济发展的能力。二是加强需求侧激励，打造消费者选择的市场竞争环境，进一步强化创新意识、提升创新能力、厚植创新优势，激发“四新”发展所需的创新潜力。三是在具体举措上整合统筹面向“四新”推广应用的各种专项投入，整合政府不同部门的奖补政策和专项资金，建立精准性更强的“四新”发展支持模式。对战略性新兴产业领域内具有“四新”特点的项目优先推荐专项资金支持，加大专项资金对“四新”研发和应用等环节支持力度。

5. 在面向未来、放眼全球上定视角，落实“四新”政策支持强度。一要瞄准科技发展最前沿和世界“四新”最先进国家的发展新方向、新动态，按照领军企业、龙头企业、“链主”企业与科技小巨人企业、世界级隐形冠军同步打造的思路，研究出台针对性的扶持政策，支持新业态、新模式催生的高估值新型科技企业。二要深入创新基层一线和“四新”企业车间“问计于民”“问策于众”，确保政策落实到位，提高政策执行的刚性和强度，协同中央、地方、各个部门着力解决政策落实“最后一公里”难题，真正解决“四新”政策执行中的“虚”和“软”的问题。

课题负责人：姚学龙　盐城市政府副秘书长

执笔人：朱广东、贾后明、李治、罗兴奇、郇恒飞

改进财政投入方式　全面提升江苏科技创新水平*

李林木

［内容提要］江苏科技创新水平在全国位居前列，财政投入的支持起着重要作用。但是，与广东、上海等省市相比，江苏财政投入的力度、结构、方法还有待改进。建议：加大财政投入规模，区别采用不同投入方式，着力加强市县尤其是苏北和苏中支持科技创新的能力和动力；改进普惠性的研发后补助政策和税收优惠政策，激励中小企业普遍建立研发准备金制度；改革科技创新券政策，着重支持自主研发能力弱的中小微企业借助外力创新；成立国有独资的科技金融集团，统一管理对企业的各类政府性科技基金，壮大普惠性科技金融；建议国家改进科技创新税收优惠政策，加大创业投资期与研发实施期的优惠力度，减少收益分配期的优惠。

2017 年科技部《中国区域科技创新评价报告 2016—2017》显示，江苏综合科技创新水平指数在全国名列第五，与北京、上海、天津、广东和浙江处于创新第一梯队；而据《中国区域创新能力评价报告 2017》，江苏首次被广东超越，位居第二，北京、上海位列其后。从主要指标看，2016 年江苏研发经费总额 2026.9 亿元，位居全国第二（广东 2035.1 亿元）；研发经费投入强度为 2.66%，高于广东

---

* “聚力创新”决策咨询报告系列之三。

（2.56%），位居全国第三（北京5.96%、上海3.82%）。由于科技创新具有高风险、高投入等特点，财政支持在其中起着不可或缺的作用。本文通过比较和借鉴上海、广东等省份及国外的经验，分析近年江苏财政科技投入方式的现状和问题，提出改进对策。

一　江苏科技创新财政投入政策概述

“十二五”以来，江苏省出台了《关于加强企业创新促进转型升级的实施意见》“科技创新40条”等一系列政策性文件，不断加大科技创新的财政投入力度。2011—2016年全省财政科技支出从213.4亿元增长为381.02亿元，占一般公共预算支出的比重从3.4%提高到3.82%。

我省目前形成了涵盖创业投资、研发实施、成果转化等各个创新阶段及支持苏北地区、引导科技金融发展等相关领域较完整的财政政策支持体系。在财政投入方式上涉及股权投资、创业投资风险补助、金融机构贷款风险补偿、科技企业贷款贴息等多种方式。许多支持科技创新的财政政策走在全国前面，如2012年针对苏北地区在全国率先实施科技创新券政策，支持中小微企业向科研院所和第三方独立科研机构购买科技服务等。

二　江苏科技创新财政投入方式面临的问题

1. 财政的科技投入力度与广东、上海等省市相比有较大差距，且省内区域间仍不平衡。从省际看，2016年江苏省研发经费总额与广东差距不大，但广东财政科技支出额（742.97亿元）是江苏省（381.02亿元）的近两倍。虽然江苏省财政科技支出总额高于上海（341.7亿元），但占一般公共预算支出的比重（3.82%）明显低于广东（5.53%）和上海（4.94%）。从省内区域间看，苏北、苏中同苏南之间财政科技投入的差距仍较大。2016年苏南、苏中和苏北的财政科技支出总额分别为 223.07 亿元、46.76 亿元和 81.07 亿元，占一般公共预算支出的比重分别为 4.93%、2.79%和 2.89%。

2. 激励企业自主创新的普惠性研发奖励政策的标准和导向不够明确。江苏省 2016 年出台的“科技创新 40 条”政策中已规定，省财政根据税务部门提供的企业研发投入情况给予 5%—10%的普惠性财政奖励，但 2017 年发布的《江苏省企业研究开发费用省级财政奖励资金管理办法（试行）》并没有规定财政奖励的具体档次和标准。在享受财政奖励的条件上，和广东省等明确要求企业建立研发准备金制度不同，江苏省只要求企业当年享受研发费用加计扣除优惠，且未享受高新技术企业所得税优惠，不利于企业形成稳定的预期和引导企业持续增加研发投入。

3. 支持中小微企业购买外部科技服务的科技创新券政策往往门槛高、金额小，使得无能力自主研发的中小微企业很难借助外力实施创新。目前江苏省只有少数地市（如扬州和泰州）把未开展过研发项目的中小微企业单独作为一类进行资助，多数设区市明确规定创新券优先支持甚至仅适用于科技型中小微企业。由于申请门槛较高，而财政补助额不高（对企业的补助额一般不超过实际费用的一半，且最高补助额省级不超过 20 万元、设区市级多数不超过 10 万元），使创新券对研发实力较强的企业无法起到有力刺激研发投入的作用，而缺乏研发实力的企业也往往申请不到。

4. 科技金融体系不够健全，中小微企业尤其是处于种子期、初创期的科技型企业创新融资难的问题亟待解决。科技成果转化方面，我省设立的科技成果转化风险补偿专项资金，由于实行省和市、县（区）及合作金融机构按比例共同承担贷款损失风险的机制，激励了金融机构支持科技成果产业化的积极性。但在前期创投和研发阶段，企业融资难问题没有很好解决。我省已设立了多个支持科技产业发展的政府性基金（资金），但由于各个基金实行各自的管理办法，甚至分布在不同部门，难以形成合力。

5. 国家支持科技创新的税收优惠政策体系有待完善，一些从事

出实行累退补助率，比如实际费用在 10 万元以下的部分按照 50% 的比例核定支持；超过部分按照 10% 的比例核定支持。

4. 大力发展普惠性科技金融，放大财政资金的杠杆效应，解决企业科技创新项目融资难的问题。一是借鉴广东省等经验，通过财政投入带动创投、信贷、保险等社会资本共同投入。包括：整合各类支持科技产业发展的国有金融资产和基金，成立国有独资的科技金融集团进行统一管理，铲除部门资源壁垒，开展基金业务、创投业务、金融业务和资产管理，鼓励其联合银行及社会资本设立科技股权基金，引导银行金融机构积极开展科技股权质押贷款业务。二是设立科技信贷风险准备金，为处于种子期、初创期的科技型企业融资提供政府增信，引导银行加大对科技型中小微企业的信贷支持力度。三是设立“科技企业转贷周转金”或者“政策性担保资金”，为贷款即将到期而足额还贷出现暂时困难的科技型中小微企业按期还贷、续贷提供短期资金支持。

5. 建议国家改进科技创新税收优惠政策，加大创业投资期与研发实施期的优惠，减少收益分配期的优惠。一是借鉴英国、印度等国的经验，将中小企业的研发费用加计扣除率提高到 200% 以上。同时，对于企业委托外部机构和在境外发生的研发费用，只要其成果完全归属于境内居民企业的，给予全部加计扣除。相反，在境内研发但成果属于国外或非居民企业，国内企业需向国外支付特许权使用费的，不给予加计扣除。二是借鉴发达国家和发展中国家（如巴西）允许企业经营亏损向后结转 20 年甚至无限期的经验，将高新技术企业经营亏损的结转期由当前的 5 年提高到 10 年以上。三是将高新技术企业所得税适用的 15% 低税率范围限制在高新技术产品（服务）收入上，待今后可能时再取消这种低税率优惠方式。四是在高新技术企业认定上，应当将企业自主研发成果尤其是发明专利数量及转化情况作为必备的认定条件，取消高新技术产品（服务）销售收入比重要求，放宽劳动密集型高科技企业的科技人员占比要求。

（作者李林木，南京财经大学财政与税务学院院长、教授）

活跃创业投资　助推“聚力创新”战略*

丁　宏

［内容提要］创业投资是促进科技创新成果转化，推动大众创业、万众创新的关键资本力量。近年来，江苏创业投资行业发展步伐有所减缓，主要表现在：缺少具有全国竞争力和影响力的创投企业，民营创投机构作用发挥不够明显，具有引领性和代表性的创投活动不多，行业组织和人才对于江苏创投行业的支撑作用较弱。为此建议：（1）高度重视促进创投机构集聚、活跃创业投资；（2）打造更有利于吸引社会资本的政策支持体系；（3）构建良好的创新创业生态；（4）积累培育更多瞪羚企业和独角兽企业；（5）打造具有世界影响力的江苏创投展会品牌和创投集聚区；（6）实施本土创投机构能力提升计划。

江苏曾经在创业投资方面走在全国前列，但近年来相对北京、上海、深圳等地，江苏创业投资行业发展步伐有所减缓，对创新发展和产业转型升级的支撑作用不够，亟须进一步活跃创业投资，助推江苏省“聚力创新”战略深入推进。

一　进一步活跃创业投资，助推“聚力创新”战略的必要性

1. 鼓励以创业为导向的创新活动是弥补江苏区域创新能力“短

---

* “聚力创新”决策咨询报告系列之四。

板”，加速科技成果转化的关键路径。最新发布的《中国区域创新能力评价报告2017》中，江苏落后于广东，排名第二，打破了过去9年里江苏保持首位的格局。从具体指标来看，江苏在知识创造、知识获取上比广东强，但是在企业创新、创新环境和创新绩效上落后于广东，尤其是技术转移指标下降明显，2016年，江苏国内技术成交额下降41.47%；国外技术引进额下降23.25%。通过活跃创业投资，鼓励以创业为导向的创新活动，是弥补江苏区域创新能力“短板”，引导江苏创新资源更好与实体经济结合，加快科技创新成果转化，培育新的发展动能，助推“聚力创新”战略的关键路径。

2. 创业投资对于鼓励技术创新型企业发展，支撑产业转型升级，实现高质量发展具有不可替代的作用。高科技、高成长性和高不确定性是技术创新型企业的基本特征，寻求稳定投资收益的银行、信贷等传统金融很难为它们提供有效的支持，而以企业成长性作为判断，在高度不确定的情况下寻求投资收益的创业投资，是支持创新性初创企业成长的不二选择。创业投资的对象以新兴产业和高新技术为主，对于鼓励江苏省的技术创新和知识资本化，培育具有爆发力和引领力的创新性增长点，深化供给侧结构性改革，促进产业转型升级，实现高质量发展具有不可替代的作用。

3. 创业投资有利于引导社会资本向创新型企业和创新型行业进行集聚，扩大直接融资市场规模，促进金融与创新协调发展。创业投资具有极强的带动性。一方面，它通过多轮次的资本募集把社会资金有效转化成企业的长期投资，助推企业规模扩张；另一方面，它通过推动优质创新企业成功上市，增加资本市场的投资价值，形成对场外资金流入资本市场的强大吸引力。从而有效引导长期投资和价值投资，扩大直接融资市场规模，在市场基础层面降低金融系统风险，增强金融体系的弹性和活力，提高金融资源配置效率。

二　江苏创业投资行业总体状况及存在的问题

江苏是全国创业投资发展较早的区域之一，省委省政府先后出台多项政策扶持创投工作，有效推动了江苏创投行业的发展。2016 年，全省备案创业投资企业投资金额 44.11 亿元，仅次于广东省，居全国第二；全年吸引创业投资金额 46.46 亿元，列全国第三，居广东省和北京市之后。毅达资本、元禾资本等企业在全国创投机构评比中名列前茅。尽管江苏创业投资行业发展总体情况良好，但与江苏的经济实力和发展的迫切需求相比，还存在着诸多不足和问题，制约了创投作用发挥。

1. 江苏创投机构数量较多，但总体规模和项目投资强度偏小，在全国具有竞争力和影响力的创投企业较少。根据省发改委的备案登记数据，2015 年江苏创投机构 321 家，管理资金规模 571.68 亿元，而同时期广东省珠三角地区创业投资机构数量达 1881 家，创业投资基金规模达 3137 亿元。5 亿元以上规模的创投机构占比，北京和广东分别为 70.31% 和 40%，江苏仅为 9.21%。国内前十位的风投机构大部分都在深圳落户，在江苏落户的国内外领先的投资机构较少。

2. 江苏创投机构中国有成分较浓，民营创投机构发挥的作用不够明显。2016 年，江苏创业投资中政府资金（含事业单位、国有独资投资机构）占 33.19%，社会资金占 62.97%，从总量上看，社会资本比例远远超过国有资本，但事实上江苏民营创投机构大多小而散，活跃度不够，创投的作用发挥不够明显。

3. 具有引领性和代表性的创投活动不多，没能培育出足够数量的“独角兽”企业。“独角兽”企业是指估值超过十亿美元的创业公司，是反映一个区域产业和创新活跃程度的重要指标，是吸引创业投资的“强磁场”。根据科技部公布的《2016 中国独角兽企业发展报告》，在 131 家中国“独角兽”企业中，只有 2 家江苏企业，分别是苏州的信达生物制药和南京的孩子王，排名并列第 83 位，估值同为最低起步的 10 亿美元。而北京、上海、深圳、杭州依托良好的创新创业生态，成为中国“独角兽”企业主要集聚区域，数量分别为 65 家、26 家、12 家和 12 家。

4. 行业组织和人才对于江苏创投行业的支撑作用还较弱。人才是创业投资业发展的关键因素。江苏目前懂技术、管理、营销、金融等多学科的高层次、综合性创业投资人才非常稀缺，高级创业投资行业人才占创业投资业从业人员的比例不超过10%。多数民营中小创投机构对被投资企业提供的增值服务不多，资源整合和解决疑难问题的能力还不足。创业投资的相关行业机构和中介组织的建设水平也有待进一步提高。

三　进一步活跃创业投资，助力"聚力创新"战略的建议

1. 把促进创投机构集聚、进一步活跃创业投资作为江苏省推进"两聚一高"战略、建设"强富美高"新江苏的关键行动。深入实施创新驱动发展战略，构建有利于创业投资发展的制度环境、市场环境和生态环境，强化以服务实体经济为核心定位的多层次资本市场作用，依托江苏省产业优势和特色，以支持实体经济、助力创业企业发展为重点方向，加快建设主体多元、资本富集、人才集聚的高标准创业投资体系，将江苏省打造成国内最有影响力的创业投资中心。

2. 进一步完善创业投资相关政策，争取更大幅度的财税金融支持力度，打造更加有利于吸引社会资本进入创投领域的政策支持体系。大力支持国有企业、民营企业、保险公司等各类机构投资者投资创业投资企业、设立创业投资基金。对于政府产业基金投资初创期、中早期创业创新项目，可以采取一定期限收益让渡、约定退出期限和回报率、按同期银行贷款基准利率收取一定的收益等方式给予适当让利。对于税收抵扣和投资损失税前扣除审批问题，建议出台实施意见，明确和简化申报资料，加快审批。

3. 大力发展新型研发机构和知识产权交易市场，提高科技创新服务能力，加速科技成果转化，构建"创新企业+创投机构+转化平台+资本市场"相互贯通的良好创新创业生态。推进知识产权交易市场体系建设，规范交易主体，提高交易质量。鼓励技术创新、商业模

式创新、产品创新、组织创新、市场创新，加大创新成果应用示范，促进科技大企业衍生、“裂变”创业。以互联网、大数据手段筛选、对接优质项目，同时以共享思维为先导，树立共赢理念，明确开放原则，通过平台搭建、产品共享等方式，吸引更多同业伙伴，共同服务企业创新发展。

4. 鼓励涌现更多的“企投家”，围绕产业链布局创新链，鼓励扶持中小高新技术企业发展，积累培育更多的“瞪羚”企业和“独角兽”企业。打造创业投资生态圈，搭建省级企业投资家俱乐部，交流企业家投资心得，交换创业企业信息，分享投资策略，扩大企业投资家的投资视野，吸引创投机构对产业链上重要环节和技术的创新创业活动进行投资，大力培育引领性高新技术企业，为科创企业构建全流程、一体化的技术创新扶持体系。加大产学研合作力度，针对省内新经济和重点发展的新兴产业，着力打造集科技研发与服务、成果转化、项目孵化及产业化、人才培养与引进等功能于一体的开放式创新型科研实体和公共服务平台。

5. 谋划具有世界影响力的江苏创投展会品牌，在南京、苏州等地建设具有国际化水准的创投集聚区。策划高水平、影响大的投融资对接活动，筹办具有国内一流水平和国际影响力的高端展会论坛，将其打造成江苏创业投资行业发展的核心品牌，通过组织创业投资行业论坛、LP 峰会等活动，与国内外优秀的创投机构建立纽带关系，促进 LP 与 GP 的合作和对接，扩展发掘全国优质创投机构和项目的触角，促进基金及管理人在江苏集聚。借鉴杭州玉皇山南基金小镇等先进经验，加快条件较为成熟的创投机构集聚区的建设步伐，尽快形成集聚效应，建议引入专业的投资建设运营商，通过 PPP 模式，以国际化的视野进行优质资源的整合，推进集聚区建设，促进跨越式发展。

6. 实施本土创投机构能力提升计划，鼓励其利用资本市场，通过并购等方式扩大规模、提升实力，发挥江苏科教优势，加强创投人才的教育培训和储备，推进创投行业中介组织和专业智库建设。鼓励江苏创投资本强强联合，通过合作共赢提升资本规模和投资能力。鼓励中外创业资本积极探索联合投资模式，利用好中外创业资本自身特点、行业优势和资源互补性，最大限度发挥资源整合优势。利用好收入激励，参考杭州、上海、北京等地的重磅人才政策，吸引创新、创投人才来江苏创业。利用好体制优势、制度优势为创业人打造宽松、友好的社会人才氛围，增强江苏的人才黏性。促进律师事务所和仲裁机构、会计师事务所、资产评估机构、科技中介机构、信托投资公司等中介机构迅速发展。利用专业智库为创投机构提供市场研究、商业信息、咨询和数据库营销服务。

（作者丁宏，江苏省社会科学院科研处副处长、长江产业经济研究院特聘研究员；李洁，省社会科学院经济所博士）

“聚力创新”智库沙龙发言专家观点摘要*

刘琦岩等

［内容提要］中国科学技术信息研究所副所长刘琦岩：政府和企业要明确科技创新的政策取向，重视颠覆性技术创新，把握区域创新的新形势和新特点，持续强化江苏区域创新优势。同济大学文科办公室主任陈强：环同济知识经济圈的启示：产业集群形成与发展的关键内因是产业特征、比较优势和要素禀赋，必要条件是政府策动和主体联动；此外还要充分发挥集群核心主体的引擎驱动作用。江苏省委党校工商管理教研部主任方建中：以创新驱动江苏新兴产业发展，要充分放大制度创新红利，发挥园区经济主动力作用，利用大学和研究机构的创新力量，努力培育本土创新“引擎”企业。

对构建持续区域创新优势的思考

刘琦岩　中国科学技术信息研究所副所长、研究员

一、明确科技创新的政策取向和切入点。正在实施的国家“十三五”社会发展科技创新规划对科技创新进行了六个层面的部署：一是构筑先发优势，部署重大专项、建立产业技术体系，谋划颠覆性技术创新；二是强化基础研究、基础技术；三是推动双创深入发展，构筑

* “聚力创新”决策咨询报告系列之五。

发展的新动能；四是拓展创新的空间，建设全球有影响力的科技创业中心、产业技术创新中心，以“互联网+”来创造更多的发展机会；五是完善科技创新管理体系；六是实施全民创新素质行动，构建良好文化氛围。值得关注的是，我们已经从注重要素投入转向重视创新平台、基地等建设，更多关注科技创新生态、强调创新治理、促进协同发展。

当前的供给侧结构性改革已将科技创新置于经济社会发展全局的核心位置。针对新时期创新政策设计和实施，政府应该采取的思路是：遵循新发展理念，面向双创生态，采取环境本位，从要素发力切入，重点打造有承载力、竞争力、影响力、生成力的创新载体，重点发挥好大型创新主体的积极作用，在开放、协同中聚焦并实现创新目标和绩效，持续构建并完善良好的创新创业政策环境。

二、政府和企业都须重视颠覆性技术创新。十九大报告中在“加快建设创新型国家”部分提出了“突出颠覆性技术创新”等要求。如今新材料、新能源、新系统、新技术方案等正带来无处不在的颠覆性技术创新，政府和企业都需要予以格外关注。国家在加快推进“科技创新2030—重大项目”，加上重点研发计划，已经对一些领域的颠覆性技术研发进行了前期布局，目标就是瞄准未来引领产业的颠覆性创新。比如电子信息、智能制造、新能源技术、新材料、量子通信和计算、人工智能、机器人、生物工程等，我们必须掌握这些领域制高点。

有些颠覆性创新是通过颠覆性技术得来的，而有些则是通过一些商业模式实现的。这里需要注意的是，颠覆性技术并不直接带来颠覆性创新。把颠覆性技术和颠覆性创新结合，再造一个新市场，是一种非常值得探索的做法。当前，我们必须重视颠覆性技术创新策略，尤其是跨国公司的颠覆性创新。在此，我们的政府和企业需要加强合作与协同，在战略上重视颠覆性技术，在战术上重视颠覆性创新，积极引导创新管理变革，对创新进行分类和策略化管理，为新技术新组织融合提供自由空间，鼓励权变管理，增强应对新市场变动、新技术方案体系切换的能力，做一个对创新长期"负责任"的组织。

三、强化持续的区域创新优势。数据观察显示，当前我国区域创新呈现出新形势和新特点：区域科技创新呈现加速发展、加速极化的趋势，区域创新极化与国家布局结合正在生成许多新的科技或创新中心（如黔南的FAST）；市场力量正在推动更大层级创新网络的形成，如环渤海湾、粤港澳大湾区、长三角湾区等；北京、上海、中心城市等创新领导地位更加凸显；区域内不平衡、创新系统内不平衡将成为常态；新型研发机构和组织正在成为新的战略制高点；科技服务业的发展让各类创新主体增添了新功能、新内容，面向双创的服务业发展正面临新的契机。与此同时，面对新形势新要求，科技创新还存在原创能力不足、转化能力不足、管理能力不足、服务能力不足等问题。面对国外已开始推行"开源、外包、社交化、并行式"的创新体系新趋势，我们还在补构建中心化创新平台或研发中心的短板。所以，我们需要关注当前国际创新发展去中心化的新趋势，强化构建持续性创新优势。同时，应注意学习借鉴跨国企业群体的、策略化的颠覆性创新，从而增强全方位、整体性的创新竞争能力。

对于像江苏这样已具备一定优势的地方，要引领新常态、强化持续的区域创新优势，建议抓好四个重点：第一，围绕全球有影响力的产业创新中心目标，补足短板，打造高水平的科研和创新基地；第二，率先打造引领型经济模式和基于新科技的社会治理模式；第三，高度重视"双创"的战略意义、启蒙意义和历史使命，把构建良好的创新生态作为重中之重，围绕创新者、创业者、创客、领军人物、创业经济生态来研究出台针对性政策。同时，要遵循创新的规律，抓准制高点和切入点，注意把握好创新到产业化的节奏；第四，实施专项举措，加快资源集聚，迅速打造面向双创的科技服务业发展新高地。

环同济知识经济圈的发展经验与启示

陈　强　同济大学文科办公室主任、教授

环同济知识经济圈是同济大学在争创世界一流大学过程中，通过优势学科、科教资源外溢，与杨浦区“三区融合、联动发展”的发展理念相结合而共同孕育的产业发展新模式，是推动杨浦区由“传统工业杨浦”到“知识创新杨浦”成功转型的经典案例。截至 2016 年底，环同济知识经济圈实现总产出 337 亿元，同比增长 10. 5%，核心圈的产出强度达到 72. 7 亿元/平方公里。

环同济产业集群的发展壮大得益于其内源动力机制与外源动力机制相互融合、共同作用的结果。同济大学建筑类相关学科的优势地位、人才培养与知识溢出、科教资源与设施共享、开放宽容的创新创业氛围等成为环同济产业集群形成与发展的内源核心推动力量。外源动力机制主要来源于外部环境与政府有意识地对集群进行的规划、策动行为，表现为需求条件、外部竞争、区域品牌、集群政策、创新环境和产业创新生态体系建设等。环同济知识经济圈的发展正是在内源动力机制与外源动力机制的相互作用下，经历了由市场拉动自发形成、官方认可、政府策动发展的过程。其主要特征表现为：(1) 黏度。集群中纵横向产业链企业和相关支撑服务类主体间的联系和互动呈现出很强的协同互补、互利共生、竞合发展的生态性特征。(2) 弹性。健康的产业创新生态系统具有良好的弹性，各类主体都有适宜的成长空间和相对宽容的文化氛围。(3) 活力。环同济发展至今动力不竭的原因在于其较快的企业更新速度、业态的与时俱进和创新的不断涌现。

环同济知识经济圈的成功经验给予我们诸多启示：首先，产业特征、比较优势和要素禀赋是产业集群形成与发展的关键内因。市场无形之手和政府有形之手的推动则是外因，只能通过内因而发生作用，否则园区的建设只能是无源之水、无本之木，极易昙花一现。其二，政府策动和主体联动是集群发展的必要条件。政府在集群生命周期的前期阶段适时适宜地介入和推动是集群健康快速发展的重要因素，而政府、大学（科研机构）、园区等行为主体之间的互动和协同是推进集群发展的关键。其三，充分发挥集群核心主体的引擎驱动作用。正是同济大学及其相关产业实体在人才与知识溢出、催生新业态、提升区域竞争力等方面的强大作用，促进了环同济知识经济圈的快速发展。深入挖掘和充分发挥集群核心主体的潜力和优势、产生母鸡带小鸡的群体效应，是集群发展壮大的重要驱动因素。

以创新驱动江苏新兴产业发展

方建中　省委党校工商管理教研部主任、教授

党的十九大报告强调，建设现代化经济体系，必须把发展经济的着力点放在实体经济上，特别要加快发展先进制造业，促进我国产业迈向全球价值链中高端。目前，江苏新兴产业发展已经形成一定“气候”，战略性新兴产业蓬勃发展，高新技术产业总体呈现增速趋稳、结构优化、质态提升的态势，“互联网+”相关新产业异军突起。与此同时，江苏新兴产业发展存在明显不足，主要表现在：具有自主知识产权的核心关键技术和重大装备不多，核心技术受制于人的情况明显；部分新产业领域总体规模较小，产业链不够完善，还没有形成规模效应。

以创新驱动江苏新兴产业发展，实现发展结构更优、质量更高、效益更好，建议从四方面着手：

第一，充分放大制度创新的红利作用。新兴产业大都是制度敏感性和制度依赖型产业，政府应该发挥好制定制度、创新制度、修正和完善制度的突出作用：一是设计并有效执行激励知识创新人才和保护知识产权的制度；二是把分散在政府各部门、各厅局的专项资金通过适当机制集中起来，成立公司化、市场化运作的投资资金；三是改变长期过度注重外资经济，忽略内生动力的制度取向。

第二，发挥园区经济的主动力作用。高新区是江苏最具竞争力的创新高地和产业高地。高新园区以占全省 3.8% 的土地面积，创造了全省 21.5% 的地区生产总值、30.5% 的高新技术产业产值和 36.6% 的出口总额，集聚了 33% 的高新技术企业和 50% 的"千人计划"创业人才。基于这样的省情，应该让全省各类高新园区成为产业创新的先锋，特别要放大国家级高新区的突出效应。

第三，充分利用大学和研究机构的创新力量。大学是科技创新最重要的策源地，近代全球约 70% 的科技创新成果是大学贡献出来的。江苏应充分利用国内外、省内外创新型、研究型大学的创新力量，持续不断地为区域新兴产业发展注入活力、增加知识来源和人才供给。利用大学和研究机构的创新力量，最关键的措施是通过体制改革推动科技同经济对接、创新成果同产业对接、创新项目同现实生产力对接、研发人员创新劳动同其利益收入对接。

第四，努力培育本土创新"引擎"企业。江苏产业发展几乎能把"1 到 99"的渐进性创新做到尽善尽美，但很少能带来"0 到 1"的突破性创新，这与江苏严重缺乏创新"引擎"企业密切相关。江苏必须努力培育一大批本土创新"引擎"企业，应全力支持、推动本省企业向深圳的华为、中兴通讯、腾讯、大疆、比亚迪等企业学习。同时，在创新"引擎"企业尚不能被迅速培育出来的情况下，给中小企业足够的成长空间，帮助广大中小企业提升创新能力。